中传学者文库编委会

主　任： 廖祥忠　张树庭

副主任： 蔺海波　李　众　刘守训　李新军　王　晖
　　　　　杨　懿　柴剑平

成　员（按姓氏笔画排序）：
　　　　王廷信　王栋晗　王晓红　王　雷　文春英
　　　　龙小农　付　龙　叶　龙　刘东建　刘剑波
　　　　任孟山　李怀亮　李　舒　张绍华　张　晶
　　　　张根兴　张毓强　林卫国　郑　月　金　炜
　　　　金雪涛　周建新　庞　亮　赵新利　徐红梅
　　　　贾秀清　高晓虹　隋　岩　喻　梅　熊澄宇

媒介文化研究新视野

吴炜华自选集

吴炜华 著

1954-2024

中传学者文库

主编／柴剑平
执行主编／龙小农
副主编／张毓强　周建新

中国传媒大学出版社
·北京·

图书在版编目（CIP）数据

媒介文化研究新视野：吴炜华自选集 / 吴炜华著. -- 北京：中国传媒大学出版社，2024.8.

（中传学者文库 / 柴剑平主编）.

ISBN 978-7-5657-3777-0

Ⅰ.G206.2-53

中国国家版本馆 CIP 数据核字第 2024SG3382 号

媒介文化研究新视野：吴炜华自选集
MEIJIE WENHUA YANJIU XINSHIYE: WU WEIHUA ZIXUANJI

著　　者	吴炜华
责任编辑	沈刘红
封面设计	锋尚设计
责任印制	李志鹏

出版发行	中国传媒大学出版社		
社　　址	北京市朝阳区定福庄东街 1 号	邮　编	100024
电　　话	86-10-65450528　65450532	传　真	65779405
网　　址	http://cucp.cuc.edu.cn		
经　　销	全国新华书店		
印　　刷	北京中科印刷有限公司		
开　　本	710mm×1000mm　1/16		
印　　张	17.25		
字　　数	259 千字		
版　　次	2024 年 8 月第 1 版		
印　　次	2024 年 8 月第 1 次印刷		
书　　号	ISBN 978-7-5657-3777-0/G・3777	定　价	88.00 元

本社法律顾问：北京嘉润律师事务所　郭建平

总　序

媒介是人类社会交流和传播的基本工具。从口语时代到印刷时代，再经电子时代至今天的数智时代，媒介形态加速演变、融合程度深入发展，媒介已然成为现代社会运行的基础设施和操作系统。今天，人类已经迈入媒介社会，万物皆媒、人人皆媒，无媒介不社会、无传播不治理。今天，无论我们怎么用力于信息传播的研究、怎么重视信息传播人才的培养都不为过。

中国传媒大学（其前身为北京广播学院）作为新中国第一所信息传播类院校，自1954年创建伊始，即与媒介形态演变合律同拍、与国家发展同频共振，努力探索中国特色信息传播人才培养模式、构建中国信息传播类学科自主知识体系，执信息传播人才培养之牛耳、发信息传播研究之先声，被誉为"中国广播电视及传媒人才摇篮""信息传播领域知名学府"。

追溯中传肇始发轫之起源、瞩望中传砥砺跨越之未来，可谓创业维艰而其命维新。昔日中传因广播而起，因电视而兴，因网络而盛，今天和未来必乘风破浪、蓄势而上，因人工智能而强。在这期间，每一种媒介兴起，中传均吸引一批志于学、问于道、勤于术的

学者汇聚于此,切磋学术、传道授业,立时代之潮头,回应社会需求,成为学界翘楚、行业中坚,遂有今日中传学术研究之森然气象,已历七秩而弦歌不断,将传百世亦风华正茂。

自新时代以来,中传坚守为党育人、为国育才初心,励精图治、勠力前行,秉承"系统治理、创新图强、交叉融合、特色发展"的办学理念,牢牢把握高等教育发展大势、传媒业态发展趋势,瞄准"智能传媒"和"国际一流"两大主攻方向,以世界为坐标、以未来为向度,完成了全面布局和系统升级,正在蹄疾步稳、高质量推动学校从传统高等教育向未来高等教育跨越、从传统传媒教育向智能传媒教育跨越、从国内一流向世界一流跨越,全力建设中国特色、世界一流传媒大学。

中国特色、世界一流,在于有大先生扎根中国大地,汇聚古今、融通中外;在于有大先生执教黉门,学高为师、身正为范;在于有大先生躬耕杏坛,敦品积学、启智润心。习近平总书记更强调,高校教师要立志成为大先生,在教书育人和科研创新上不断创造新业绩。中传广大教师素来以做大先生为毕生职志,努力成为新时代"经师"与"人师"的统一者,做真学问、立高品行,践履"立德树人"使命。

2024岁在甲辰,欣逢中传建校70华诞,学校特邀约部分学者钩玄勒要、增删批阅,遴选已公开刊发的论文汇编成集,出版"中传学者文库",意在呈现学校在学科建设、科学研究、服务行业实践等方面的最新成果,赓续中传文脉,谱写时代新声。

文库汇聚老中青三代学者,资深学者渊渟岳峙、阐幽抉微;中年学者沉潜蓄势、厚积薄发;青年学者踌躇满志、未来可期。文库与五十周年校庆所出版的"北广学者文库"相承接,大致可勾勒中传知识生产薪火相传、三代辉映之概貌，反映中传在构建中国特色新闻传播类、传媒艺术类、传媒技术类学科体系、学术体系和话语体系方面的耕耘与收获，窥见中国特色信息传播类学科知识体系构建的发展脉络与轨迹。

这一构建过程，虽筚路蓝缕，却步履铿锵；虽垦荒拓野，亦四方辐辏。一批肇始于中传，交叉融合、具有中国特色的学科，如播音主持艺术学、广播电视艺术学、传媒艺术学、数字媒体艺术学、政治传播学等，从涓涓细流汇入滔滔江河，从中传走向全国，展现了中传学者构建中国自主知识体系的学术想象力和创新力。文库展示的虽然是历史，实则是呈现今天；看似是总结过去，实则是召唤未来。与其说这套文库的出版，是对既有学术成果的展示，毋宁说是对未来学术创新的邀约。

回首过往，七秩芳华。我们深知，唯有将马克思主义基本原理与中华优秀传统文化相结合，才能推动中华学术创造性转化和创新性发展，推动中国自主知识体系的构建。我们深知，唯有准确把握媒介形态演变的脉动、深刻认知媒介形态变革所产生的影响，才能推动中国信息传播类学科自主知识体系的构建与时俱进。

展望未来，星辰大海。我们深知，以人工智能为代表的产业和科技革命正迅疾而来，媒介生态正在加速重构，教育形态正在全面重塑，大学之使命与价值正在被重新定义；我们深知，唯有"胸怀国之大者"、面向世界科技前沿、面向经济主战场、面向国家重大需求，才能确保中传始终屹立于中国乃至世界传媒教育发展之潮头。

如何应对人工智能带来的深刻变革，对中传而言是一场要么"冲顶"、要么"灭顶"的"兴亡之战"。我们坚信，不管前方是雄关漫道，还是荆棘满途，唯有勇敢直面"教育强国，中传何为？"这一核心命题,奋力书写"智能传媒教育,中传师生有为!"的精彩答卷,才能化危为机,奋力开创人工智能时代中传智能传媒教育新纪元。

功不唐捐,芳华七秩;风帆正举,赓续创新。

是为序。

第十四届全国政协委员,中国传媒大学党委书记、教授、博士生导师

目　录

上编　影像生产与媒介演进

影像生存的概念旅行 ·········· 003

视频文化的在地重构 ·········· 015

视听微叙事中的文化图景 ·········· 024

拟像文化的再生产与理论旅行 ·········· 039

动画文本与时代镜像 ·········· 053

先锋纪录影像的文化史爬梳 ·········· 062

农民画的诗性铭写、空间展演与跨媒介叙事 ·········· 072

中编　文化景观与数智出版

刊印现代中国：鲁迅与新文化运动中的杂志出版 ·········· 085

北京货声的城市声景与空间想象 ·········· 097

空间话语、区域符号与粤港澳大湾区 ·········· 110

"数字化"的时代语义与文化思辨 ·········· 125

智媒时代的数据迷惘与新闻寻路 ·········· 135

多模态数字出版的技术演进与实践探索 ·········· 145

智能创作、数字出版与伦理危机 ………………………………………… 160

嵌入与重塑：数字出版的AI+图景与发展进路 ………………………… 168

下编　青年文化与具身书写

网络视频、青年参与和影像实践 ………………………………………… 183

女友迷群、具身参与和情感展演 ………………………………………… 197

网络欺凌、越轨习得与身份异化 ………………………………………… 211

银发网红、在线生存与主体追寻 ………………………………………… 227

无声围墙、数字青春与知识共享 ………………………………………… 244

后记：阅读在此刻　写作在远方 ………………………………………… 261

上 编
影像生产与媒介演进

影像生存的概念旅行*

理论家麦克卢汉以"人的延伸"来描述媒介化的视觉和听觉,如何诗意且哲理地迎接人类已然来临的影像化生存之未来——自我构建、自我延伸并自我融入不断演进的"现代性""影像化"的媒介社会生活和行为方式。[①] 媒介社会发展的进程与影像生产及其传播技术的发展并生,随现代社会的历史长河奔涌向前。历经古登堡印刷术与字母心智(alphabetic mind)的形成、广播电视的勃兴与"麦克卢汉星系"的升起,网络社会的崛起与智能传播的出现,人类社会"影像化生存"的想象与实践"将所有,包括之前的面对面交往和以复制扩散为特征的大众媒介重新整合,并在一个统一的软硬件物理平台上展开"[②],借助社会化媒体的全民参与和再媒介化转译,在创设一种颠覆性影像文化话语的同时,诠释着崭新的"社会语境",直接推动了社会学研究的结构性转向。[③]

影像化,被用以描述一种"现代性""技术性"的文化语言翻译过程与视觉经验的媒介化过程。传统的电影电视与媒介文化研究的理论文本,依附于"视知觉""蒙太奇""视觉表征""画面语言"的比喻型概念,以表述现代媒

---

* 本文原载于《青年记者》2023年第06期,收入本书时有改动。
① MCLUHAN M.Understanding media: the extensions of man [M]. New York: Signet, 1964: 274.
② 延森.媒介融合:网络传播、大众传播和人际传播的三重维度 [M].刘君,译.上海:复旦大学出版社,2012:17.
③ MURTHY D.Towards a sociological understanding of social media: theorizing twitter [J]. Sociology, 2012, 46 (6): 59–73.

介技术记录生活、再现现实的载体态、符号性和表征化功能。但在今天,其概念已然泛化并流向一种日常经验的描述,成为人类日常生活中不可或缺的媒介记忆与传播行为的组成部分。影像化生存,以其视觉哲理的思辨性和反身性,强势入侵媒介社会学与视觉人类学的理论场域,并被用以描述社会主体——你与我——在阅读影像、生产影像、诠释影像的日常行为,以影像来书写新闻,以影像来建构现实、以形象来形塑具身经验。我们以滤镜反观自身,以短视频窥见他人,以社交媒体界定新闻热点,以网络空间延伸现实意义。与此同时,我们也在以非线性、片段式、随手记模式,通过"打卡"与分享来标记虚拟与现实之间的具体关联。围绕影像化生存这一双向奔赴的媒介实践,催生出"大视频时代""视频天下""视频化生存""影像化生存"等繁华语境,加速着视觉媒体研究的自我更新,也拓宽了数字文化研究的现实"可见性"问题;这一概念已然超越了新闻传播研究的传统范式,走出了经典符号学及文本分析框架;在研究方法的创新上也促进了跨学科的知识流动。① 本文由此出发,在对相关研究的爬梳与现实观察的基础上,回溯影像化生存的历史定位,并尝试对其进行一定的学理阐释。

一、历史溯源:影像化生存的今昔观照

在柏拉图的洞穴隐喻中,影像化生存的前身最早可以追溯至远古时期岩画刻印的视觉经验与史前文明在熊熊篝火前的自我身影。从视觉心理学和工艺发展史的关系来看,18 世纪的启蒙运动之后,19 世纪的科技发展推出更加强调视觉真实的视觉模式:随着达盖尔的银版摄影法、塔尔博特的卡罗式摄影法先后问世,感光图像得以转印到纸质底片之上,转变为可以机械复制与公共展示的符号,影像的现代性与日常性的意义生产正式介入人类的社会生活,并随着摄影技术对文化实践的常态性渗透而旺盛生长。

---

① WEI T, WANG X. A historical review and theoretical mapping on short video studies 2005-2021[J]. Online media and global communication,2022,1(2):247-286.

早期的影像以静态的照片为主，其主要载体为纸质的报刊。究其本质，静态的影像是从无休止的时空"流"（flow）中截取和保留的瞬间。这一瞬间是富有情节的，因环境中的诸多因素会在其间排列成最具意义的几何形态，而这个形态也最能显示这桩事件的完整面貌①。影像积累的世界，使得纪实影像的"真实"意味的迷信以及"眼见为实"式的平面认同已普遍为大众接受。②本雅明如是描述："摄影这门极精确的技术竟能赋予其产物一种神奇的价值，远远超乎绘画看来所能享有的。不管摄影者的技术如何灵巧，也无论拍摄对象如何正襟危坐，观者却感觉到有股不可抗拒的力量，要在影像中寻找那极微小的火花，意外的，属于此时此地的。因为有了这火光，'真实'就像彻头彻尾灼透了相中人。观者渴望去寻觅那看不见的地方，那地方，在那长久以来已成'过去'分秒的表象之下，如今仍栖荫着'未来'，如此动人。"③

换言之，彼此影像的存在成为受众判断信息真实性的重要标准，新闻中也越来越多地开始运用影像所幻生出的"真实"魔力来提升自身的公信力，"所见即所信"（seeing is believing）的视觉神话初步形成。当数张照片以"帧"的形式得到串联，电影、电视等当时的"新媒体"便与电影和电影放映机发明人卢米埃尔兄弟镜头下的那辆火车一同呼啸而来，视频正式在影像世界中抢滩夺岸。不同于照片的"瞬间"特性，视频是从时空"流"中截取的一个片段，抑或如电视一般直接将无数的视频片段重新编码成为一个新的"流"，因而更多地体现"过程"的特征。视频所创造出的视听世界拥有着"文字语言无法比拟的直接性、具象性和同一性"，④使现实中立体而全面的空间环境、人物对话、肢体形态、色彩特征等诸多信息的记录成为可能。这种对事件更为细节化的刻画与再现给予了视频比照片更高的可信度，"所见即所信"的视觉神话因视频的出现而得到了实质性的加强。

---

① 龙喜祖.卡笛尔·布列松［M］.成都：四川美术出版社，1988：12.
② 吴炜华.《老照片》的读解［J］.现代传播（北京广播学院学报），1998，（1）：82-83.
③ 本雅明.摄影小史［M］.许绮玲，林志明，译.桂林：广西师范大学出版社，2017：1.
④ WHITE A. Historiography and historiophoty［J］. American historical review，1988，93（5）：1193-1199.

媒介文化研究新视野 吴炜华自选集

数字时代和网络社会的降临，使得"所见即所信"的视觉观念受到了前所未有的冲击与挑战。数字化技术的赋能给予了影像编辑和美化更多的可能性，甚至让虚拟的想象也能够以特效制作的形式出现在影像作品之中，"所见即所信"出现了向"所信即所见"的扭转——"相似性不再是图像生产的基本法则，符号可以依据自主原则来塑造，或者说符号本身变得越来越自在和自为了"①。当摄影、电影的影像实践如狂风骤雨般重塑20世纪初人类的视觉经验之时，如同本雅明所感慨的那样……流动的影像与固定在画布上的绘画，是多么不一样！画作邀人静观冥想，在画布前面，任想象驰骋。电影便不能如此，看电影时，眼睛才刚捕捉到一个影像，马上又被另一个影像取代，永远来不及定睛去看。杜哈梅（Duhamel）虽然讨厌电影，一点也不了解其意义，可是却看出其结构的几项特色，并加以强调，他如此写道："我已经没办法随心所欲地思考。流动不停的影像已取代了我自己的思路。"真的，连续不断的影像阻碍了观看者心灵的任何联想。其创伤性的影响力便是由此得来。电影如同其他撼动人心的事物一样，需要特别用心专注才能掌握。②

围绕"所见"与"所信"的影像迷思、质疑、文化恐慌与批判在20世纪80年代尼尔·波兹曼的写作中再度出现。

摄影无法提供给我们关于这个世界的观点和概念……摄影本身无法再现无形的、遥远的、内在的和抽象的一切。它无法表现"人"，只能表现"一个人"；不能表现"树"，只能表现"一棵树"。我们无法拍出"整个大自然"的照片，也无法表现"整个海洋"，我们只能拍下某时某地的个别片段——某种光线下某种形状的悬崖，某个角度某个时刻的海浪……照片把世界再现为一系列支离破碎的事件。在照片的世界里，没有开始，没有中间，也没有结束，就像电报一样。世界被割裂了，存在的只是现在，而不是任何一个故事的一部分。③

---

① 周宪.视觉文化：从传统到现代[J].文学评论，2003，（6）：147-155.
② 本雅明.摄影小史[M].许绮玲，林志明，译.桂林：广西师范大学出版社，2017：211-212.
③ 波兹曼.娱乐至死[M].吴燕莛，译.桂林：广西师范大学出版社，2009：66-67.

围绕"所见"与"所信"的影像迷思在好莱坞电影、电子游戏乃至民间短视频的奇幻世界中不断延展,也在理论层面上回到了那些自照片时代便已存在的、关于真实性和文化赋义的探讨。现实与影像之间、"所信"与"所见"之间的"灵韵"消散一直都在"所见即所信"的遮蔽下幽居,并在数字技术的背景下前所未有地凸显出来。

数字影像对人们生活的重构与启发超越了"所见"与"所信"何者为先的争论,甚至超越了"观看",极大地丰富了人类活动形态和创造力,影像化生存的现代性意义由此而生。当社会主体强势介入影像(尤其是短视频)生产,在去专业化、泛媒介化、全民化的视听生产线与传播行动场中狂奔向前的同时,他们也从被动的观看者转为了"所见"的新生产者,影像的自我生产仿佛"自我存在"的一种标志,"所见即所信"和"所信即所见"之间的纠结与张力便共同融入了"我拍故我在"的新型"生存法则"。

"我拍故我在"由此成为一种主体性的影像表达,标记"我们"自身存在意义的视觉文化实践。新媒体给予了每个人进行影像创作的工具与自我展演的舞台,通过随时随地的拍摄与分享,每一位用户都可以在短视频的影像拼贴中"蒙太奇"式地重组"自我表达",并汇聚起一个联通虚拟与现实的"异质时空",在广度上汇聚了用户活动,在深度上以"可见"的特质呈现了文化主体活动的个性和细节,因此成为用户"存在"或"在场"的重要例证。但在千变万化的场景中对自己"在场"的证明,生发出了诸多截然不同的、隐含的"存在"意义:风靡一时的"××挑战"视频潮流,以一个个困难行动的完成记录了人们自身的特长与风采;在旅游胜地、网红景点拍摄的"打卡"短视频,借由具体地点与社交平台之间的联系建构,留存下个人的旅途记忆,表达了自身的生活品位;奥运会、世界杯等大型活动的现场影像记录,铭刻下独属于现场亲历者的烙痕,并将这份自豪感分享到网络的意义空间;现场拍摄的偶像、名人的影像片段以及与他们的自拍合影,则成为某种资本和荣耀的"证据";即便是最为简单的对日常生活的记录,也可能成为集体记忆的一条支流,汇集起足以刻下时代印记的影像力量……综合而言,"我拍故我在"的影像化生存作为今天社会化媒体种种个人表演手段中的强势分支,让

人们在获得前所未有的自我表达空间的同时,受到了社会环境及互动环境对他们前所未有的影响,体现着"个体自我""关系自我"和"集体自我"这三重自我之间愈发频繁的相互制约及冲突。①

回望影像化生存的昨日与今朝,"视频通过对人类感官的重置,再造了图像媒介的虚拟性,创造了个体与外部世界联系的新型方式,视频由一种类型的媒介形态,转变为人类生存的基本方式。由此,社会文化机制发生变革,视频化成为社会运作的重要元素"。②"大视频时代""视频化生存""视频天下"等纷繁复杂的观点,不仅说明了视频这种媒介形式在使用上的广泛,更指向了其从感官到场景、从技术到文化的深层形构。在梳理了影像化生存之历史源流的基础上,本文试图根据相关文献的勾连、来自现实生活的经验观察,具体描述当下影像化生存的三种特征。

二、影像化生存的当下特征

首先,影像化生存,与尼葛洛庞帝所描绘的"数字化生存"相互勾连,呈现了现代媒介研究与计算机科学的学术对话。数字化信息传播技术赋予影像化生存最为基础和底层的双语言逻辑——计算机语言与模拟态的视听语言的结合,并借助多媒体化的视听表征系统,社会主体才可以一种全天候数字劳工的身份,深度介入去专业化的影像生产过程,并快乐地在社交媒体与视频平台上,浪漫并积极地体验其流动的媒介属性、变化的视听语态和复杂多维的传播时态及信息呈现。

其次,影像化生存也意味着视听文本的知识性生产正走向感官化和场景化的经验性生产。数字化的全民性影像生产,呈现出显著的符号综合性、形态融合性、场景多样性和意义共享性等特征,③并以一种暴力、随意、解构的

---

① 彭兰.自拍:一种纠结的"自我技术"[J].新闻大学,2018,151(5):45-55,76,148.
② 孙玮.技术文化:视频化生存的前世、今生、未来[J],新闻与写作,2022,(4):5-14.
③ 廖祥忠.视频天下:语言革命与国际传播秩序再造[J].现代传播(中国传媒大学学报),2022,44(1):1-8.

影像自由语态，在程序正义和技术赋能的想象中，形成文字（字幕、弹幕、花字）、图像（照片、手绘、线条、滤镜、面具、特效、表情包、马赛克）、声音（音效、音乐、对话、背景声、电子音、特效音）、视频（电影、电视、网络直播、动图）以及交互界面兼而有之的立体、混搭型符号合集。多种视听语言的草根性融合使其能够轻松地表达出一种贴近性、场景化的视觉、听觉经验，并极大地丰富了影像叙事与分享的信息模态，即便在特定场景中不得不抛弃其中的某种或某些媒介形态，剩余的部分依旧能快速补充缺失的信息，大大扩充了这一全民性影像生产的场景适配度。例如，在不方便播放声音的场景中，影像中添加的花字与字幕能够补充声音信息的缺失；在无法观看视频的移动场景中，声音可以补充视觉上的缺失。"刷视频"的沉浸式体验，外加对现代社会极度友好的场景多样性，使得我们在当下，尤其在以短视频为首的影像流水线中，不断刷屏向前，影像得以成为与人们朝夕相伴乃至片刻不离的伴随性媒介，深深扎根于当下人类的社会生活。

最后，影像化生存意味着全民性的影像生产，其在赋予自身"影像文本化"的同时，表征出社会语言学意义上的"语言影像化"的流变。"影像文本化"（Textualization of Images）源自法国学者伯纳德·斯泰格乐在《新屏幕的狂欢：从霸权到平等》中的洞见。"文本化"的本质是一种"去结构化"的过程，我们用表情包对话、用短视频标识新闻场景、用打卡显示具身经验、用影像构建传播经验的元数据，并赋予网络、数字终端和他人"提取"和"运用"的权利，包括上传、下载、存储、搜索、裁剪、修改、注释、续写、扩展和发送。这些元数据组合可以还原事件，也可以重构事件，并且可以在不断续写中扩展事件，具有开放的结构，能被嵌入任何传播形式。① 这重塑了网络社交的语言语态与叙事特征，为创作与传播实践中的数字化影像带来了三个方面的新变化：可截取并且独立成意；可嵌入并且无缝连接；可重构并且创造意义。② "可截取"使影像中最精彩的细节与片段可以单独成立并广泛传

---

① 王晓红. 视频文本化及其技术功能初探［J］. 新闻爱好者，2013，423（3）：7-12.
② 王晓红. 新型视听传播的技术逻辑与发展路向［J］. 新闻与写作，2018，（5）：5-9.

播,使其中的内容得到强调;"可嵌入"使影像与文字报道、平台端口、交互界面实现快速的连接;"可重构"使网络视频文本可以无门槛地被每个个体自由读写,为更高维度的传播生态重构提供了"影像化生存"之语言逻辑发展的基础。

三、视觉生态的重塑

日渐消弭的技术门槛与万众参与的影像生产推动着视觉文化的语态与传播生态发生巨变。曾经长期处于信息传播链条下游的受众在此背景下成为有内容生产能力的创作者,影像也从"生产"走向"生存",从文字、声音、图片、视音频书写的基本规范之中,表达了"一种泛众化的传播范式,为普罗大众赋能赋权,将社会话语的表达权给了越来越多的普通人"。[①]

这场重构的开端,是大众对影像的集体"祛魅"(disenchantment)。正如本文所回顾的,影像的诞生和使用已有漫长的历史,但早期的影像因专业拍摄技术的高门槛、拍摄设备价格的高昂,以及观看平台与环境的稀缺,一直是大众所"不可及"的技术黑箱;而数字、网络、社会化的影像自我生产与自我生存的"泛媒介语境",击碎了黑箱的坚硬外壳,使影像得以从电影时代所追求的那条飘摇的"现实的渐近线"[②]转变为真正从现实中生长出来的原生文化形式。2005年,YouTube打出"播出你自己"(Broadcast Yourself)的旗号,并由其创始人发布了世界上第一条视频分享动态《我的动物园》;国内的土豆网也在同年上线,以"每个人都是生活的导演"为名收集了大量来自网友生产的影像作品。4G时代以来,飞速发展的网速与功能强大的智能移动终端更是将影像制作的能力赋予了每一个普通的个体。"短视频制作简单,没有题材限制,不需要高学历,甚至都不需要会写字,是人人可以拍,人人可以看的"[③]成为人们对影像新的共识。影像的生产者与传播者正大规模地与他们

---

① 快手研究院. 被看见的力量:快手研究院[M]. 北京:中信出版社,2019:290.
② 巴赞. 电影是什么?[M]. 崔君衍,译. 北京:文化艺术出版社,2008.
③ 陆地,杨雪,张新阳. 中国短视频发展的长镜头[J]. 新闻战线,2019,(1):28-32.

的生活现实齐头并进，这是生活的景观，也是景观的生活。① 这种对过往种种技术壁垒的"祛魅"，也使得围绕影像的参与更为轻松、分享更为广泛。影像化生存，在描述个体的生活经验和情感体验的分享与观看的同时，在参与的形式上也日渐超越了传统意义上的媒介经验模式，衍变出丰富的传播实践与文化生产形态。

影像化生存所引领的这一传播生态的当下重构，令无数个体汇聚了蔚为大观的集体记忆、历史建构与文化书写。以直播、短视频、游戏、有声阅读等为代表的社会化媒介正在颠覆固有的大众传播学的理论逻辑与历史社会学效应，它们在唤醒和激发社会主体传播本能的同时，或可促成福柯所言的"无名者"的历史性出场，以"全民记录"的社会价值生成一种新型的史料。② 在此形塑历史的影像实践中，"青年、城市、乡村、传统、革命、商业的文化表征相互连接，构成了这一大众文化新构型的符号框架与意义阐释体系"，③ 以"土味"影像承载乡村文化的草根创作；"都市打工人"碎碎念式的自我叙事；《手机里的冬奥志愿者》中拼贴的众多由志愿者用手机拍摄的影像片段，记录了一个个普通人朝气蓬勃的身影……琳琅满目的影像创作既叙述着每一个平凡而可爱的个体的生命故事，也拼凑出这个时代的历史印记与社会样貌，成为未来考察当下的窗口与珍贵文献。

影像化生存，在空间这一人类社会生活的根本向度上，实现了意义的重新唤醒、重构与延展。列斐伏尔以空间三元辩证法观念，诠释了物质空间、精神空间和社会空间的相互重叠。物质空间是被感知（perceived）的空间，精神空间是被构想（conceived）的空间，社会空间则是生活（lived）的

---

① 刘永昶.生活的景观与景观的生活——论短视频时代的影像化生存[J].新闻与写作，2022，(4)：24-32.
② 潘祥辉."无名者"的出场：短视频媒介的历史社会学考察[J].国际新闻界，2020，42(6)：40-54.
③ 吴炜华.技术疆域、文化构型与话语实践：新文化图景中的短视频[J].青年记者，2022，(1)：13-16.

空间。① 今天的数字化影像不停地在三个层面的空间中往复流动——其创作实践根植于物质空间，社交分享流通于精神空间，意义生成则最终凝固于社会空间。

影像化生存的空间实践是空间媒介化的一种形式，也是媒介地理学与视觉人类学所关注的"空间再生产和再建构的路径"。② 社交媒体上依托 Plog、短视频等多种类型影像进行的"打卡分享"是一种日常经验的新常态。"打卡"本是职场用词，与签到和考勤相关，后来随着社交网络活动对日常生活的深度嵌入而在网络世界频繁出现。对于旅游和探索的场景而言，"打卡"类似于将传统工作地点转换为景点的签到行为，其本身也包含进行内容拍摄或创作的意涵，以影像叙事延展媒介地理的空间，拓展文化消费的内容。③ "打卡"意味着影像生产及定位与其所在地的物质空间的深度绑定，是"生产"行为"生存化"的具体表现，二者一同被上传，创造出虚实共生的新型空间实践图景，继而在社会空间中赋予影像制作者、参与者以及线下的"打卡"地点以崭新的文化意义。用户所分享的"打卡"影像内容会在社交媒体上以碎片化的微文本形态存在、流转，在社交媒体"与生俱来的社会性（sociality）和聚合性（connectivity）"④ 的作用下，借助"同城"等现实空间的关联形成人脉关系和社交文化的生产与再造。

在此刻，无数的"我拍故我在"汇集成"我们打卡故城市在"的群体行为，将实体空间与虚拟空间的双重感知综合在一起，创造出了史无前例的新型感知，以城市实体与虚拟网络的交织、流动，创造了移动网络社会崭新的

---

① 赵海月，赫曦滢. 列斐伏尔"空间三元辩证法"的辨识与建构[J]. 吉林大学社会科学学报，2012，52（2）：22-27.

② 谢沁露. 从空间转向到空间媒介化：媒介地理学在西方的兴起与发展[J]. 现代传播（中国传媒大学学报），2018，40（2）：75-81.

③ 王昀，徐睿. 打卡景点的网红化生成：基于短视频环境下用户日常实践之分析[J]. 中国青年研究，2021，（2）：105-112.

④ DIJCK J V. Facebook as a tool for producing sociality and connectivity[J]. Television new media，2012，13（2）：160-176.

个人与社会价值，①如"打卡经济"的循环生产。以具身性的"打卡"标记和卫星定位为基础的数字地图将城市空间转化为手机终端可检索、可交互的媒介空间，使得地方空间的社会文化、基础设施与公共服务都在重新组合与定位中嵌入人们的空间体验。人们通过将多维度的地图空间的认识接入现实空间，再以"打卡"性的空间实践行为标记自身与现实空间的联系，完成空间化的身份展演，进一步补充数字地图所赋予的影像化生存的意义。凭借这两个互相接续的过程，在比特世界与原子世界的交互界面上形成了一个围绕数字地图与影像共享而不断循环生产的"流动空间"，将信息空间层面上引导用户打卡的地理信息活动和物理空间层面上用户借本地信息服务走访真实物理地点的活动结合起来，进而将信息和资本的全球化逻辑接入地方。②例如，因丁真"惊鸿一瞥"的影像作品而成为旅游胜地的理塘；因诸多旅居"慢生活"短视频而成为"现代版瓦尔登湖"的大理；以及因"魔幻8D城市""赛博朋克的现实原型"标签下的视频吸引众多游客前来"打卡"观光的重庆。

通过梳理有关影像化生存、视频化生存的文献，结合对日常生活经验的观察与总结，本文在回溯影像化生存的演进脉络的同时，对当下"我拍故我在"的新型"生存法则"给予了文化解读与学理阐释，并尝试勾勒出影像化生存的三个典型特征：一是语言逻辑的融合，其基于数字化传播逻辑而形塑的媒介化语言特征与流动性媒介表征；二是传播生态之重构，其因影像生产的传统模态与专业壁垒的消弭，而驱生出与众创共享、全民共塑的影像书写的日常经验史；三是空间意义的重构与延展，社会学意义上的记忆与观察与传播学思辨中的数字生产相互交叠，催生出"真实—超真实""具身—去具身""现实—虚拟"多维度的影像化生存认知与反思。

在媒介技术不断精进、媒介环境日益复杂的背景下，"影像化生存"作为

---

① 孙玮. 我拍故我在 我们打卡故城市在——短视频：赛博城市的大众影像实践[J]. 国际新闻界，2020，42（6）：6-22.
② 秦兰珺. 城市数字地图：POI数据体制与"流动空间"生产[J]. 探索与争鸣，2022（2）：74-83，178.

意涵丰富的研究议题和广袤无际的研究田野，还有大量需要填充和解释的空间。例如，视听叙事在与智能传播、VR（虚拟现实）、AR（增强现实）、5G（第五代移动通信网络）、元宇宙（可与现实世界交互的虚拟空间）等新兴技术或理念相遇后，是否会得到进一步的重构？这种重构是否会对影像化生存形构出更新的文化意义？处于影像化生存状态下的社会主体，如何认知和评价更为复杂和具有颠覆性的 AI（虚拟现实）影像及影像元宇宙的生存经验？影像化生存又该如何同中国本土的文化特点相结合，形成其独特的本土研究路径？这些问题，都需要我们进一步探索与思考。

视频文化的在地重构*

短视频是一种难以被精确界定和清晰理解的视听新媒体模式，其多变的媒介属性、流动的视听语态和极为丰富多样的媒介服务功能，已然使其成为网络视频实务与学术研究中的另类文本。中国本土短视频的风起云涌与创新发展，在深刻影响中国互联网文化自我更迭和媒体融合深入发展的同时，成为见证中国社会转型、数字鸿沟弥合、城乡知识沟消除的新型媒体界面。在光影流动、转瞬即逝却又制造出全时全效全息的信息流、新闻流、知识流的场景化界面中，中国网络新时代书写下浓墨重彩的一幅时代画卷。中国短视频，衍生于中国互联网文化的萌芽时期。早在2000年初Flash闪客动画出现时，中国就已经开始探索有别于西方的草根型UGC（用户生成内容）的短视频创作与分享模式。2005年之后，在网络视频平台化、频道化、专业化加速发展的力量倾轧下，短视频艰难生存于视频产业链的底层。DV（数码摄像机）影像生产、影视素材拼贴剪辑、新闻混编的自媒体模式，与微纪录、微专题和商业微电影的专业模式混乱共生。在今天，以移动优先和算法驱动的新型短视频文化，更成为一种继往开来、全民共创型的技术文化典范。

在中国互联网文化迅猛发展的20年中，短视频标识了中国青年文化在线实践的技术场景，观照着传统媒体与网络媒体的变迁与对话，彰显了中国网络文化创造性发展的潜力。但与此同时，我们清晰地观察到短视频生产、平台运营和内容分发中的众声喧哗与众态纷呈，表现为短视频内容业态的自我

---

* 本文原载于《青年记者》2020年第30期，与张守信合作，收入本书时有改动。

同质化，信息伦理的混沌，虚假信息与假新闻的泛滥。因此，如何突破互联网"下半场"的产业迷局和短视频"下半场"的方向迷惘与自我挣扎，优化短视频共创共建的长效发展模式，孵化短视频健康常态的产业规律，探寻短视频文化传播引导力建设的本土路径至关重要。

一、视频生态的文化在地化

在地化重构是以本地化、本土化的视角和立场，来评估和探讨短视频贴近生活、贴近现实的技术视角和文化立场。在本文中，在地化重构被视为"短"视频探寻"长"发展的一种自审式策略；在地化，意味着接地气，把短视频文化写在中国的大地上；重构，指涉着认知模式、思维框架的破坏与重组，以发现更适应中国国情的短视频产业形态、娱乐与消费场景。

首先，是中国短视频发展所面临的技术生态的在地化建设。这是对移动互联网环境下的技术服务与内容生产的科学规律的把握，也是对搭载视听新媒体平台的先进文化的内涵与外延的理解。短视频得益于大数据、算法推荐、用户画像、场景传播等技术加权，能够触及中国城市乡村的每一个角落，展现中国新时代媒介化社会中的每一处微小情境。在国家政策的推动和通信服务升级中，短视频需要通过技术的便捷性和应用的亲民性营造出视听新媒体的"泛传播生态"。在中国无数网民享受其简单上手、随时观看、自拍分享的技术便利的同时，短视频渐进颠覆和消除因"数字鸿沟"而出现的视听新媒体技术可及与信息可及的屏障，使得更多的城市与乡村景象和普通民众的日常生活被拍摄、被表达和被分享。这正是中国通信与信息服务领域先进传播技术的人民性、平等性与开放性的表现。当我们认真反思在技术决定论影响下所形成的"硅谷思维"和"We media"（自媒体）的浪漫想象时，我们会追问——西方的互联网寡头和精英"自媒体"在产制网络技术革命的文化狂欢时，是否也造成了技术的阶层割裂、知识沟的代际加深和文化鸿沟的激化？这一自我悖反式的思考在"Web 2.0"的概念初露端倪时，就已成为困扰西方新媒体和互联网研究学者的问题。但这一问题在西方的科技哲学和资本市场语境中是难以得到解答的。中国短视频的传播实践却可以为其提供一种解决的思路。用西方技术决定论的赋权理论来过度催化和解析中国短视频，会使业界和学界陷入一种盲目乐观、技术唯是的社会真空，既不利于短视频产业的发展，也不利于本土研究的深入展开。

其次，是中国短视频在文化自觉、文化服务维度上的在地化建设。短视频所形成的"泛传播生态"，只有在国家通信与信息服务的治理能力得到提升的情况下，才有可能形成；它需要在中国特色社会主义先进文化建设的理论观照下，深入挖掘其本土研究的真意。在中国，短视频承载了主流媒体的新闻叙事、政治传播与政务服务的公共叙事、草根内容生产者的日常生活叙事，更勿论二次元、游戏动漫等娱乐化呈现，扶贫助农的民间力量的参与、宇宙星空历史文学等内容的交叉融合，以一种专业与非专业混搭，传统与创新兼容，生产与消费互融的液态传播表现，注解着习近平新时代中国特色社会主义先进文化的视听新媒体实践。习近平新时代中国特色社会主义先进文化是先进技术、价值观体系、生活方式和社会经验的综合，其科学性、包容性和开放性能够为短视频文化的在地性重构寻找到清晰的应用参考。

中国短视频文化在跌跌撞撞的探索中，寻找着自上而下的技术治理、网络社会治理与文化治理的实践与方法；在此过程之中，它经历了平台的恶性竞争与流量混战、内容生产的良莠不齐与自我边缘化的野蛮生产，也促使我们更严谨地审视，在技术先进性的基础上，短视频的文化先进性的挖掘、深化与探索是否更为重要？在消弭数字鸿沟的行动中，短视频是否可以助力文化鸿沟的消除？近年来，随着中国短视频用户的年龄光谱的延伸，更多的青少年和银发族加入短视频的生产与消费潮流，从国风大赏中的汉服奶奶，到勇敢晒出舞蹈视频的银发姐姐；从引领老年精致时尚的北海爷爷，到家常美食视频博主陕西老乔；从积极努力带货的小顽童爷爷到两鬓斑白的中国非物质文化遗产传承人，都预示着这一新媒体文化形态对代际鸿沟的逾越。在每一幕"土味视频"粗糙直接的不完美拍摄中，"土味"的认同、模仿、展现的每个瞬间，都是被媒介化的中国新农村、新城镇的普通人积极参与文化众创，以草根经验来照见文化自信悄然生长的感人时刻。将160个充满乡土气息的普通中国人的日常生活、工作、娱乐场景混剪拼贴完成的不到 4 分钟的短视频作品《存在即是完美》，在 B 站、微博、豆瓣等平台被网友点赞转发之后，人民网、共青团、《环球时报》跟进评论"人民对美好生活的向往，就是我们的奋斗目标"。有网友甚至感动道，"可以当作国家宣传片"。"土味视频"深刻烙印着中国城乡变迁和乡村文化表演的痕迹，在今天，它以一种颠覆传统视听美学和媒介文化的横冲直撞之势，重构了中国农村的文化想象和意义。

二、新闻舆论场的语态转译

随着人民日报、四川观察、央视主播说新闻纷纷成为现象级的短视频媒体号，各类政务短视频也成为网民的新宠，新闻专题类、突发类、重大事故类短视频纷纷抢滩。事实上，随着媒体融合的纵深推进，时政新闻短视频化的实务转型与新闻短视频的全传播越来越受到欢迎，短视频新闻异军突起，成为融合新闻最主要的形态[①]，并成为主流媒体融合创新的主要产品线之一。短视频新闻的轻量化、快速反应与易传播的特点，正与新闻融合化生产和移动化传播适配。在新闻短视频鲜亮活泼的视听文本中，主流舆论场和民间舆论场，主流媒体的舆论场和商业新媒体的舆论场，国际舆论场域和国内舆论场域的有机交融，形成了紧密交合、同频共振、快速反应的"视听化"新型舆论场。

2018 年两会期间，人民日报社新媒体中心推出 3 集短视频《中国一分钟》，分别从《瞬息万象》《跬步致远》《美美与共》三个篇章来讲述中国故事，向世界展现真实、立体、全面的中国。同年 10 月，人民日报社新媒体中心和中央网信办移动网络管理局合作，联动各地推出 33 集《中国一分钟·地方篇》，12 月再次推出《开放中国一分钟》《创新中国一分钟》《奋斗中国一分钟》3 集主题篇。"一分钟"系列短视频架构起中国改革开放 40 年成就的整体

---

① 韩姝.融合新闻的形态及发展趋势：基于中国新闻奖媒体融合奖获奖作品的分析[J].传媒，2020（1）：65-68.

风貌，以全新视角解读中国奇迹，《中国一分钟》系列微视频是数字时代媒体融合的新闻产品，通过短小浓缩的形式集中展现宏大主题，内容构思设计磅礴大气、格局非凡。不仅如此，该系列短视频还对传播模式进行创新，融通线上与线下、全国与地方、传统媒体与新媒体，实现了线上阅读播放量超24亿，线下覆盖用户超2.5亿的海量传播并收获了广泛好评，是2018年的标杆性爆款融媒体产品，还在国博"复兴之路"大型主题展览中进行播放。

新闻舆论场的短视频重构，是媒体融合向纵深发展必然会遭遇到的挑战。传统主流媒体的新闻报道很难形成爆款效应，更难激发自下而上的情感传播的流量效应；但视听新媒体却相反，更易引起人们情感驱动的转发、点赞、评论，甚至舆情。面对瞬息万变的流量与数据洪流，主流媒体要逆流而上，把握流量经济的市场逻辑与应对策略，举重若轻，审时度势，判定、跟踪、玩转最新最热、最受关注、较易引发舆情波动的词汇、事件，甚至网络流行梗，并将之有技巧地吸纳到短视频创作中，抢先一步，激浊扬清。全媒体时代的新闻报道"四力"，要求新闻工作者走进现实社会基层，要有能够触达网络空间最底层的脚力，识别不断刷屏的短视频中舆论场争夺的眼力，并能将其有机转化和生产，形成爆款级的短视频新闻。媒体深度融合，是对互联网思维、传播逻辑和跨屏化、视听微叙事的融合[①]。

短视频新闻《鼓岭！鼓岭！》推出24小时内，在央视新闻两微一端、央视新闻移动网的阅读量突破500万，并在央广网、澎湃新闻、新浪、腾讯、今日头条等数十家媒体、社交平台持续发酵。《鼓岭！鼓岭！》是由中央广播电视总台推出的系列微视频之一，在多媒体融合叙事、跨时空衔接、文化与价值建构方面独树一帜。它以混搭拼贴的影像文本，将历史与时政新闻进行技巧性的嫁接。历史涵盖了沙画制作的情景再现、历史新闻资料、老照片等；时政则涵盖了作为画外音的原声、时政新闻资料等。这两类影像文本相互叠合、交相呼应、互为依托，如全程报道加德纳太太来访的原《福州日报》高级记者乔梅的采访部分，加德纳太太受邀来访、现场资料等，成为整个作品

[①] 吴炜华，张守信. 视听微叙事的中国立场与文化图景 [J]. 中国出版，2019（24）：3-8.

的关键细节。在乔梅的讲述过程中，老照片、珍贵历史资料、新闻资料、时政现场的交替出现，将历史的记忆弥合在现实之中。短短48小时内，《鼓岭！鼓岭！》的全网总阅读量超过9000万[1]，形成了较为广泛的影响力，同时展现了时政新闻短视频的感染力、传播力和触达力，以及广阔的生产与传播创新空间。《中国一分钟》系列微视频一经上线，各大门户网站、新媒体平台、短视频平台均在首页首屏等重要位置转载；20多家地方省级党报党刊进行报道；10多家卫视在本省新闻联播等电视节目中播放；《人民日报》微信公众号相关推文阅读量均为"10万+"；微博相关话题阅读量超9.4亿，参与讨论量达46.9万，占据微博热搜榜首位；各地户外大屏，机场、火车、地铁、公交车等人员覆盖密集的交通枢纽的屏幕都循环播放，同时覆盖全国主要大中城市及黑龙江、河南、四川、广东等多省的县级城镇和乡村。据不完全统计，系列微视频线上阅读播放量超过24亿，线下覆盖用户数超过2.5亿。"人们从一分钟的足迹里，听到了历史的隆隆巨响，也听到了中国拔节生长的声音。"[2]

2020年，是我国脱贫攻坚战的决胜之年。短视频的接地气、低准入性，使其成为网络扶贫舆论场建设中的靓丽身影。2019年，中央网信办、国家发展改革委、国务院扶贫办、工业和信息化部联合印发《2019年网络扶贫工作要点》，着重强调充分发掘互联网和信息化在脱贫工作中的潜力，扎实推动网络扶贫行动向纵深发展。2020年8月数据显示：仅在短视频平台快手上，就有超过2500万人获得了收入，其中660多万人来自国家级贫困县区；在国家级贫困县，每4人就有1人是活跃的短视频用户。扶贫短视频在国家行动、社会参与、主流媒体与自媒体的共同推进中迅猛成长，在承载中国脱贫攻坚梦的同时，释放出强大的短视频社会服务能量与创新模式。

新闻舆论场的短视频重构，也是我国对外传播和国际舆论引导力提升的一种可行性方向。短视频的轻娱乐、在场感和社交化，使其在跨文化传播中可以突破文字和语言的限制，触及更多的受众。CGTN（中国国际电视台新闻

---

[1] 资料来源：中国记协网《鼓岭！鼓岭！》，2019-05-23，检索于http://www.zgjx.cn/2019-05/23/c_138080245.htm。

[2] 桂从路. 从"一分钟"里读懂中国活力[N]. 人民日报，2018-10-12（5）.

频道)的新闻报道、iPanda 熊猫频道的短视频和短视频创作者李子柒田园牧歌般的短视频,建构出国际舆论场中的中国立场与故事。

三、新生活场景的瞬间呈现

随着移动互联网和智能终端的普及,整个社会逐渐步入一种数字化新生活场景的迅捷表达的流媒体时空。传统媒体类的广电音视频声势日渐式微,视听新媒体已经重塑社会生活情境化的多维文化场,新媒体的文化传播权重不断加大,新兴媒体对文化场的冲击以及对传统媒体文化影响力的消解,使传统媒体需要跳脱"媒体稀缺"时代的发展路径,主动拥抱新媒体。短视频承载着传统主流媒体的移动化、社交化传播的转型之梦,是中国式融合新闻和移动新闻的拳头级产品与试验品。

CSM(中国广视索福瑞媒介研究)的一项调查数据显示:"短视频成为网民使用最大众化的视频应用,用户认为短视频更倾向于娱乐性、陪伴性、社交分享性、内容丰富性和及时性;传统电视的优势在于权威性、健康性、专业性、知识性、制作精良。"① 短视频的深度沉浸、高度互动、多元连接属性等特征,重构了中国视频领域的内部生态。但用户并非完全抛弃了传统广电媒体,而是在实际的使用体验中,形成了差别化的媒体功能印象,在功能性的对比中,传统广电依然占据优势。从媒介的传播形式与功能角度来看,二者并未呈现出明显的用户群体的割裂,在国家政策层面积极推动传统媒体与新兴媒体融合发展的大环境中,传统媒体积极借用新技术、新平台、新话语等新的生产系统配置,输出符合新时代的新产品,在文化背景、情感认同等方面与短视频用户制造连接,使许多传统媒体创作的短视频作品引发用户的广泛关注、互动参与和转发,甚至成为"网络爆款"。

例如,新华社正能量短视频的创新实践:①以小切口、小视角开展宏大题材的视听微叙事实践,推出了展现时代精神与氛围的《在一起》《我奋斗》

---

① 资料来源:张天莉,罗佳《短视频用户价值研究报告 2018–2019》。

《更懂你》三部短视频作品；②微纪录片《国家相册》以小切口展开时代与人生的微叙事，一改传统媒体严肃生硬的面孔，在文化、生活、科技、教育等领域推出极具网感和话题感的短视频内容，如"文物戏精大会""直播联合国"等；③通过3D动画、一镜到底等技术，创意"三维立体书"，创造新型阅读界面，如创意微视频《跃然纸上看报告》对政府工作报告的关键数据进行了生动可感的视觉化加工，使短视频作品充满科技感和新鲜感，访问量过亿。

第28届中国新闻奖"媒体融合类"短视频获奖作品：①《柳州融水突围记》采用手机拍摄，以主观视角营造了民生危机事件的直播感，以"短、微、快"的方式，及时向外界传递了灾情现场的第一手资料；②《公仆之路》从创意到表达、从画面到声音都呈现了极高的制作水准，场景化再造、历史情境再现，一镜到底的手法和音画关系的巧妙搭配，使之成为主流化的爆款短视频；③《一句话，让山水美如诗》融合绘画、书法、诗歌等传统文化元素，结合数字技术、动画等表达手段，水墨画与实景生动融合，连续不断地传递出文艺感、幸福感；④《绝壁舞者》《拉孜姑娘创业记》《28年的相守，终于迎来了这一天》采用自述形态的个人叙事、创意化的展演形式，在原生态、生活化的叙事空间，巧妙运用的音乐音响，视听语言生动凝练，画面精致，使主题表达更加集中，将个人、青春、成长、家庭、未来相连接，从人物、职业等小切口观照更大的家国和民族情怀，从凡人小事、普通岗位反映国家和时代的发展与巨变，通过"微叙事"实现了"大写意"的主流题材创新突破。

彭兰教授认为短视频生产是一场自下而上的新文化运动，短视频的创新与扩散过程即从民间文化走向公共性传播的过程。从用户自制的民间文化兴起，逐步经过商业化、制度化过程，到媒体、政府机构、企业及其他组织开始将短视频作为一种新的公共性传播手段，体现着短视频自下而上、从私人性传播走向公共性传播的扩散过程①。短视频用户对传统媒体短视频的正面评

---

① 彭兰. 短视频：视频生产力的"转基因"与再培育［J］. 新闻界，2019（1）：34-43.

价集中于正能量、健康、权威可信、丰富、适于分享，但对于其创新性的认同度较低。商业化的短视频已经遇到一定程度的审美与价值困境，开始引起人们的反省和警觉，而传统媒体在短视频领域的不断发声和创新实践，也在不断引导用户正视短视频的正确打开方式。①

曾经被视为数字域中的影像碎片、草根化的信息杂糅、视听亚文化表征的短视频，正以其独特而旺盛的市场驱动力和特立独行的视听语言，塑造着迥异于传统互联网的文化实践模式与传播场景。对中国短视频文化发展的可持续的前瞻探讨，实则是对其守正创新的时代使命与社会责任的探讨。首先是寻其正，以其快呼应全时媒体的发展，以其短呼应全息媒体的瞬间送达与信息拼合，通过对其传播特点的深度挖掘，清晰判定短视频作为当前融媒体新闻宣传的先锋兵的作用；其次是寻其新，唯有摆脱过度融梗和全民鬼畜的迷狂下引起的内容生产的内卷，才能深挖其价值引领的新模式、新闻宣传的新形态与信息服务的新模式，寻求在移动化和视听化传播场景中，资讯与服务融合、娱乐诉求与价值引领的融合新方向；最后是对短视频文化定位、知识逻辑和服务转化的可持续创新的研究。

中国短视频文化，需要摆脱碎娱乐与猎奇观看、视听快销的急功近利心态，要短出凝练感，碎出精华范。《中国一分钟》的大气磅礴，《早餐中国》的浓浓烟火气与乡土情怀，李子柒耕织场景中的中国风与淳朴的浪漫感，它们以真实大美的视觉在场与参与式观看，摸索着中国短视频的形式美学；而"农村小鹏的生活"淳朴干净的乡村面貌，"巧妇九妹"的身影中体现的新生代农民工重归农村的坚持，是在寻找中国短视频的社会责任。在华丽或质朴，喧闹或沉寂的短视频场景中，中国的主流媒体、商业新媒体和自媒体人，以最为简单、直白甚至粗糙的短视频语言写下自己对中国故事的理解。

---

① 王新刚，张蒙帅."短视频"文化现象的价值困境及其化解[J].广西社会科学，2019（3）：150-154.

视听微叙事中的文化图景*

从 UGC 到 PGC（专业生成内容）、从用户原创到网站自制，中国网络视频行业经历了曾经的混乱生长、自我规约到今天的多样态发展，已然成为中国网络文化转型和新时代媒体创新的一张文化名片，成为连接中国视听新媒体内容生产与中国网民信息与娱乐消费的最主要的文化表现。视听媒介与新媒体传播的知识生态和产业实践正发生飞速变化，在这幅日新月异的媒介画卷上，中国本土的短视频生产以其旺盛的传播动力、蓬勃多元的内容衍生和独特凶猛的扩张姿态，逐渐成为国际传播学、新闻学和文化学领域的最新研究疆域，同时成为我国社会主义核心价值观、党和国家主张、人民心声、传统文化、新时代中国故事表达与传播的创新阵地。2019 年 6 月，由人民日报社主办的"我与中国"全球短视频大赛，围绕"速度、开放、行走、追梦、印象、生活"等维度，遵循短视频创作与传播框架，构建视听微叙事中流动的影像中国的崭新图景。

在今天，中国新媒介版图上的短视频已经发展为一个具有复杂内涵和多维外延的文化概念和媒介研究术语。在内容生产层面，网络短视频代表着中国本土视听媒介层出不穷的创新思维与同质化的内容生产之间的抗争与理念变迁；在传播理念层面，它是中国式的融合新闻和移动新闻的拳头级产品与试验品，承载着传统主流媒体的移动化、社交化传播的转型之梦；在文化生态层面，它是在创用同盟、流量经济、网红效应、社交营销等新鲜理念与实

---

* 本文原载于《中国出版》2019 年第 24 期，与张守信合作，收入本书时有改动。

践的合力下出现的一种创新叙事，并以一种零散、自我解构、自下而上的非中心式话语陈述自己。随着多项指导性、引领性的政策性文件的陆续发布，网络短视频所代表的视听微叙事中的中国立场与文化图景将在多元、和谐、规范与秩序之中生成、流动、丰富和延展。

一、视听微叙事中的时空流变

截至 2022 年 12 月，我国网络视听用户规模达 10.40 亿，超过即时通信（10.38 亿），成为第一大互联网应用，网络视听网民使用率为 97.4%。在常态网络视频和短视频的具体数据上，中国互联网络信息中心第 52 次《中国互联网络发展状况统计报告》显示：2023 年 6 月，网络视频、短视频用户规模分别达 10.44 亿和 10.26 亿，用户使用率分别为 96.8% 和 95.2%。[①] 网络视频已经成为我国数字出版产业版图中的支撑型文化产业，它与排名最前的新媒体产业，如互联网广告、移动出版、在线教育和网络游戏，共同催生、衍化出无穷尽的网络文化语态与传播力情境。其中尤其以短视频为最——它作为一种网络时代的视听文化形式、一种碎片化的传播语言、一种极具变化性的营销手段对中国网络文化的产业产生了强大的反哺效应。短视频已然崛起，并成为中国网络视频发展的主体形态。在当前的全媒体环境下，短视频正日益成为一种主流话语形态，实现了在各种媒介中的无缝嵌入，在重构社会交流情境的同时，有效激活了社会关系，激发了社会活力，借助其平台、工具和中介作用，短视频成为推动社会创新的重要途径和抓手，同时成为信息公益得以持续创新和践行的重要着力点。

中国网络视频，无论是制式化、仿电视化的长视频和系列视频，还是草根 UGC 或半专业 PGC，都经历了大浪淘沙、生死艰难的十年变迁。从最早的"闪客动画"到"拍客行动"，从逆袭的"网综网剧"到"微纪录""短视

---

① 中国互联网络信息中心. 第 52 次中国互联网络发展状况统计报告［R］. 北京：CNNIC，2023（10）.

频""竖视频",从"无社交不新闻"到"万物互联"的创想,新词新物层出不穷。在这些新词新物出现的潮流中,新媒体短视频重构了观看者与用户的娱乐时空观、社交体验、信息及知识分享模式,从其生产的根源上重构了迥异于传统媒体时代的叙事逻辑与文化图景。

"微叙事"与"宏大叙事"相对,"伴随信息革命的来临,建立在知识真理性标准前提下的'宏大叙事'已经呈现出阐释力的不足,……'微叙事'则通过自由开放的文本结构和无定向的语言表达更新了文本的审美面貌,也为后现代个体自身的存在找到合法化基础"[①]。在视听微叙事体系下,娱乐与教育、公共与私人、学科与学科之间发生"内爆",边界无限拓展甚至愈加模糊,连续流动的视听符号集以"微、快、新、奇"的方式为大众提供了个人展演与表达、旁观者经验的多元化技术接口,将宏阔的社会现代性意识与时代景观通过迅捷、及时、个体性的视角予以动态呈现。

快手短视频用户"赵小明的彩虹贩卖机"用《存在即完美》作为背景乐,混剪出了一个名为《快手群像:存在即是完美》的视频。这个3分半的视频展示了快手上160个"老铁"的日常短视频内容,感动了无数网友。正如抖音、快手短视频平台的宣传语:"记录美好生活""记录世界,记录你",短视频平台不知不觉地承担了这样的历史重任——它展露人间百态,俨然成为一个"生活影像博物馆",记录着每一个男女老少的情感和生活,形成了这个时代的生活缩影。一个个生动、细碎、多元的视频背后,描绘着生活的酸甜苦辣、柴米油盐、嬉笑怒骂、悲欢离合,流淌出温柔而蓬勃的生命力,袒露出人们对生活的热爱、对梦想的追求。不论是泛生活化的视频,还是商业化、知识化的视频,无一例外地共筑了社会生活的多元情境,承载着人们的所思所想,呈现出生活的千姿百态。正如《存在即完美》这首歌的歌词:"因不同而感受相同的存在,你存在即是完美。"于是,网络短视频成为这样一种媒介形态:它连接起人与人、人与社会,折射出社会文化的历史演进,用平民化

[①] 裴萱.从"碎微空间"到"分形空间":后现代空间的形态重构及美学谱系新变[J].福建师范大学学报(哲学社会科学版),2017(5):86-101,169-170.

的影像表达体现出人类交往的历史维度。曾经消解意义的短视频被赋予了新的意义，即媒介话语开始导向日常生活，呈现出一个个"媒介瞬间"。这些"媒介瞬间"的"意义"不再由政府或市场来界定，而由每一个独立的个体来建构，无数"媒介瞬间"的凝聚将人类影像延伸至历史的长河。"我"与时代的关系被重新界定，时间与空间组合的历史性的微小瞬间被凝固成视觉话语场，无数个影像记录此刻，无穷的意义互动，无尽的媒介记忆碎片被原子化地重组在短视频的视听长河中，并被赋予意义、情绪和媒介满足感。

短视频创造了一种社会成员"共处"的生活情境，个体的每个生活瞬间、每个情感表达都能被其他成员直观感受，零碎的微景观相互连接组成庞大的大众景观体系，并从中产生认同、凝聚和共识，个体、社会被赋予了多重的可能性。

短视频"微叙事"实践，通过对数字技术编码再造的视听符号的创意性组合，将个人化、经验性、世俗化的信息内容汇聚成流，在大数据、算法等数字技术的统筹下川流于不同的个人界面，生产、分发、互动、消费，生成了独具特色的个体兴趣图谱以及丰富多元的短视频文化图景。这完全打破了原有的传播学中的时间与空间观念：一方面，短视频所呈现的"时间"是细碎的、点状的，但它又是整体性的，数以亿计的短视频内容累积成数据仓库，在平台与算法的协同下，按照人们的兴趣、习惯等特定的匹配规则进行排序、重组、分发、展示以及反馈，使信息与知识在时间轴上以"零星状态"和"整合状态"不断地交替与转换；另一方面，短视频的"空间"呈现是虚拟的、跳跃的，这种虚拟空间与主体的生活空间相混合，使得数字技术的融入起到了"增强现实"的作用，通过内容与技术不断的更新、迭代，极易使人产生"沉浸"或"坠入"的使用体验，有学者将之称为数字"超空间"，其表现为一种更加自由、多元和动态的空间流动形式，伴随自我资源的整合、经验的提炼与表达、心理的粉饰与表演、自我与社会的互动及评价等，在"围观""转发""戏仿"等行动中构建新的文化景观。

二、传统文化流动景观的再生产

党的十九大报告明确提出传统文化创造性转化和创新性发展的要求。国务院印发的《关于实施中华优秀传统文化传承发展工程的意见》指出，要不断赋予传统文化新时代内涵和现代表达形式，使中华民族最基本的文化基因与当代文化相适应、与现代社会相协调，意见还确定了"中华文化新媒体传播工程"。这在国家制度层面为传统文化与新兴媒体的结合提供了根本性的支撑和制度性的确认，"短视频"作为当下最热门的信息载体形式之一，在微叙事的不断创新中承载着传统文化的再生产，形成了独具特色的传统文化展示空间，创造性、创新性地在生产中赋予了传统文化现代意义与现实价值。

一方面，短视频推动传统艺术以更加流行化、现代化的方式触达大众。2018年5月，抖音联合中国国家博物馆、南京博物院等七大国家一级博物馆推出了"博物馆抖音创意视频大赛"，其中的H5[1]景观艺术作品《第一届文物戏精大会》一经上线即刷爆社交媒体平台，博物馆中的文物一改古老呆板的历史形象，俨然一个个生活于现代的"戏精"，它们相互调侃、搔首弄姿、耍宝逗乐，令大众眼前一亮，啧啧称奇。该作品上线4天累计播放量突破1.18亿次，相当于大英博物馆2016年全年参观总人次的184倍，相关抖音挑战赛"嗯~奇妙博物馆"吸引了27000多名用户参与。[2]抖音同时上线了"奇妙博物馆"AR贴纸，利用人体分割技术和slam技术（同步定位与地图构建），让用户在拍摄短视频时能够360°全方位观赏博物馆展厅。在短视频的推动下，文物、古迹走进现代生活，以一种更加艺术化、时尚化的面貌重新出现在屏幕上，走进了年轻人的心里。

短视频使原来的传统艺术以动态视听符号的形式留迹，各个"冷门"的传统艺术门类得到了大众化的传播和创新化的发展，在新的社会语境和感知

---

[1] H5，指第5代Html（超文本标记语言），也指用H5语言制作的数字产品。
[2] 资料来源：北京师范大学艺术与传媒学院、抖音短视频《网络绿洲——短视频艺术普及与全民美育研究报告》，2019年8月。

情境下重新生长、强化，绽放出艺术作品的历史内蕴和文化美韵，成为当今景观社会的时髦文化。在这个过程中，原本不具备线下普及性的历史文化，通过短视频的艺术生产和传播，实现了与当代大众的时空连接和心灵共通；大众得到了艺术性的感知体验和审美熏陶，获得了广泛而丰富的艺术感知体验。随着越来越多的艺术专才和艺术精英在短视频平台的创作展示，大众通过模仿、互动等方式，感受艺术的趣味与魅力，在潜移默化中得到审美能力和艺术素养的提升。

另一方面，短视频的全民参与性和技术易得性，迸发出了新的艺术形式和艺术活力，提升了大众的艺术创意和生活情趣，使得"人人都是艺术家"。

其一，艺术与科技的融合。视、音频编辑处理技术的进步，推动了艺术的生活化和生活的艺术化，使艺术创作成为一种生活美感的游戏。流行音乐的旋律配合视频的非线性剪辑、缤纷奇幻的视频特效，呈现出动感震撼、美轮美奂的视听效果，其中蕴含着科技和视听符号呈现出的美学意蕴，不断激发大众的创作欲望和艺术灵感。花样繁多的艺术特效还能将人们带入一种似真似幻的泛艺术化感知情境，使人们登上时尚杂志的封面成为耀眼明星，置身于漫画感受生活澄澈细腻的美感，摆弄手势便可翻云覆雨、手摘星辰。艺术借由科技融入大众、浸润生活，人们穿越历史的长河、空间的层叠和现实的环境，进入一种超真实、充满想象和创造的艺术时空。

其二，艺术与生活的融合。在短视频平台上，不仅有传统艺术家的作品展现、科技呈现的艺术想象，还有于生活各个细微之处透露出的普通大众的艺术性的生活创意。2019年6月，抖音发起"抖音艺术季"项目，联合八大美院、20多家专业艺术机构和多名艺术家，发起"抖出我的艺术""我怎么这么艺术"等挑战赛，以激发用户的艺术创作。活跃在各个领域的艺术家和艺术爱好者们，纷纷发布展示自己对于艺术的独特理解和创作作品，在延时技术的加持下，让观看者在十几秒之内见证了一幅作品的诞生，带来令人震撼的艺术效果。简单生动的儿童绘画、独具特色的民间艺术、极具风格的创意艺术以及精心设计的生活情趣，都经由短视频的视听符号传播至每一个屏幕前,激发了更多个体的艺术审美和情趣,由此形成了一种创意艺术和生活艺术"展示—激发—创作"的良性循环。在循环的创作、互动中,艺术不仅仅是一种欣赏品,还经由一个个生动的短视频融入了生活,触及了人们的心灵。

截至 2019 年 7 月,抖音平台上音乐、舞蹈、影视、建筑、书法、戏曲、雕塑、绘画 8 大艺术门类的相关短视频数已达 1.09 亿条,累计播放量超 6081 亿,点赞量超 201 亿,转发分享量超 3.9 亿,评论数超 7.7 亿。[1] 由北京师范大学艺术与传媒学院联合抖音短视频发布的《网络绿洲——短视频艺术普及与全民美育研究报告》指出,短视频为用户提供了"自我角色扮演与媒介展示的可能——公众参与的艺术体验——美感提升"的进阶路径,它连接起了大众审美和艺术创作,调和了高雅精英艺术与大众通俗艺术的不同旨趣,让不同受众同频共振、同屏共享,感受艺术魅力,提升审美情趣,涵养网络艺术生态。[2]

一些沉寂已久的传统文化或文化元素,通过短视频的再加工与再呈现,成为极具话题感的内容产品,重新焕发文化活力,从高雅的、难以触碰的经典演变为生活化、日常化的交流,尤其得到年轻人的追捧和喜爱。以抖音为例,2018 年抖音发起的与传统文化相关的活动,累计播放量过亿的传统文化领域涉及京剧、国画、皮影、古文、文物、民乐、诗词等,[3] 前十名中"京剧"占据四席,并且京剧类短视频迥异于传统的京剧剧场式的表演,呈现出极具时尚感、青春感、话题感和网络文化的特征,再度激活文化的集体记忆,如"我'变脸'比翻书还快""我要笑出'国粹范'""粉墨新声""谁说京剧不抖音"等。诸多头部创作者粉丝数已超过百万,如棋类"象棋胡来"(225 万)、书法类"郭缄墨书法"(113 万)。

---

[1] 李平. 北师大、抖音联合启动全民美育"DOU 艺计划"专家热议短视频艺术普及 [EB/OL].(2019-08-21)(2020-07-02). http://share.gmw.cn/IT/2019-08/21/content_33096326.htm.
[2] 资料来源:北京师范大学艺术与传媒学院、抖音短视频《网络绿洲——短视频艺术普及与全民美育研究报告》,2019 年 8 月。
[3] 资料来源:武汉大学媒体发展研究中心、字节跳动平台责任研究中心《抖擞传统:短视频与传统文化研究报告》,2019 年 6 月。

短视频与强大的数字技术相结合，为前端界面的效果呈现提供了有力的底层支撑，为用户接触传统文化提供了便利，为"古今对话"提供了有效的互动界面和技术接口，如抖音设计和开发的戏曲妆容特效（川剧变脸、京剧行当），通过为用户提供一整套"自我化妆"的技术工具，来提升其对传统文化的接触与认知，在进一步的表演、影像制作、传播与互动的过程中，以一种"碎片式""趣味化"的方式不断加深用户对这一传统文化的认识和把握。同时，"传统文化+流行文化"的表演性活动，生成了另类的文化景观，如"皮影戏尬舞"，在动感的节奏和音乐中，用户完成了"现代与传统""现实与虚拟"的文化互动，"皮一下很开心"累计播放量超过14亿。

另外，"古画会唱歌"音乐创新大赛，寻找到二次元古风音乐、网络表演短视频与中国传统艺术之间的平衡，流量明星与《丹青千里》的古今对照，引发了一种全新的文化潮流；在15秒的短视频中，西方艺术成为动画的素材；在喜迎党的十九大的竖视频闪卡动画中，二次元元素、手机游戏台词、说唱与粉丝语言纷纷出现，彰显出一种独特的文化融合姿态。这些作品已然摆脱了陈旧的叙事窠臼和文化想象的自我束缚，以一种更流动和更具创造性的语言成为新媒体短视频中的经典案例，为无数草根UGC所模仿，并且进入了大学课堂，成为辅助教学的观摩作品。中国传媒大学师生共同创作的短视频作品《北京公交文化地图》《北京地铁文化地图》《昆曲》广受业内好评，彰显出一种独特的主流文化融合和创新的叙事与文化想象。

三、视听微叙事的知识传播实践

"媒介技术已重构了社会生活，以致我们没有必要必须成为一个专家才能去参与……全球已经在纵向上、时间上和横向上'内爆'[①]"，这表明"专家范式"在数字信息时代已经发生根本性转变，成为专家的基础性标准、大众印象中专家固有的形象和气质也发生了颠覆，更进一步说，在传统实践中，对

---

① 史蒂文森.认识媒介文化[M].王文斌,译.北京：商务印书馆,2001：193.

于各类范式、学科边界等的划定与切割早已逐渐模糊，在短视频所承载的微叙事时空中，一个普通用户可以随时跟随其他"专家"学习，也可以随时成为"专家"向其他用户传授个人经验，英语、健身、历史、书法、舞蹈、声乐等，短视频改变了我们观察生活的角度和知识获取的方式。

短视频的出现，使大众广泛参与知识的生产和传播过程，知识的传播由外到内发生了翻天覆地的变化，知识的边界得以扩宽，传播场景得以延伸，呈现方式直接丰富，知识"触手可及"、形象立体，人与知识的关系、生活与知识的关系产生了某种意义上的"人性化回归"。

以前受限于文字的读写门槛和纸质媒介的传播成本，只有精英制作的精深知识才能进入大众传播范围，知识的生产和流动在具有一定教育基础的圈层内进行。网络媒介的到来赋予了大众平等的传播话语权，知识的生产和传播也经由大众播散开来，但文字的运用能力仍然成为阻碍阶层之间知识流通的门槛，精通文字运用的专业化的自媒体成为知识生产的新主体。短视频的低门槛性和易用性，使更广泛的大众能够直接参与知识的生产，多元的、小众的、冷门的知识获得了传播的土壤，教育考学、职场规则、母婴育儿、科普知识、才艺教程、健身养生等生活化的知识大范围传播，知识的边界得以扩大，知识的传播得以扩散。

在传统场景下，知识经由学校和课堂面面相授、薪火相传。短视频则将系统性的知识切割成一个个碎片，嵌入瞬时的、细微的生活场景中，符合快节奏生活下人们对知识获取的效率追求，知识的传播情景变得随身化、即时化、场景化，知识的传播过程也从传统的讲授方式走向社交互动。

詹金斯针对新媒介环境提出了"参与式学习"的概念，他认为："在参与中，无论是教育性内容还是娱乐性内容，都是共同的实践和文化归属的一部分，而非个人内化的过程，草根媒介同样具有实现教育的潜力。"[①] 短视频作为一种草根媒介形式，使知识以一种互动性、社交性的形式承载出来，形成了

---

① 詹金斯, 伊藤瑞子, 博伊德. 参与的胜利: 网络时代的参与文化 [M]. 高芳芳, 译. 杭州: 浙江大学出版社, 2017: 8–11.

知识的讨论氛围,促进了学习者之间共同的文化归属,强化了知识传播与记忆的效果。

短视频消解了知识的抽象识读性,使不易用文字表达的个人生活经验和技巧得以呈现,使高深的知识得以具象化、通俗化地传播,缩小了阶层之间的"知识鸿沟"。

首先,短视频促进了隐性知识的显性传播。英国哲学家波兰尼根据知识与言语的关系,将知识分为显性知识和隐性知识,显性知识是能够明确表达的知识,而隐性知识是指那些个人化的、情境化的,难以用语言来充分表述的知识。短视频则将蕴含在个体生活经验之中的不易表达的知识表达出来,使得生活经验和个体智慧可以被外显和意会,隐性知识变得可感、可触。普通人在短视频中展示的各种生活创意和实用小窍门,正在成为这个时代简单易学的"新鲜知识",跟着"抖音"学做饭、学理发、学手工,已经成为一种生活新风尚,为个体的生活增添了许多新技能和新乐趣。

其次,短视频实现了抽象知识的具象回归。百度百科中的"秒懂百科"短视频系列,将一个个抽象的概念通过动画的方式进行阐释;抖音账号"人类观察所"将抽象的心理学概念还原到具体的历史情景中,生动、具体地阐释概念的来源和内涵。这种具象化的传播形态,使知识的层次脉络更加丰富,减轻了学习者的认知负荷,在直观感受中强化了学习者对抽象概念的认知和理解。

最后,短视频带来了严肃知识的通俗转化。在抖音短视频平台上,科普类知识一改曾经严肃"高冷"的形象,比如"中国科学院物理所""果壳网"等科普类视频号,在抖音上的粉丝数、播放量和点赞量都高于其他知识类视频号。[①] 这些科普短视频展现了科学的美与生命力,激发了人们探求科学知识的热情,使高深晦涩的知识得以通俗化、趣味化传播。

---

① 资料来源:清华大学新闻与传播学院,中国科学报社,北京字节跳动科技有限公司《知识的普惠:短视频与知识传播研究报告》,2019 年 1 月。

众多研究表明,短视频在知识传播中发挥着积极有益的作用,人们也更愿意通过短视频获取知识、增进学习。纽约大学心理学专家吉米·布洛诺在实验中发现,人们能够记住10%听到的东西,30%读到的东西,70%看到的东西。① 麻省理工学院的 Philip J. Guo 和 Juho Kim 在另一项研究中发现,时长较短的视频(0~3分钟)比其他长视频(3~6分钟、6~9分钟、9~12分钟、12~40分钟)的受众参与度高,75%的学生都看到了视频的3/4处。② 华中师范大学心理学院、青少年网络心理与行为教育部重点实验室联合字节跳动平台责任研究中心发布的《短视频学习效果研究报告》显示,相比于静态的图文,学习者更偏爱动态的视频,而短视频能够降低知识的感知难度和记忆成分,激发学习者的学习动机。③

短视频打破了精英化、细分化的知识壁垒,解构了系统性、封闭式的知识学习场景,消解了知识内在的隐晦抽象的固化结构,重构了大众化、场景化、通俗化的知识传播空间。在短视频消费社会中,借助共享的力量,短视频成为新时代的"百科全书",颠覆了人们发现知识、消费知识的方式,而精准推荐技术为知识转化成消费提供了强大的驱动力。目前国内短视频的现状正在预言着:人们将短视频作为获取知识、搜索知识的主要渠道,将不再是一个新鲜事。

知识的"有用"嵌入短视频的"有趣",使学习与生活的围墙被打破,知识的传播者、接受者、参与者与短视频景观本身,共同构成了新的情境化的知识体,激发了整个社会的知识普及和集体智慧。法国网络文化理论家皮埃尔·莱维指出,集体智能创造了一种新的"知识空间",由此产生了更广泛的

---

① 莱斯特.视觉传播:形象载动信息[M].霍文列,史雪云,王海茹,译.北京:北京广播学院出版社,2003:446.

② 资料来源:*How MOOC video production affects students engagemengt:an empirical study of MOOC videos*,ACM conference on learning at scale,2014年3月.

③ 资料来源:华中师范大学心理学院、青少年网络心理与行为教育部重点实验室、字节跳动平台责任研究中心,《短视频学习效果研究报告》,2019年9月.

决策参与、信息的互惠互换以及新的公民和社区模式。① 短视频激活了集体的智慧，创造了全社会成员的"生活共同体"，使人们共享信息、共享知识、共享情绪、共享生活。

短视频将传统的、局限于文字的知识传播，转换为融合视听元素的"叙事文本"，这个叙事文本表征为精简凝练的知识精华（15～60秒）、极具个性化的魅力人格体、高效直接的口语表达、可高度参与和实操的具象展演。突破了文字表述、平面阅读和理解的高门槛，呈现出跃然于屏幕之上、生动形象的知识生产与传播图景，进一步提升了知识的传播效果、传递效率和推广的普及程度。此外，协同推荐机制下的智能推荐系统，结合多元的、多领域的、充满趣味化的知识类短视频内容，进一步提升了拓展用户个人知识边界、激发其学习兴趣的可能性。

短视频通过微叙事的表达范式，使得教育、科学等领域的知识传播变为热门话题、内容消费热点，甚至是社交传播中的"谈资"与潮流。另外，短视频的知识传播呈现出知识类大V正在成为新的"网红"、"冷"知识"热"传播等新趋势，如抖音平台的科普大V"地球村讲解员"，专注科普天文地理知识，已有近500万的用户关注，作品累计获赞超过2000万，累计播放量超过5亿。传统的科研机构也打开了创新的思路，利用短视频探索更加生动有趣的知识传播手段，如中国科学院打造的抖音矩阵（由中科院之声、中科院物理所、中国科普博览三个账号组成）吸纳粉丝180.2万，与此同时，技术的普及与平台的无远弗届，打破了传统教育资源分配以及知识触达率不均衡的现状，结合我国地域的分布，短视频为教育领域的公益实践提供了全新的互动方式，为有效开展和推动知识与教育的扶贫工作提供了新的解决方案，如抖音发布的教育扶贫活动"抖音公开课"等。另外，一些行为、装扮、话语成为"新潮流"，城市传播在这种体系下再次焕发魅力，重庆、西安、云南……尤其是一些小众旅游城市，在"网红小吃""打卡圣地"的微叙事话

---

① 胡泳. 众声喧哗：网络时代的个体表达与公共讨论［M］. 桂林：广西师范大学出版社，2013：88.

语构建中，形成独特的虚拟符号和文化景观，成为无数短视频用户向往的"圣地"。

由此看来，短视频通过场景化、生活化的还原，个性化的态度表达，专业化、趣味化的演示，情感上的连接与共鸣，生成了全新的知识传递话语体系和视觉文化图景，并提供了关键的互动空间，生动的影像、动感的音乐、极具动力的微叙事系统和流动性的内容衔接，跨越不同领域的文化交融，呈现一幅动感的时代美学的知识画卷。但我们也应该注意到，数据与信息的更新迭代速率是指数级别的，个人的观念与知识的更迭随之加速流转，大量的观察、认知和体验成为一种"闪现"的个人经验，这种经验是纯视觉化的，或者说视听混合的，并且相当短暂，个人原有的记忆、习得、内化的经验也成为微叙事中环境与经验相互杂糅而快速转动的"形式识别"，个人传统的生物记忆已经转变为通过"点赞"或"收藏"而留存云端的"数字记忆"，微叙事中，时间快速转动，空间高频次发生挪移，记忆与知识分类成了各种大数据列表、热搜排行以及智能推荐。"年轻人时下沉迷于视频产品，使得与传统教育方式相联系的书本作品显得单调乏味，按照麦克卢汉的说法，这最终将会产生既有娱乐性又有教育性的混合型文化形式。"① 所以，在短视频制作、创作的理念和技术渐进成熟和饱和的今天，我们的研发、新市场、新研究范式在哪里，如何从娱乐唯是、流量至上的评级、打分逻辑中，探寻短视频视听语言、传播模式、传播效果在新闻传播、科学传播、政治传播、环境传播以及教育传播等多领域的内容生发与形态衍生的新问题与新思路，值得我们认真思考。同时，这需要突破片段的、场景式的、流动性的短视频的自身形态困境，用探索系列叙事、循环叙事、交互叙事的新媒体语言讲述当代中国社会的发展、记忆与知识谱系。

十年前，有学者对西方的网络视频展开研究，创造出油管时代（YouTube Generation）的概念，自此，国际新闻传播研究领域的网络视频及短视频研究就被 YouTube 独霸，但这一情况正在发生变化，中国网络视频的组合拳出击，

---

① 史蒂文森. 认识媒介文化 [M]. 王文斌, 译. 北京：商务印书馆，2001：194.

早已与 YouTube 形成鲜明的差异。中国视听新媒体的业态繁荣和迭代，向世界展示了中国新媒体市场活跃、开放与多元的发展。短视频行业制度、技术、生产、传播等各环节逐步趋于成熟，优质内容成为其竞争的核心，中国短视频的行业现象和内容产制、文化结构等已经成为业界与学界关注的热门方向，并逐渐形成具有中国特色和中国立场的新型网络视听产业。

如何从中国制造到中国创造，这不仅需要技术文化理论的支持，更需要在意识形态的建设上高屋建瓴。有学者提出"短视频的'人本化'文化基因，以人为本、以人为媒，重视个人的故事，展现平凡生活中的温情与感动，短视频的生产与传播散发着人文光泽"[1]。从这个角度解读，新媒体短视频也可以体现丰富深刻的哲理，重建视听微叙事的中国立场，是探索建构中国梦的宏大叙事与日常化、伴随性、分享式的视听微叙事之间的文化链接，如人民网教育频道联合20余所高校制作的教育倡导微视频《我在这里等你》《圈粉无数！这位大使50年扎根中国见证发展奇迹》《Rap 动画唱两会，带你唱响新时代！》等短视频都是一些具有突破性的优秀作品。

中国网络视听行业的从业者和教育者每天都在跟随着传播与信息技术的发令枪，在新知识、新现象、新问题涌现的跑道上狂奔。与此同时，新媒体短视频正以一种叛逆、勇敢和无所顾忌的姿态挑战媒介与传播教学以及相关研究的经典理论与教学方法。未来，我们应该更多地思考在短视频业态过度旺盛发展、但其创作理念与教学模式相对滞后的当下，如何跟进时代、越界发展，探索能力教育、创意教育、艺术教育、素养教育等新领域。在极具中国特色与中国立场的短视频日益具备无限能量和国际影响力的今天，从"产"到"学"，再到"研"，重构微叙事的视听形态、短视频的媒介生态对中国新闻传播知识领域的学理贡献愈发重要，因此我们要为这个时代留下文化和理论贡献的印记。

"短视频的风行于世，基于同一个快乐原则，属于从文化解放到文化狂欢的时代大潮。从中反映出来的是改革开放以来整个中国社会文化和精神风貌

---

[1] 彭兰.短视频：视频生产力的"转基因"与再培育[J].新闻界，2019（1）：34-43.

的巨大变化。"① 上文在传统文化传承、新形态的知识传播、主流价值与社会主义核心价值观的微叙事转型等方面阐述了短视频的文化担当,也展现了大众在这样一个技术创新所提供的工具、产品创新所搭建的平台中,结合数字化信息配置、虚拟符号等,进行的自我表达、情感倾诉、心理自愈、自我认同等系列性的个体化表演,进而实现了对于传统传播时空的突破、日常叙事的转型、社交方式的创新以及新形态文化景观的构建。其中,"在路上"是热门短视频中出现最多的场景,"生命、救援"等主题在热门短视频中出现比例非常高,"温情、感动"是热门短视频唤起的最主要的情感,② 丰富的生活给予个体无限的表达线索和素材,促成了网络短视频的爆发,使得短视频的文化基调呈现出生活化的特征,赋予了短视频新的活力、鲜明的中国立场和中国式的文化图景。

---

① 郑宜庸.移动短视频的影像表征和文化革新意义[J].现代传播,2019(4):29-33.
② 彭兰.短视频:视频生产力的"转基因"与再培育[J].新闻界,2019(1):34-43.

拟像文化的再生产与理论旅行*

斯蒂芬·兰兹伯格（Stefan Landsberger）在论及中国海报时，借用意大利学者艾珂的"超真实（hyper-reality）"一词来描绘和界定既存于社会现实主义的视觉特征与文化外延：影像的叙事空间被那些具有现实特征却同时是完全意义上的超现实人物——"大于生活"原型的农民、工人、军人占领了[①]。"超真实"准确来说是隶属于后现代批评中的语汇，被 Stefan Landsberger 借来形容一个完全不属于后现代范畴里的时期。这一语汇的借用或错用在克莱尔·霍（Claire Huo）论述中国第五代电影文化的时候再度出现。在分析第五代电影的文化源生背景时，被誉为批判现实主义杰作的油画创作《父亲》在克莱尔·霍的行文间成为中国超真实主义（hyper-realism）的一次体现[②]。油画《父亲》作为批判现实主义的代表作，通过其强大的视觉冲击力和强烈的情感表达，成为超真实主义与地缘文化对话的一种学理呈现，此刻，视觉的现实性与超现实性并存，语境的当地性与浪漫性交织，叙事的本真性与理想化相融，展现出一种超越现实的文化力量与社会想象。

在影像叙事的评定标准里，究竟现实主义视觉性与批判性的文化距离有多远或多近？对于西方的后现代主义者来说，也许并不重要，重要的是其影

---

* 本文部分段落原载于华东理工大学学报（社会科学版）2004 年第 2 期，收入本书时有修改。
① LANDSBERGER S. Chinese propaganda posters: from revolution to modernization[M]. Armonk, N.Y.：M.E. Sharpe.1995.
② HUO C. China's new cultural scene: a handbook of changes[M]. Durham：Duke University Press，2000.

像的视觉霸权和文化力量一经产生,"既无撤销,也无宽恕",不可避免的是它完美的、过度真实的语言对未来世界的沟通与理解产生的深远影响。

虽然在上述文本中,超真实概念只能作为一个后现代语汇被引用,但其更多具有的是文化批评的通感功能。这两次巧妙的转借,向我们展示了文化批评经历的另一种可能:在一个非后现代,或后现代性并不明显,并非主导文化现象的社会里,用后现代的视角去解释各种文化现象,也许会发现理论研究中的新盲点。

最重要的是,无论是海报中政治导向的影像构成,还是批判现实主义油画中透露出的强烈的怀旧情结,都指向引发超真实概念的产生之源:社会拟像(Social Simulacrum)。

超真实与拟像——这两个混沌且难以界定的学术词汇,从艾珂的旅美文化小品的写作中走出,随后在欧洲的学术圈层形构了法国后现代学者鲍德里亚①文化理论的两个核心词,并随着人们对视觉传播、新媒体、元宇宙、数字文化的研究,开始蔓延伸展向视觉文化、影像消费和新媒体研究的每一个领域,成为解释数字影像文化与技术哲学的关键概念。本文试图通过对"超真实"及"拟像"概念的梳理,引发对影像世代文化研究的再度反诘,尝试渐进地了解被隐藏在经济至上主义和视觉消费欲望之下的中国叙事——是否确实彰显出崭新的、潜藏转折意义的文化视域。

一、"超真实"与"拟像"概念之源

1975年,意大利符号学大师艾珂的美国之行催生了"超真实"这一词汇的诞生。在游历了美国国家博物馆和迪士尼之后,他迷惑而饶有意味地写道:在国家想象中,游戏与幻觉的边界已经消失,对真实的执狂催生了对虚假幻觉的支持力量和结构性创造,真的不能再真的结果是:完全真实的自我

---

① Jean Baudrillard,国内多译为"鲍德里亚""博德里亚";港台多译为"布希亚"。

确认被"绝对的虚假"而代替①。在艾珂的眼里,超真实现象的出现与国家意志的暗示和视觉消费的大众诉求有着潜在的关系。这一概念经鲍德里亚阐发,与拟像(Simulacrum)、拟仿物(simulation,也译为仿真)交错互动起来。Simulacrum,有学者将其译为"仿像""幻象""类像""虚像"。这些词语在不同程度上揭示了"Simulacrum"之"真"背后的虚幻性和假定性;但Simulacrum并非虚幻不可感的,也不具类似性,它是现实之中被提炼出来的虚拟的现实,超越真实的真实,它立足于形而下的大众物质主义的土壤,却蕴涵着形而上的颠覆性思维,它是视觉消费冲动下滋生的产物,却模拟着对现实主义无限的怀念和追思。它自我满足自我完成,不愿意与"现实"发生关系,也不愿意植根于"现实"进行复制式的摹本创造。所以本文倾向于将其译为拟像,以求说明"超真实"体验首先来自对现实"像"之模拟,其次才是对现实"像"之消解。"绝对的虚假"在鲍德里亚眼里更成为真实之上的真实,"超真实"体验包含在拟像之中并呼唤人们去忽略本原的真实。鲍德里亚由此发展出对未来工业社会中消费大众的沟通模式的新理解:经由新媒体的蒙太奇语言原则(如电影)和时空距离感的产生(而非面对面交流),人类正在建构一种崭新的独一无二的语言学意义上的现实。鲍德里亚的"超真实"与"拟像"概念之所以在目前受到如此重视,是因为在当今影像化的社会里,现实、影像与虚拟体验交错呈现,直接推动了文化的拟像化进程。

客体与表征、事物与概念之间的界限已然消失,后工业电子时代的拟像世界已在我们眼前展开。拟像并不是虚构或谎言,虚构或谎言努力把不在场呈现为在场,把想象叙述为现实,但拟像却瓦解了它们在虚构叙事与非虚构叙事中所建立起来的所有努力,割裂了自身与现实的任何观照。鲍德里亚所开拓的新大陆并非一个由非现实的影像构成、以忽略其他现实的消费社会,他所寻求的是一个超现实、自我指涉的符号世界。②其中,一切语言都被沉溺于拟像,仿佛我们站立于一个布满镜子的符号学大厅里,镜中像之镜中像仍

---

① UMBERTO E. Travels in hyper reality: essays[M]. San Diego: Harcourt Brace Jovanovich, 1986.
② BAUDRILLARD J, POSTER M. Jean Baudrillard: selected writings[M]. Cambridge: Polity, 1988.

是拟像，而非自我的观照，更非现实的投射①。

在此含义上，鲍德里亚认为，物体与话语都失去了原先与之紧紧相依的本原，失去了指涉和立场，Walter Benjamin 所断言的机械复制时代的美学碎片，已在鲍德里亚那里成为日常生活的全部②。当此之时，全球化无远弗届，视觉消费喧嚣尘上，多媒体霸权与日俱增，而人类的精神心态却处于一个闭锁和充满误读的时代。将鲍德里亚拟像与超真实概念中国化，必能为当代信息播撒和心灵整合的研究提供一个可资重视的文化视点③。

鲍德里亚为国际学术界认可不过20年的时间，进入中国学术界也仅短短数年，因为其理论驳杂多元，许多论述都基于形而上学的"玄学"立场，散发着强烈的主观色彩，再加上他写作用语的诗化和散文化，更使得学界对他的驳斥和批判之声远超认可和理解之声。在拟像和超真实之外，鲍德里亚提出的理论语言也极为新奇炫目，如早期的"物体系（system of objects）""消费社会（consumer society）"；中期的"符号价值（symbolic value）""沉默的大多数（the silent majority）""传播的超脱（ecstasy of communication）"④等，但这些语汇基本上紧紧围绕着消费和媒体这两大主题：在当今社会的影像文化志中，消费的主导力量借助媒体的无孔不入，必然会对符号进行强权式的操控，符号与商品于是共谋生产出"商品符号（commodity-sign）"，物的消费成为象征符号的消费，视觉消费的满足成了全向度的满足。

《让·鲍德里亚：从马克思主义到后现代主义之远》，是国际上首部对鲍德里亚的社会学理论进行论述的书作，"既然他已对媒体、大众文化、控制论、建筑、社会计划、设计与符号阐释过程（semiosis）进行了耐心的描述，

---

① Mitchell W J. Picture theory: essays on verbal and visual representation[M]. Chicago: University of Chicago Press, 1994.
② 孔明安.技术、虚像与形而上学的命运：鲍德里亚对形而上学问题的哲学反思[J].哲学动态，2002（10）：37-40.
③ 王岳川.消费社会中的精神生态困境：博德里亚后现代消费社会理论研究[J].北京大学学报（哲学社会科学版），2004（4）.
④ 或有翻译为传媒迷狂，通信狂欢。本处采用吕健忠的翻译，鲍德里亚在此乃是取其隐喻托喻为己用。

那么他应该发展出一套更有力的社会与文化霸权理论以服务当下。①"但显然，这一使命鲍德里亚根本不会去完成，因为他所关心的是越趋拟像化的社会是否会就此虚无。道格拉斯·凯尔纳（Douglas Kellner）的批评追溯了鲍德里亚理论的马克思主义本原及其颠覆性的重建，但他认为鲍德里亚的理论有着不可弥补的空洞和浮夸的弱点。之所以从凯尔纳的论述出发，开始我们的理论回顾，是因为鲍德里亚理论中的形而上学和去马克思主义化在中国无疑是很难受到好评的，这与凯尔纳的论述不谋而合。

国内对针对鲍德里亚的理论述评大体呈现出以下几种倾向：①书评式、介绍性的写作，如《鲍德里亚与蓬皮杜文化艺术中心的后现代读解》②《鲍德里亚的新理论地带》③《让·鲍德里亚的后现代文化观》④《鲍德里亚：理论的暴力，仿真的游戏》⑤《危险的让·鲍德里亚》⑥《马克思的劳动概念：鲍德里亚的批评及其误读》⑦《从物的消费到符号消费》⑧《从"像"到拟像：德里达论书写》⑨；②从消费文化的角度考证社会拟像、身体拟像之形塑，如《博德里亚消费社会的文化理论研究》⑩《消费文化：鲍德里亚如是说》⑪《技术、虚像与形而上学的命运：鲍德里亚对形而上学问题的哲学反思》⑫《完美何以有罪》⑬《消费

---

① BAUDRILLARD J, KELLNER D. Jean Baudrillard: from marxism to postmodernism and beyond[M]. Cambridge: Polity Press, 1989.
② 付文忠，孔明安. 鲍德里亚与蓬皮杜文化艺术中心的后现代读解[J]. 哲学动态，2000（12）：30-33.
③ 程小牧. 鲍德里亚的新理论地带[J]. 河北学刊，2003（6）：135-136.
④ 季桂保. 让·鲍德里亚的后现代文化观[J]. 电影艺术，2000（4）：66-69.
⑤ 马海良. 鲍德里亚：理论的暴力，仿真的游戏[J]. 外国文学，2000（2）：47-52.
⑥ 盛宁. 危险的让·鲍德里亚[J]. 读书，1996（10）：91-97.
⑦ 仰海峰. 马克思的劳动概念：鲍德里亚的批评及其误读[J]. 南京社会科学，2003（4）：12-18.
⑧ 孔明安. 从物的消费到符号消费[J]. 哲学研究，2002（11）：68-74.
⑨ 董树宝. 从"像"到拟像：德里达论书写[J]. 文艺理论研究，2019（4）：168-176.
⑩ 王岳川. 博德里亚消费社会的文化理论研究[J]. 北京社会科学，2002（3）：125-131.
⑪ 陈昕. 消费文化：鲍德里亚如是说[J]. 读书，1999（8）：91-97.
⑫ 孔明安. 技术、虚像与形而上学的命运：鲍德里亚对形而上学问题的哲学反思[J]. 哲学动态，2002（10）：37-40.
⑬ 孔明安. 完美何以有罪[J]. 厦门大学学报（哲学社会科学版），2003（2）：55-61.

社会中的精神生态困境：鲍德里亚后现代消费社会理论研究》[1]《性别僭越与年龄迟滞——〈王者荣耀〉中的身体拟像研究》[2]《消费主义意识形态下的身体拟像叙事》[3]；③从马克思主义的角度反驳其后现代内涵的谬误与局限，如《鲍德里亚与现代自然观的颠覆》[4]《马克思哲学与古典政治经济学：一种后现代的挑战——鲍德里亚〈生产之镜〉解读》[5]《鲍德里亚的拟像理论与后现代消费主体》[6]《鲍德里亚的"hyper-"概念群及其对现代性理论的极限演绎》[7]《拟真时代：鲍德里亚媒介理论的后现代视角》[8]。这些论述囊括了鲍德里亚理论的方方面面，但整体上依然缺乏从方法论角度对其理论进行实践分析与社会考察，这方面的文字多见于中国台湾学者笔下，如《遇见布希亚：诚品书店、符号的消费于符号的空间——以诚品郭南店为例》[9]《布希亚的拟像理论与后现代商品形貌》[10]《将布希亚占为己用：拟像论的解读与媒体分析的再延伸》[11]《欲望图

---

[1] 王岳川.消费社会中的精神生态困境：鲍德里亚后现代消费社会理论研究[J].北京大学学报（哲学社会科学版），2002（4）：36-38.

[2] 吴斯.性别僭越与年龄迟滞——《王者荣耀》中的身体拟像研究[J].中国青年研究，2019（1）：57-63.

[3] 邓桂英.消费主义意识形态下的身体拟像叙事[J].广西社会科学，2014（8）：165-168.

[4] 仰海峰.鲍德里亚与现代自然观的颠覆[J].理论学刊，2004（2）：74-78.

[5] 仰海峰.马克思哲学与古典政治经济学：一种后现代的挑战——鲍德里亚《生产之镜》解读[J].理论探讨，2003（5）：27-31.

[6] 赵元蔚，鞠惠冰.鲍德里亚的拟像理论与后现代消费主体[J].社会科学战线，2014（1）：158-162.

[7] 夏莹.鲍德里亚的"hyper-"概念群及其对现代性理论的极限演绎[J].世界哲学，2017（6）：37-44.

[8] 张劲松.拟真时代：鲍德里亚媒介理论的后现代视角[J].安徽大学学报：哲学社会科学版，2012，36（2）：130-135.

[9] 苏美彦.遇见布希亚：诚品书店、符号的消费于符号的空间——以诚品郭南店为例[J].地理教育，2000（6）：79-94.

[10] 翁注重.布希亚的拟像理论与后现代商品形貌[J].台湾大学建筑与城乡研究学报，1998（12）：111-118.

[11] 简妙如.将布希亚占为己用：拟像论的解读与媒体分析的再延伸[J].哲学杂志，1998（5）：30-53.

城：后现代消费性影像的思考——以 Here！、Taipei Walker 杂志为例》①。

曾被托马斯·米切尔（Thomas Mitchell）讥笑为后现代主义陈腐主题的拟像及超真实概念②，仍然被中国学者认为是对当下社会的洞察性描述。尽管针对拟像的无数诠释都指向一个影像消费无限膨胀的未来，但以目前中国的文化景观来看，介入拟像批评是否过早？中国似乎离纯粹的拟像世界太远——但如若我们回溯拟像和超真实语汇的本原，也许就能理解拟像之后所带来的巨大信息含量对中国文化研究的意义。

二、拟像世代的媒介景观

鲍德里亚在论及法国蓬皮杜文化艺术中心时，将之与博物馆、超级市场相比。他认为博物馆是有回忆的，但超级市场没有，而后现代社会中的城市建筑，比如蓬皮杜文化艺术中心，就如同超级市场，是一处没有记忆的城市拟像。艾珂在《畅游超真实》中将博物馆可以模拟出的历史记忆视为一切超真实的原罪，它仅是一间陈列室，却具有强大的历史诠释力量；它仅是淹没在现实中的碎片，却逃离了现实的尘嚣成为艺术或文化的表征。从博物馆出发，鲍德里亚与艾珂共同研究了迪士尼乐园，在精美绝伦的人造景观中，现实的逃离与超真实的冲动引发了之后旷日持久的拟像之视觉消费与全球化影像建构的争论。

中国的人造景观和公共艺术建筑在 20 世纪 80 年代中期出现了令人吃惊的持续高热，"国内共有超过 1500 多亿元资金投放在'主题公园'的建造上。全国'造宫运动'盛行时，仅华东地区就有《红楼梦》'大观园'7 座，全国各种各样的"西游记宫"近 40 座。江苏、湖北、河北、四川、山东都竖起了

---

① 杨久颖.欲望图城：后现代消费性影像的思考——以 Here!、Taipei Walker 杂志为例[J].传播文化，2002（3）：121-161.
② MITCHELL W J. Picture theory: essays on verbal and visual representation[M]. Chicago：University of Chicago Press，1994.

'水泊梁山'大旗,深圳、广州、杭州、长沙、上海都建起了'世界之窗'"[1]。这些主题公园最后大都以倒闭告终,但显然,这股人造景观的游园之梦远没有结束,它正以更精美更令人迷醉的姿态出现,迪士尼和环球影城在香港、上海和北京的开幕,更为中国的人造景观添加了一笔精彩的"全球化"的注脚。环境嵌入式的体验式参与和全球化拟像从未达到如此高度的和谐;而这些商业的、拟像多重复制的"巨型文本"[2]从现实空间扩展到虚拟空间,从郊野最终移植向卧室,从电视界面的地球村景象到网络空间的虚拟现实,从历史的怀旧主题到拿来主义式的洋为中用。中世纪的城堡陈列着丰富的中世纪的周末:如食品(并不是原始的加热方式)、服饰(并不是原来的织造产品),整个世界被微缩为瞬间的视觉体验,地理上的纷繁复杂都可以在入夜后简化为飘动的似真似幻、互动体验之影像。此中另有深意的是,通过对视听沉浸的丰富体验,从音乐、电视和电影出发去认知世界,必然会感同身受地将现实的地理体验认可为世界的拟像,并将超真实体验日常化、大众化。拟像,视觉的消费欲望与日常生活的动力交织,把商业模型里的不同现实带入同一个影像时空。掩盖了本原的痕迹和劳动过程以及其中蕴含的社会关系。于是,拟像或许已经成为现实,而充满激情和想象,进入丰富多彩的拟像世界,对于我们理解世界形成的秩序有着深远影响。[3]这一拟像化趋向也许是所有国家在全球化进程中必然经历的一步。虽然对于视听传播研究而言,这仍然是媒介与文化场域里的次级符号集群、娱乐消费文本,是一段未完成的理论叙事的时空前置表达。

曾经,新闻文化杂志所生产的信息拟像,被罗兰·巴特暗喻为"现代神话";而电视影像所散发出的无穷无尽的超真实霸权和制造出的媒体全球化拟像——是尼尔·波兹曼与鲍德里亚所共同抨击的;尼尔·波兹曼诟病电视娱

---

[1] 辛保平.中国民营企业死亡全书[J].科学投资,2003(11):22-44,46-48.
[2] YOUNG T, ROBERT B, RILEY O D.Theme park landscapes: antecedents and variations [M]. Washington, DC: Dumbarton Oaks Research Library and Collection, 2002.
[3] HARVEY D.The condition of postmodernity: an enquiry into the origins of cultural change [M]. Oxford: Blackwell, 1989.

乐影像制造了娱乐至死的美国后现代社会的降智风险，鲍德里亚则用反讽的语态，拟写了电视新闻影像的伪真实和去真实。1991年1月4日，在联合国安理会授权对伊拉克动武之后的一个月，正式空袭之前的两星期，鲍德里亚以《海湾战争不会发生》为题在法国《解放报》(*Liberation*)发表评论；战事之中、之后，鲍德里亚无视国际理论界和媒体界的批评与讽刺，于2月6日、3月29日发表了两篇评论《海湾战争：真的在发生吗？》《海湾战争不曾发生》，以坚持其观点：世界已经不再处于从拟像过渡到真实的逻辑里，而是处于一种借拟像恐吓并希图阻碍现实认知的超真实逻辑里……为了逃避真实性的剧变，世界选择了拟像性的逃亡（逃亡于拟像之中）——电视，就是那万能的拟像之镜。① 鲍德里亚的陈述被克里斯托弗·诺里斯（Christopher Norris）批评为后现代思想在认识论和政治学上的彻底破产之后的荒谬理论，这充分说明了知识分子的后现代情调在犬儒式默从中因极端的反现实主义和非理性主义而沉沦于道德与政治的危机之中②。韦尔施（Welsch）却从影像制造的技术层面及其背后的意识形态架构来为大众解释了鲍德里亚的拟像概念：战争报道中的影像是典型的技术拟像的产物，以像素技术为例：观众难以分辨眼前是真实战况现实影像的重播，还是影像的模拟。当然，这种影像模拟正在建造所谓现实来改变观众的认知：所见即所得。但观众能了解眼前是现实世界的馈赠，还是拟像帝国的礼物吗？媒介现实的信念正在全球崩溃。在现实残缺的表征和拟像完美的建构之间，视觉与认知差异越来越不清楚，越来越不重要了③。当德国著名杂志《明镜》的记者询问鲍德里亚是否有兴趣亲自前往伊拉克战场时，他简洁而深刻地回答道："我依靠幻象生存。"鲍德里亚认为，大众传媒通过其强大的影响力，已经消除了意义与现实之间的界限，进而破坏了人们真正的交流。正是基于这种观点，他质疑了海湾战争的真实性。鲍德里亚对"9·11"恐怖袭击事件的分析进一步强化了他对后现代社会媒体

---

① 布希亚. 波湾战争不曾真的发生[M]. 台北：麦田，2003.
② NORRIS C. Uncritical theory: postmodernism, intellectuals & the Gulf War [M]. Amherst: University of Massachusetts Press, 1992: 11-31.
③ WELSCH W. Undoing aesthetics [M]. London: Sage Publications UK, 1998: 85-86.

的看法。他认为恐怖主义是霸权主义的另一面，媒体则是被操纵的工具。鲍德里亚指出："正是这个超级大国利用其巨大的力量，在全世界范围内播下了暴力的种子，正是它在不知不觉中将恐怖的想象植入了我们每一个人的心灵。"鲍德里亚认为在伊拉克战争期间，当世界观众不分昼夜地观看美军与伊拉克政府军之间的冲突时，其对战争的观看体验与观看美国关于越南战争的电影没有本质区别。这是因为，电视上播放的影像，是由具有特定政治立场的摄影师捕捉、剪辑的结果。大众所看到的，已经不再是真实的伊拉克战争，而是被媒体实时转播功能所"虚拟化"的纪实叙事作品。在鲍德里亚看来，超真实已经成为一种日益占据主导地位的意识形态。他将符号和编码视为具有无限优势的力量，它们在政治、经济、文化以及意识形态领域发挥着重要作用。鲍德里亚认为，这些符号和编码塑造了我们对世界的认知，而这种认知往往与现实世界有着本质的不同。大众媒体通过其传播的内容和方式，不仅改变了人们对现实世界的认知，还塑造了一种新的意识形态——超真实。在这种意识形态下，现实与虚构的界限变得模糊，而媒体所传播的符号和编码成为塑造人们认知和价值观的关键力量。在媒介所展示出的游戏性的拟像之前，观众自然成了拟像的拥戴者和演出者，为了抗拒这种顺服的身份，保罗·巴顿（Paul Patton）认为，正是鲍德里亚在暗示大众，我们可以不接受海湾战争的政治报道和媒体控制，可以放弃内心的视觉冲动与消费渴望，在影像的真实性演出前质问现实的批判精神。[1] 拒绝回避现实，拒绝超现实沉溺，但又不可自控地必须身处拟像之中，这是鲍德里亚与他的拟像不可回避的双刃剑，也是中国文化研究在接纳拟像概念时一定会遭遇的困境。

从20世纪末起，随着真人秀节目开始逐渐为世界观众了解，媒介与文化的理论界首次关注到电视媒体中拟态生存与真实沦陷的问题。之后针对网络社会与新媒体的探讨，如在线身份、虚拟货币、网络社区等，更深入地进入了拟像研究的领域。数字新媒体、网络文化和元宇宙空间的大量涌现，使得

---

[1] PATTON P，BAUDRILLARD J. The Gulf War did not take place [M]. Bloomington：Indiana University Press，1995：1-21.

拟像世代的未竟之事正在以超速度向前发展。"元宇宙已然形塑了一个规模宏大的叙事体。在这个叙事体中，元宇宙仍然沿用了三维电脑动画与VR时代下的（表层的）追求，即虚拟赛博空间中的仿造秩序，它复归的主题是让人具有动画行业、数字游戏行业常常乐于表达的'造物主'身份，用数字媒介赋予生命……（其）最终走向，是一片符号过剩的混沌，真实与虚拟已经无从区分。"① 正如鲍德里亚所预言的：整个系统都在不确定性中摆动和游移，现实存在终将被影像符号所模拟的超真实吞噬。2000年之后，媒介与文化研究迅速观照了拟像理论和超现实概念与数字化、网络化文化转型的对话，互联网及新型信息传播技术的迅速迭代，促生了丰富的在线文化表征与虚拟现实空间的相融。文化研究的时代思辨和变革精神更催促着学者们正视拟像宇宙的扩大所带来的哲学性反身思辨：未来控制现实社会或虚拟社会的影像消费——是现实主义原则，历史游戏原则还是技术浪漫主义原则？媒介与文化研究延展向更为立体、丰富的超现实研究场景。

三、拟像叙事的流动与延伸

费尔巴哈在1843年为百年后的拟像时代写下这样一段预言：喜爱影像更甚实物，喜爱复制更甚原创，喜爱表征更甚现实，喜爱外在更甚存在②。在漫长的人类历史中，鲍德里亚认为拟像对真实的陈述，经历了三个阶段的循序进程，才完成自身的演化：第一个阶段，美好的表征担任了重要的美学功能，从文艺复兴至工业社会，在圣礼的约束中，人类所制作模仿的物品表征着真实的品质；第二个阶段，工业革命呼唤着以机器代替人体，真实逐渐被机械化的资讯主宰；第三个阶段，资讯爆炸的全球化时期，媒体打造出超真实拟像，却已不具表征现实的功能。在这三个阶段中，影像（image）的秩序经历了四个层次的变迁：影像——深刻现实的反映（良好的）——掩盖并改变现

---

① 刘书亮. 拟像诸秩序下的数字图形媒介与元宇宙的幻想：重访鲍德里亚的理论［J］. 美育学刊，2023，14（3）：33-40.
② FEUERBACH L. The essence of christianity［M］. New York: Prometheus Books, 1989.

实的深刻（邪恶的）——掩盖了现实深意消失的事实（蛊惑的）——影像失控，与现实无关，成为自身最纯粹的拟像（执狂的、无意识的）①。虽然这些影像秩序在中国的文化版图上，以不同的比例、特定的方式存在着，但它们难以逃避即将到来的消逝命运。至此，一个超真实的影像乌托邦开始夜以继日地向全世界散发它的魅力，穿越意识形态和政治樊篱的限制，超越一个又一个无穷的三度空间梦境，如同光束般前进，延伸到前方的无限远处。②

在舞台上，我们亲历从网络上延伸生长的虚拟影像与 AIGC（生成式人工智能）场景；在日常具身化的 Vlog 画面中，我们观看在私域场景与公域空间中文化主体之身体的展演；在直播狂欢的群体聚集中，个体和时空的认知与互动更为多重易变。我们已然不能拒绝进入一个视觉主导的年代，问题的关键在于对于这一拟像帝国的来临，世界如何在此种种影像秩序中寻找到最合适自己的解释与定义。在青年文化研究的视域中，盲盒、手办、宠物、文玩的现实性日常生活场景的小片段进入拟像图景，通过营造情景仿像、话语塑像和关系构想的三重序列，建立情感拟像机制，实现新型情感消费模式。③

世界自我影像叙事正处在一个无规则发散的时空坐标之上，割裂了的传统影像正在以一种极度怀乡之情回归，历史现实主义对影像表征的过度自由和商业化的沸沸扬扬的声讨转瞬间销声匿迹；蛮荒的民俗影像也单纯得近乎无厘头地进占视觉，音乐电视向来不惮以民俗场景服装来向国人宣告：请在二维的屏幕上体验大中华，并请去各大城市的民族村体验三维立体的中国。

影像叙事的全球化目标正在加速形成，科技、现代化与国际接轨的关键表征就是必须将中国的影像制造工业置于与世界的对话之中。其中，对话的商业性似乎远较对话的合理性更为重要。或者如齐格蒙特·鲍曼所言，这一全球化的对话过程正驱策着现实向影像演变，虽然并不永远都是特别清晰和

---

① BAUDRILLARD J.Simulacra and simulation［M］.Ann Arbor：University of Michigan Press，1994.
② BAUDRILLARD J.America［M］.London：ERSO，1988.
③ 卢娜娜，李桂平.情感拟像：青年豢养宠物的情感消费现象研究［J］.中国青年研究，2023（3）：22-29.

有趣（具有娱乐价值）的形象。现实也在一个影像竞争机制里与其他表征、拟像、幻觉为争取人类的注意力而努力。这似乎是一个经由审美判决而建构的，经娱乐、消费、欲望的激发而完成的新的审美标准，这一标准是如此合适地被应用于拟像的世界①。

当然，拟像理论不可避免地会面对"虚无主义、悲观主义"的质问，但我们仍然盼望可以穿过其负面的、唯心的局限来审视现在或未来展现在中国的拟像世界里的深意。的确，从影像消费的角度看，在中国当下的文化范畴里讨论属于后现代的理论，很像是在讨论视觉神圣化之后的产物。马丁·杰伊（Martin Jay）评价道，拟像仅仅是对飘散在消费空间里的现实的征服，而非对现实的颠覆。②对于当下的中国而言，拟像的数种秩序都可能共存在同一时间的不同空间内，视觉的神圣化和去神圣化正在纠缠作战，杰伊暗示我们，在拟像中消费的现实符号背后，仍有其他目的和其他意向性，如权力的维系或资本主义的永存，正在悄悄地占领我们的宇宙。这些隐藏在拟像背后的结构性力量，无论是政治权力还是经济权力，都能彻底改变拟像的面貌，政治神圣化与经济神圣化的此消彼长在拟像的呼唤中，最终会展示出怎样的面貌仍然是未知数，但我们已然可以预感到视觉消费主导力量正在成为未来的拟像中国最核心的叙事动因。

鲍德里亚在描述拟像之叙事与认知动因的转换时，如是说道：对于亲切的宇宙，无论是反映的、想象的、还是象征的——对于这个宇宙的描述，仍然和把物体当作主体的镜像的态度密切相关，这又与镜像与景象（scene）的想象深度有关：一个家庭的、内在的与公共空间相对应的私有空间化的影像构造。主体／客体，公共／私人之间的对立与相互观照之关系，在过去尚有意义——那是一个对日常生活美学大发现和大探索的年代；而另一个影像构造则在历史的景象阴影中浮现，前者接受越来越多的象征意义的投资，后者

---

① BAUMAN Z. Life in fragments: essays in postmodern morality [M]. Oxford: Blackwell, 1995.
② JAY M. Downcast eyes: the denigration of vision in twentieth-century French thought [M]. Berkeley: University of California Press, 1993: 544.

不得不面对越来越远去的政治意义的投射[①]。也许中国经历的将首先是历史阴影的现实主义回顾，其次才是日常生活消费美学的追寻，当宏大的历史拟像被微小的个体拟像取代后，政治影像最终与经济影像合流，当新媒体语言侵占我们所生存的每一处思维界面时，我们所面对的才将是毁灭性的危机和文化动力的消散。

拟像是鲍德里亚对未来人类心理和社会认知敲响的一声警钟，超真实体验在影像的工业化大生产中对社会意义、理性意识和生命内涵的销蚀更是我们迫在眉睫需要解决和反抗的问题。本文仅是一次简短的理论梳理，虽难以期望视觉文化研究在拟像进程中更为自由自主地发挥其独立的作用，但也希望在将来的视觉文化学的展望分析中，能够注意到后现代的拟像全球化为视觉叙事带来的思辨力量。

---

① BAUDRILLARD J. Ecstasy of communication, the anti-aesthetic: essays on postmodern culture [M]. Washington DC: Bay Press, 1983.

动画文本与时代镜像*

中国动画在20世纪30年代达到一个高潮之后，在国仇家恨的抗战硝烟中树立了民族动画的灵魂之根，这一曲民族动画之歌的再度响起是在1949年中华人民共和国成立之后，并借上海美术电影制片厂成立之时的种种政策扶持而获得了大量的创作空间和国际交流的机会。1979年之后，中国的动画片生产进入了宁静祥和的艺术创作时期。这一时期是中国动画探索民族风格，摆脱政治内涵，争夺国际电影节奖项的巅峰。彩色动画长片《大闹天宫》让观众与学界都认为"中国动画学派"的艺术追求与文化传播效果达到了并行不悖的理想状态。中国传统文化与艺术在《山水情》《九色鹿》等作品中找到了最完美的视觉叙事的落脚点，"美术电影"这一概念的存在与学理探索，也因此具有了年代见证的意义。在此期间，长春电影制片厂动画片部的再次成立，是一次向革命年代的动画先驱致敬和回忆的创举。20世纪80年代中期上海美术电影制片厂的改组，厂长招聘，以及种种人事变动之后所隐藏的动画人才极度流失的境况是当时市场化改革于动画制作环境中的投射。动画的制作不再是特定的国有电影制片厂的文化行为，而是成为市场经济和国有制电影生产行为之间的一种存在。民营、合营动画制作公司和独立动画制作室逐渐兴起，这一趋势一直延续至今，在20世纪90年代末与"动画工业"这一概念合龙。传统中国动画的艺术成就和顽强的民族特征，在此变迁中似乎已经成为遥不可及的怀旧文化，尤其是当它与沦为动画加工市场的失落感混合

---

* 本文原载于《艺术评论》2019年第11期，收入本书时有改动。

在一起的时候,"动画产业化"与中国动画的不断复兴,巧妙地将这话语转化为视觉消费和市场经济相结合的一种文化意象①。

在过去的半个世纪中,中国动画制作经历了改革开放、市场经济的冲突、中国动画学派的中兴与式微,体验着胶转磁、数字动画实验以及影院动画向系列电视动画的转化,电视动画节目消长和专有频道建立的争论、酝酿与形成;与此同时,数量庞杂的动画院校、动画工作室、制作机构的兴衰变迁,美日动画工业对中国观众的冲击,都促进了网络动画和国漫行动的兴起。

中国动画发展的100年,是中国动画艺术寻找文化自主性和艺术自主性的100年。本文在追溯动画艺术研究的历史脉络与文化线索的同时,尝试聚焦当下,通过研究新时代以来中国动画电影的文本重构、影像创新、艺术互文性与话语变迁的关系,来寻访中国动画艺术在新时代文艺创作与传播环境中出现的新现象、新问题与新方向。在下文中,我们将梳理与重读中国新动画电影中的代表作,通过对文献与文本的重读与分析,以求发现新时代中国新动画电影的自我求索、守正创新的文化自主性与艺术传播立场。

一、新时代的新动画电影

2015年《西游记之大圣归来》(以下简称《大圣归来》)的热映引发了中国动画产业界、艺术评论界与教育界的广泛关注,动画影迷惊艳于中国动画电影的重新崛起,认为《大圣归来》是"中国动画电影十年来少有的现象级作品",是中国"动画'归来'的嘹亮先声"②。2019年7月26日《哪吒之魔童降世》(以下简称《哪吒》)上映,10月4日,上映78天后,累计票房49.7亿③,拿下"国产动画票房冠军"的桂冠,以一部动画电影标注了中国影史票房第二的荣耀之位。在不到5年的时间里,《大鱼海棠》(2016)、《大护

---

① WEIHUA W. Chinese animation, creative industries, and digital culture [M]. London: Routledge, 2017.
② 马涌.关于《西游记之大圣归来》的思考:偶然与必然马涌[N].人民日报,2015-07-24(12).
③《哪吒之魔童降世》中国票房,参见 http://www.cbooo.cn/m/662685。

法》（2017）、《十万个冷笑话2》（2017）、《风语咒》（2018）、《白蛇：缘起》（2019）、《罗小黑战记》（2019）等动画电影陆续问世。这些动画电影风格各异，动画造型独特，视听语言时代感浓郁，书写传统，表达抗争，在继承中国动画传统的基础上别开生面，积极探索"影院大片"和"好莱坞动画"的叙事模式与传播手法，为沉寂已久的中国动画市场注入了新鲜的活力，也标识了一个更具时代特色和中国风格的"新动画电影"时期的悄然出现。

如何立足时代，探寻具有中国特色、凸显文化自信的动画电影的发展之路？长期以来，一直困扰着中国动画产业界。是固守本源，打造水墨剪纸动画的当下盛景？还是求新求变，将日漫与好莱坞动画的市场逻辑照搬照抄以求生存？或者平淡接受"动画大电影"的少年儿童导向模式，欢快地在森林、草丛中和熊大熊二、喜羊羊一起嬉戏穿越、纯真生活，方便在春节贺岁档收割一份红包式票房？对中国动画电影未来发展的疑惑，与如上所述的市场实践相互伴生，成为"新动画电影"生长过程中不可忽视的阻力。

有学者认为，"好莱坞式的'英雄归来'的叙事模式"与"民族动画崛起"的呼唤相互纠缠，实则指向的是中国动画如何才能有"跻身国际水准的成熟技术以及电影市场争夺的一席之地"。[①] 此类众声喧哗的"中国动画往哪里去"的疑问，也是中国动画艺术在重寻文化自主性、重塑艺术之魂的自我诘问的反映。曾经，中国动画自困于这些问题中，但今天，成败参半的"新动画电影"的文化实践，为中国动画提供了一种"与时代同步伐"的多元学术视角的回答。

从新时代新文艺观来认识，中国"新动画电影"的诞生与渐进发展是新时代文艺开创求索的文化标识。新时代的中国"新动画电影"的创作与传播，仍在努力寻找"与时代同步伐"的文化自觉与更为清晰的艺术之魂。中国"新动画电影"，以《大圣归来》为集结令，以《哪吒》为冲锋号，从艺术性到市场化的策略平衡，从文化性到传播力的综合发力，刻下了"与时代同步伐"的创作印记。虽然这些文化标识优劣参半，受众反馈分化严重，但却最

---

① 傅琪.《大鱼海棠》：新世纪"民族动画"复兴的迷思［J］.艺术评论，2016（9）：88-92.

真实地反映了动画人对艺术性与时代性相行相融的思考。

从艺术传播学的视域观察，"新动画电影"具有艺术性与传播性的双重品质。动画电影的艺术形态多样，艺术表现手法各异，艺术动画、独立动画、院线动画对自身艺术性和商业性的平衡相差甚远，各自所面对的传播环境的受众人群迥异。但面向大众的动画电影却需要在市场中经受考验，在电影传播活动中求得生存。"新动画电影"在对"低幼动画艺术"的扬弃和对"电影艺术传播"的把握中不断尝试新路。

从动画产业学的维度分析，"新动画电影"是中国动画突破"低幼动画"产业困局，以市场模式和商业大片模式，抗击好莱坞动画霸权和日韩动画文化的实践与体现；市场是检验动画电影成败的关键标准之一，更是作品人民性的某种体现——进入市场，在院线中静待观众前来观看的动画电影，需要考虑更为广大的受众人群可能支撑的市场潜能。

从动画史学的层面出发，"新动画电影"扎根于中国传统文化土壤，汲取动画中国学派的美学营养，积极与网络动漫的亚文化、二次元文化发生对话，挖掘青少年、中青年潜在动画粉丝传播力量，努力重塑动画电影当时当下的文化接近性，努力贴合新时代新文艺发展的使命与要求。

新时代是承前启后、继往开来，是奋力实现中华民族伟大复兴中国梦的时代。"新"是开始，也是过程。中国"新动画电影"的逐梦之路道阻且长。

二、动画艺术的文本创新

"新动画电影"，虽然是一个并不严谨的学术词汇，但它指涉了中国动画电影创作的转向与探索，也希望用"新"一字来解释新时代动画电影理念、传播观与艺术文本的创新与重构。

长期以来，对中国动画电影创作中传统与现代、继承与发展的问题一直争论不休。学界将中国动画自"中国学派"辉煌后的式微归结为，"文化认同不足，文化演绎重构能力不强，创新基础薄弱……缺失了以文化发展为基础的相关配套行业的发展，多元化产业无法形成，就不能为动画产业创造良性发展空间"。① 但如何平衡艺术之传承与现代之市场的关系却是难题。

以《大闹天宫》为代表的"中国学派"对京剧、民间传说、神话的借鉴与融汇已经成为中国动画集体记忆中难以超越的高峰，激励着新时代的动画人在经典与传统中寻找灵感之源。"新动画电影"的代表作，如《大圣归来》是对《西游记》经典文本的更新式再创，而对西游记最著名的互文性文本《封神演义》的颠覆性重写则出现在《哪吒》之中。两部作品承前启后，开启了中国动画电影的艺术新历程，并对动画文本的叙事重构与话语变迁的研究有所影响，但也引起了很多的质疑与批评。

《哪吒》上映后，有观众在豆瓣评论中热情洋溢地写道"想象力之下的经典魔改"（豆瓣评论，徐若风 2019-07-14）。是经典，但却是魔改。"经典魔改"是动画电影创作中两难困境。影片《哪吒》中的哪吒突然从年画娃娃变身为烟熏妆小屁孩，冷酷自私的李靖成为酷爸一枚，是否有哗众恶搞之嫌？

"经典魔改"是弗雷德·拉德与哈维·德纳夫在研究亚洲动画在欧美市场中的沉浮与适应时所言及的"突变式改编"（Mutation Adaption）② 的中国例证。"突变式改编"是面向市场的动画创作在对当下的社会与文化情境作出评估和反应后，发生的较为激烈的文本改造与创新。加拿大多伦多大学的动画学者艾米·拉雷尔（Amy Ratelle）在研究日本动画为适应美国市场与观众喜好所做的改编时，借用跨文化传播的文化适应性概念生造出"跨界异变"（transmutation）一词，以形容动画电影及电视作品在跨国、跨文化、跨时空的自我调适这一种文本创新状态。③ 跨文化传播是对国家间、民族间文化互动的研究，对中国动画的"经典魔改"的文化思辨也具有重要的借鉴意义。

---

① 曹文防. 论当下国产动画的文化缺失 [J]. 艺术评论，2014（9）：134-138.
② LADD F, DENEROFF H. Astro boy and anime come to the Americas: an insider's view of the birth of a pop culture phenomenon [M]. London: McFarland and Co., 2009.
③ RATELLE A, MCLEAN J.Transmutation and recolonization in Japanese animation: battle of the planets and anime's growth in the west [J]. Animation Studies [2019-07-24]. https://journal.animationstudies.org/james-mclean-transmutation-and-recolonization-in-japanese-animation-battle-of-the-planets-and-animes-growth-in-the-west/.

时代在前进,曾经的孙大圣已然从京剧舞台锣鼓喧天的表演中回归尘世,哪吒的剔骨自刎与父子反目的"暗黑"暴力场景,或难适应今天受众的文化心理。适时而改是动画文本的"跨"文化生存策略,"经典魔改"是中国"新动画电影"的个性标签。

《大圣归来》重构了在乱世纷争百鬼夜行的时代里,寂寞英雄自我放逐之后遭遇到天真稚子的崇拜与诘问后重新启程;《哪吒》的善恶二元论与命定论本是不讨喜的叙事设定,但在"烟熏朋克"的抗命之争中,被亲情、友情和师生情消解了。网络上对魔改版《哪吒》评论道,他"集丧逼和燃于一身""毫不正经却又硬气热血"(豆瓣评论,影志,2019-07-14);这是"货真价实的国漫新希望,终于不再是假大空的中国风堆砌,而开始借神话寓言塑造真正的'小人物'。背负原罪的出身,命中注定的死期,对存在的笃定和身份的动摇,指向《刺客聂隐娘》的内核:一个人,没有同类"(豆瓣评论,嘟嘟熊之父,2019-07-13)。《大鱼海棠》与《白蛇缘起》中都有奋不顾身燃烧青春的想象投射。自我怀疑与自恋自怜并存,迷惘前景与孤独前行比肩,这些"想象性满足"暴露了一代年轻人在"界定符号秩序和反抗对象时的困难重重"①,生动再现了他们在动画场景中对当下的生命体验的理解。

"新动画电影"在寻找文本新意的同时,或多或少地借鉴了好莱坞动画的叙事策略,但观众仍然能看到"天人相融""人物与时代""自我与宇宙"等艺术主体性的观照在动画的场景与对话中时隐时现,"人与宇宙的融合,主体与客体的融合,个人与社会的融合,人类与自然的融合",②是在"新动画电影"的抗争母题之外以另一脉呼应中国文化哲学的创新表达。

三、"新动画电影的"互文构建与话语变迁

"新动画电影"以接地气的方式在传统文化、神话传说、民间故事和中国

---

① 傅琪.《大鱼海棠》:新世纪"民族动画"复兴的迷思[J].艺术评论,2016(9):88-92
② 彭吉象.心:中国传统艺术的主体性——中得心源[J].美术大观,2017(2):58-63.

元素的海洋中寻找文本创新的方法,并制造出了特征鲜明的新时代中国动画创作的互文范式。法国文学家克里斯蒂娃以"互文性"来描述文学及艺术创作中文本与文本之间的相互借鉴、观照与承继关系,我们在此也借用此概念,重读"新动画电影"魔改文本中的互文性结构。

中国动画不仅是中华民族文化共同体的艺术呈现,更与中华优秀传统文化一脉相承,中国动画创作与复兴的源泉也在于此。在创新叙事与文本结构的同时,这些作品积极建构繁复而多元的互文性系统。

首先是与传统中国元素的互文性参照。《大圣归来》的"毛脸雷公嘴"孙悟空、从故宫雕梁龙形中演绎出的小白龙、有如中国传统戏曲小生扮相"混沌"等一系列具有中国传统特色的形象结合《闯将令》《小刀会序曲》《十面埋伏》等传统音乐予以呈现;《大鱼海棠》中的椿、鲲、湫源于《庄子·逍遥游》;灵婆、鼠婆、后土、句芒、嫘祖、赤松子、帝江、白泽从《山海经》《搜神记》《列仙传》等神话传说和志怪古籍中向我们走来;如升楼的对联:"是色是空,莲海慈航游六度;不生不灭,香台慧炬启三明",源于乾隆帝所题的佛家对联,其主要场景中的福建土楼更是极具中国传统建筑文化的识别度;《大护法》化繁为简,用水墨风的背景与身穿大红袍的主角讲述一段黑暗玄幻故事。《白蛇缘起》背景调用干净通透的青碧山水,小狐妖唱出的是宋代晁补之的《水龙吟·次韵林圣予惜春》,宝青坊道具琳琅满目,却各有来处——紫金铃是《西游记》中观音菩萨掌中一宝,阴阳镜取材自《封神演义》,窥天珠自《法相庄严·管窥天珠》经文中所出;《哪吒》将皮影戏、京剧等文化元素轻巧融入,哪吒父母的衣饰上,是商代青铜器上兽面纹、夔龙纹、凤鸟纹以及几何纹,"结界兽"的原型是三星堆出土的青铜器,曾经在《大闹天宫》影片中由孙悟空的猴崽子拿着红缨枪掀开瀑布水帘的一幕,成为《哪吒》中憨萌可爱的青铜"结界兽"用法杖锁住哪吒的无形结界。即使叫好不叫座的《罗小黑战记》选择90后萌漫恶搞动画风格与游戏化人设路线,其主创团队也将"老君""谛听""炎帝"等角色从中国古典神话中借用而来,分配到其衍生的动漫叙事之中。这些人物、场景、道具、音乐犹如一个个彩蛋,放置在不同的情境中,静待观众发现。

其次是与当下的网络动漫潮流与二次元语境的互文性参照。

《大鱼海棠》《大护法》《罗小黑战记》都带有浓郁的早期中国 Flash 动画的元素。《大鱼海棠》的 Flash 原版曾被作为推广电子邮件的网络广告上线；不思凡的《大护法》的宇宙观中隐约带有当年《黑鸟》Flash 动画的色彩；《罗小黑战记》在 2011 年上线，一直以网络动漫的形式受到观众追捧。这些作品隐约带有独立动画的风格，并巧妙地将网络文化热词与二次元世代的世界观嵌入其中。

《白蛇：缘起》貌似谨慎依循民间故事，却将白蛇许仙悲伤凄苦的相爱相杀，转换为校园爱情即视感的漫画偶像剧；《大鱼海棠》在空幻的神话原型与民俗想象之间，塑造了一种具有网络动画的怀旧气质和二次元古风感混搭的意象空间。如果说《大圣归来》和《哪吒》都是在传统、经典民俗文本中的"时代性""突变式"创新，《白蛇缘起》是在温和的跨文化、国际合作中的"互文性"创作，那么《大鱼海棠》则是在中国网络动画的情怀与二次元动漫情节交融中努力挣扎存活下来的一种重构性文本。《大护法》《罗小黑战记》的独立动画与二次元风格更为明显，是动画次元中另一个世界的宠儿。引起观众爆笑的"魔性场景"与"魔性台词"，恰是时下青年动漫文化与二次元语言在"新动画电影"中彰显其存在性的标志。

在中国元素的动画式再现与网络二次元语言的引用中，"新动画电影"更为游刃有余地安置了民族动画传承的文化焦虑与复兴的产业焦虑，将传统内化为动画艺术的创新之魂，以支撑更具市场性的创作逻辑与文本"魔改"的参照基准，将时代特征鲜明的网络文化元素解构为场景式的表达，以吸引与呼唤更多潜在动画观众和动画粉丝族群的形成；在行云流水的动画语言中，"新动画电影"通过自己的实践，重构文本、再创叙事，书写了中国动画创作和研究中一种全新的话语模型。

从《大圣归来》到《哪吒》，中国"新动画电影"的实践者筚路蓝缕，以自己的语言书写了一幅动画艺术的新时代镜像。但严谨地说，中国"新动画电影"并不是一个成熟的概念，它仅是一种动画电影发展的阶段性、过程性描述。但其生长与探索却与当下中国社会探寻新文艺的时间点历史性地重合在一起。在这样一个时间节点上，只有追溯过去，问责当下，展望未来，才能对中国动画电影艺术的未来发展具有更为深刻的现实意义。

从 1979 年到 2019 年，中国动画艺术与动画产业跟随时代而舞。当中国电影研究以势不可当的激情斩获理论成就之时，动画研究却是中国电影大书系中相对忽略的一个章节。如何以更具时代性意义的动画理论来反哺动画创作，是每位艺术学者和电影学者都应该思考的。与此同时，中国动画电影的艰难生存境况也是一种现实。《大圣归来》历时 8 年；《大鱼海棠》坎坷经营 12 年，《哪吒》脚本 66 次修改，3 年制作，辗转于 60 多个工作室和 20 多家特效团队才得以完成。其间，昙花一现或仍在漫长制作线上求生存的动画电影不乏少数。如何哺育、支撑、培养更为健康可持续的动画艺术发展空间和产业形态，我们任重道远。

先锋纪录影像的文化史爬梳*

先锋纪录影像以其形式相对自由、语态较为发散、艺术界定较为开放的学术语态流动在文化史的长河中。在我们追问何为先锋、何为先锋纪录影像之前,我们首先要重回20世纪的二三十年代,在欧洲实验电影的沉浮中,寻求视听语言、纪录电影创作与现代主义艺术裹挟前进的小历史。先锋纪录影像的出现大致经历了以下三个阶段:1925年以前是法国印象主义探索期,称为"第一先锋派";1925年以后超现实主义影响深广,"第二先锋派"出现;1927—1930年,先锋电影人纷纷转拍纪录影像并形成纪录电影流派,从乔治·萨杜尔的《只有几小时》、沃尔特·鲁特曼的《柏林——大都会交响曲》、吉加·维尔托夫《持摄影机的人》到尤里斯·伊文思的《桥》《雨》《风的故事》、让·维果的《尼斯景象》,大量"城市交响乐"类型的纪录影像被创作出来,"第三先锋派"成为影响纪录电影潮流的中流砥柱。①

本文由此出发,从先锋纪录影像缘起及其自我建构的历程中,梳理在人类视觉传播史的现当代观照中,"先锋"意识在纪录影像创作的"风格……方面进行的不懈努力",正如丹尼尔·贝尔在描述现代主义入侵艺术之时所评价的,它"初次问世"就包含着马拉美的新句法,立体主义的形体错位,维吉尼亚和乔伊斯的意识流,以及贝尔格的无调主义,也许是"难以理解"的,

---

* 本文原载于《当代电影》2018年第11期,收入本书时有改动。
① 周文,周兰.先锋纪录影像探析[J].现代传播(中国传媒大学学报).2010(2):100-104.

也许是"故作晦涩"的，但却是"采用陌生的形式""自觉展开试验"[①]的，以表现创作者主体的文化立场和美学追求，在纪录影像本真的镜头语言下，探讨人类、社会与自然影像之上的生命追问与文化隐喻。

先锋与纪录的影像语态之交叠，并于"风格……的不懈努力"，恰恰彰显了先锋纪录影像在发展过程中，对其创作中所蕴含的美学形式、视觉叙事、哲学立场的探索与坚持——从伊文思到罗恩·弗里克，我们可以清晰地发现早期的探索者和创作者们，是如何以之为魂，在视觉文化史、影像史和电影史中刻印文化谱系的。追寻先锋纪录影像的文化谱系，不仅是去追寻其在艺术风格探索上的努力，也是追寻其在创作理念、美学特征、文化批判等方面所做的努力，更是去理解其艺术传播之梦想：纪录影像如何成为艺术、如何具有美学品性的独特性和文化传承的生命力，而不是在大众的噪声与传播的内爆中成为商业社会随点随播的视听碎片。

一、视觉现代性的追寻

先锋纪录影像自诞生之时起，就彰显着对视觉叙事的现代性与先锋性的探索，在纪实性、旁观式的镜头语言中呈现辗转于自然奇观的蛮荒与现代城市的繁华之间的凡俗众生。以表现性的影像、象征性的视听符号来探寻人类现代历史中的主体经验与审美历程，是先锋纪录影像自开始就秉承的艺术使命。试图超脱纪录的常态语法、追问诗化主题的表现手法，是其特点，也是其难以被简单界定的原因之一。

先锋纪录影像，虽然难以简单定义，但可借鉴美国学者比尔·尼科尔斯对诗意纪录影像和表现型纪录影像的描述来理解。尼科尔斯认为，诗意纪录影像弱化叙事，剪辑逻辑自由，视听节奏跳跃；表现型纪录影像则艺术性、主观性地将影像真实与客观现实进行再造性地变形，甚至重构非现实主义的

---

① 贝尔.资本主义的文化矛盾[M].蒲隆,赵一凡,任晓晋,译.北京：生活·读书·新知三联书店,1989：93.

叙事时空，以尽创作者之主观表述之能事。① 在本文所梳理的先锋纪录影像文本中，我们可以清晰地看到诗意型的纪录与表现在其间水乳交融。

先锋纪录影像自其诞生之日起，就承载着以机械复制手段和视听语言来表现现代文明进程的责任，因此在早期的先锋纪录影像"城市交响乐"时代，历史、遗迹多是不可见的，自然、原生态文明大都是大文明前景中的残碎补充和背景，在浮光式捕捉的城市群像之中，唯有对现代力量的歌咏、钢筋水泥丛林力量的赞美。例如美国摄影师保罗·斯特兰德（Paul Strand）和查尔斯·席勒（Charles Sheeler）1920 年的作品《曼哈顿》。该片真实地记录了曼哈顿下城一天的生活场景，在瓦特·惠特曼《草叶集》的浪漫想象中，用非常规的构图和诗意的镜头，对曼哈顿的现代摩天大楼和哈德逊河的风景予以记载。对现代城市文明的歌颂和赞美，洋溢在该部作品的每一个场景中：从哈德逊河对岸遥望，曼哈顿下城景致浮华，导演叙述道："对所有种族而言，它都是一座世界之城，一座由岩石与钢铁铸就的高度之城，自豪与激情之城。"保罗·斯特兰德和查尔斯·席勒在镜头中尽情渲染了现代城市文明的辉煌成就，将一幅 20 世纪初纽约曼哈顿下城的现代风情画卷淋漓尽致地展示出来。

伊文思的《桥》则是一篇现代工业革命的咏叹调。《桥》完成于 1928 年，是欧洲先锋派电影的发轫之作。1928 年，伊文思在一位工程师朋友的建议下，历时三个月，对荷兰鹿特丹港的一座著名的铁桥进行了详细的观察、取景和拍摄部署，最后完成了这部 16 分钟的黑白默片。

该片开场即以极其规范的对称构图勾勒出铁桥的远景，之后紧接着的是铁桥的大全景，诱导着观众更加近距离地观察这一现代钢铁文明的产物。随后，立即接入手举 35mm 摄影机的伊文思脸部特写，以彰显"导演在场，我在观察"。开场段落最后隐没于一条铁轨的大景深特写镜头之后。继而故事展开，运动镜头跟进，观众随着向前行驶的火车逐渐进入了铁桥的中心，城市的风景也渐渐在铁桥桥栏黑白闪动的光影后浮现。在随后 10 分钟的视觉之旅

---

① 尼科尔斯. 纪录片导论 [M]. 陈犀禾，刘宇清，郑洁，译. 北京：中国电影出版社，2007.

中，伊文思尝试着在单纯的黑白视觉中，演奏出一幕现代都市文明的影像旋律。铁桥的升降起落、呼吸、节奏应和着鹿特丹城市生活的运动和变化。正如伊文思手持摄影机的镜头在开场之时意图阐释的那样，《桥》是一座镜头中的桥，它存在于现代鹿特丹，却经由电影摄影机和电影创作者的转述，其工业文明的生命感和律动感才得以表现和传播。其继承者，如《丹麦交响曲》《爱尔兰风情画》《奥运祥云火炬》等，虽然视听结构具有强大的、主旋律式的美学张力，但更为意识形态化和功能化，将自然风光及城市景象诠释为一种现代文明动力，表现的是一种集体式的声音，更是一种物化文明的象征。

近年来，先锋纪录影像的创作倾向，逐渐从现代性的歌咏延展为对现代性的批判，从对工业文明与人类群体塑造的文化丰碑式现代文明的凝视，发展为对自然与人造、宇宙与个体、科学与神学之间终极哲学之思的对视。

为了呈现这种终极哲学之思，先锋纪录影像往往在创作中摒弃解说，消解日常对话，从自然、社会、个体及（动物及其他生物等）他者的生命轨迹的秩序、生命经验的重叠之中来探寻人类现代文明进程中的宏大叙事；从人类社会与自然宇宙的共存与冲突中，在个体与群像、人间与世外、蛮荒与文明的景象变迁中探寻转瞬即逝的美好。例如，罗恩·弗里克镜头下在雪原的温泉中闭目的老猴，雅克贝汉在草丛中静观蜣螂的行走，他们试图向观众解释——人类主体与非人类"主体"在现代影像技术的追问下，存在与平等的意义。在这些先锋纪录影像中，动物、昆虫（如《小宇宙》）、雪山、沼泽如同人类，拥有了短暂的、视觉化的生命——这也是很多观众将"先锋纪录影像"冠以"生态纪录影像"之名的原因，观众认为其多以自然风光、风光中的虫鸟为主要内容。但与之相反的是——先锋纪录影像是镜头下的自然，是批判而非奇观式的赞美；是诗意的咏叹与表现而非机械式的一览无遗。

二、美学风格的先锋求索

在媒介进化与艺术更迭的时间历程中，先锋纪录影像与现代艺术并肩前行，并对现代力量的迷信与质疑及对现代性的迷惘与反省也存在于其自我发展的小历史中。在探寻现代文明那"现实基础的非理性与表面现象的理性之间并行相悖"的困境过程中,先锋纪录影像逐渐明确了自身独有的"诗意+表现""批判+审视""主观+客观"的视听表达方式——这种视听的表现方法"紧随着现代主义而出现,它作为一种表现现实的手段,偏爱片段拼贴、主观印象、非连贯动作和松散的关联结构"。从后现代主义文化的视角审视先锋纪录影像,我们会发现其自由开放、超凡脱俗的视觉表现形式、纪录时空重叠与错置的风格、影像主体的符号化罗列,洋溢着浓烈的后现代反叛气质。这种表现方式与关联结构,唯有在宏观纪录影像学的创作探索与研究视域才能得以生存。对罗恩·弗里克的《天地玄黄》有学者惊呼"20世纪最优秀的纪录影像",但该影像也被批判为晦涩难懂;即使是伊文思多次获奖的纪录影像《塞纳河畔》(1957),也曾被戏称为"伊文思休假了几个礼拜"之作,"非典型纪录影像"。

先锋纪录影像,从现代主义的"否定与激进"中诞生,在"真实的创意处理"上,从"对流行方式的反叛之中"①完成对美学风格的自我求索。

先锋纪录影像的创作,不仅在形式上延续了自伊文思以来"诗意纪录影像"的表现手法——诗化的镜头语言,诗化的音乐,甚至是诗化的解说,并对现代媒体艺术和装置艺术的语法与叙事技巧广采博收。在对表现手法的探索与实验之中,对纪录影像主题及"可拍摄之物"的实验性更是竭尽所能地展开挖掘。

伊文思之"风"是以"不可拍摄之物"来反思自我、社会、意识形态、艺术创作之间复杂难辨的关系;罗恩·弗里克以"Baraka"这一词意多变的古伊斯兰文字(该词含义在不同情境中多变,但多有"祝福"之意。该影片在中国被译为《天地玄黄》)来反映观众寻找的:"人类从何处来,又将归往何处去?人类的灵魂之根居住在哪里?生命的终极意义又是什么?"这些问题本身就是人类社会的终极难题,一向处于纪录影像创作的灰色地带——过于哲理、过于形而上——但罗恩·弗里克却在镜头中发现了人类命运共同体的

---

① HOW I. The idea of the modern in literature and the arts [M]. New York: Horizon Print, 1967: 13.

一种视觉表达方式，无论是在喧嚣尘上的现代都市场景，还是在静默恒久的前现代景致，人类都是地球的居民，自然的孩子——这是宇宙的祝福、地球的祝福，只是现代人过于忙碌，行走匆匆，已然忘却了这一祝福的意义。

《天地玄黄》从远山、晨雾、静谧的丛林开始，为观众书写了一篇神秘主义与自然主义杂糅的诗篇，在镜头的凝视下，尘封在群山中的寺庙，行走在街头的僧侣，混乱的城市噪声与轻灵的佛铃，以及罗恩·弗里克对宗教音乐元素的使用与借鉴，都使其在不着文字、不落语言的视觉空间的塑造上，凸显了对这一主题的表达。《轮回》中的艺术家以泥偶面具敷面，甩开，再敷面，再甩开，以行为艺术表演的现场来表现束缚于面具与生存压力之下的现代人之困境与挣扎；《尘与雪》以诗篇作为核心，警醒观影的世人。在这些作品中，影像已然不仅是对现实客观事物的记录，还是以求表现事物所可能蕴藏的文化内涵与主体想象——突破了记录、真实、现实之间的界限，不再停留在对瞬间现实和偶然性冲突的记录上，而是希望能展示出一种现代性思辨的文化主题和哲学反思。

纪录影像与先锋电影的交集，终于在 20 世纪现代主义艺术探索与电影语言的交锋中胜出，在过去的百年中，以一种独立于常态的视听语言与叙事性纪实取向之外的创作精神，坚持着独特的视听美学逻辑与文化探索精神。

但先锋纪录影像受人质疑的地方也在于此：对于先锋影像的追求，对于流行式的纪录影像语态过度批判，是否会导致创作者对纪录影像的背叛。卡尔·佩拉汀革在《诗意之声：非虚构影片的修辞与表现》中更是将"诗意"化的先锋纪录影像表达手法从视觉修辞学的角度，引申到"真实—虚构"二元对立的文化哲学思考。

从艺术传播的视角来审视"先锋纪录影像""纪录影像"和"先锋艺术"，这三者因为学科的分野与艺术语境的差异，互有交叉却鲜有对话和交流，但在当下文化与媒介融合的趋势之下，以跨学科的视域来理解和阐述先锋纪录影像的文化谱系，是对纪录影像发展和学科演进的思索和探求。

三、批判视野下的美学风格

先锋纪录影像对"诗意"现实、"表现"真实等问题的探索与实践，使得我们在解读其美学特征时备感困难。尤其是某些由现代主义艺术家、新媒体艺术家、先锋艺术家所创作的实验作品，其本身游离在纪录影像概念之外，但却带有浓烈的纪录特征，我们是否可以将其纳入先锋纪录影像。

伊文思的《桥》是对荷兰现代都市诗化的、感性的、如旋律一般的纪实影像，是先锋纪录的一种尝试；那么我们如何看待安迪·沃霍尔485分钟的《帝国大厦》？这部被戏称为只需要看一秒钟的长作，是对纽约帝国大厦持续的、冷静的、遥远的、犹如监控一般的真实记录——是先锋纪录影像？或是先锋艺术的影像化实践？格雷戈里·考伯尔历时13年，经过27次长途旅行，拍摄完成的《尘与雪》将人类、自然与野生动物的诗化共存呈现于镜头之中：小舟在满流中轻轻划过，河中站起的大象安静地看着小舟中沉睡的孩子；沙漠中的胡狼和猎豹与女孩沉静相依；海洋中的男人与抹香鲸共同起舞——在"羽变火，火变血，血变骨，骨变髓，髓变尘，尘变雪"的诗歌旁白中，观众难以辨识纪实与非纪实，实验与原生态纪录的边界。

纪实与非纪实，实验与原生态的对立并不是我们在研究先锋纪录影像时所应纠结的问题，如何超脱纪录影像的自我规约、商业逻辑和市场评价系统，总结从伊文思到罗恩·弗里克，先锋纪录影像发展至今已经渐趋成熟的美学风格，才是我们应有的立场。

其一，先锋纪录影像以结构性、象征性的视听符号，理性蒙太奇的语态风格为其视听美学逻辑的基础，重象征与隐喻，弱化日常叙事与常态记录，探寻时空意象的重叠、对照与反衬中的多元宇宙观，试图将客观现实解构为文化主体的深沉反观思考，探寻哲学、宗教、宇宙史交缠中的生命观。作品多在精致、细密的符号表达系统之中，寄托文化思索、情感映射和主体经验，强调"造型性的"视觉象征意义的塑造。例如，在伊文思的经典之作《风的故事》中，不可见的风、可见的风中的个体凝聚成了充满象征意味的符号系列,"风"是他一个久远的梦想,帮助他从沉重的集体式创作语境中脱身,再度出现在自我反身的影像思维之中——这是记录,更是表演:90岁的伊文思眨着眼睛,望向镜头,希望和观众说些什么,而观众眼中的伊文思,虽然白发翻卷,泪眼模糊,却在风中手舞足蹈,宛如孩童,这是伊文思对自己心灵解放的表现性描写,"风"的意象给予他重新寻找生命里自身之痛与灵魂自由的勇气。《风》融合了伊文思诗意纪录的语态和"直接电影"的风格,自我表演的癫狂隐喻更类似超现实主义的表现——我们很难以记录或表演来界定"风"中的伊文思,影像如此真实,激情澎湃却又抽象晦涩。

先锋纪录影像强调美学想象空间,并努力营造人文留白,隐藏在纪实影像背后的是经由符号化的呈现与人文精神的留白而表达的哲理空间。怀斯曼曾经建议纪录影像导演必须有胸怀去想象观众的理解能力与思辨审美,给予观众思考空间也是给予纪录影像自身意义丰富的空间。

其二,先锋纪录影像的弱叙事、去生活化的纪录理念,使其内容的组合与呈现具有一种强烈的理性反思与文化心理观照的特征,并在影像、音乐的实验性组合中,引领观众寻求思想与境界的审美。创作者的主体想象与思辨,也与时代的、历史的、文化的理性反思相联结,从而寻求人文艺术精神的提升。

在先锋纪录影像创作者的镜头下,常态人间景象中的非常态之美、资本化、商业化社会中的人类与自然生存之境,已成为先锋纪录影像的恒久主题。这一主题,在近些年,更是呈现出鲜明的现代主义美学与后现代主义美学交融的特征。

在罗恩·弗里克的系列作品中,现代性的规则、秩序之美被后现代的解构所取代,曾经对现代性的观察、敬畏与追求也发展为后现代的迷惘、反省与自我挣扎。从《天地玄黄》的世界意象发展到《轮回》的宇宙观鲜明地彰显出这一转型。在《天地玄黄》中,万物共存,世间的咏唱继续,人类的生命更迭;但在《轮回》中,更迭之外是萧索的死寂,现代景象背后是人类自身的毁灭。但他并未就此沉沦在虚无的意象对比与迷惘的形而上思索之中,而是以一种更为积极的批判态度,审视人类现代文明欢呼的"征服、自由、民主"等宏大梦想之下自身的悖论与围城之境。

在《轮回》中，罗恩·弗里克向观众展现了火山、雪野的壮美，塔庙林立的蒲甘，浓烈密集的千本鸟居，以视觉形式的极致来表达导演心目中人类千百年来对另一个世界的向往。但镜头终究要重回人间世界：硫黄山谷美如仙境，但置身其中的个体却如同被物化的存在，被生存的重担压弯了身躯。罗恩·弗里克试图引导观众去反思现代文明发展之于人类个体的意义：人类了解了硫黄之用途，却增加了硫黄山背矿之奴隶；人类聚集于繁华之都，却日益增添贫穷之地新运至的垃圾山的高度。生命繁华衰败，现代历史的洪流中人类征服自己，征服自然，征服宇宙之后，又将去向何处？在沉静的僧侣、亘古不变的雪山与快速装弹的子弹工厂流水线画面，次第出现在观众眼前的时候，观众已然清醒地认识到导演所秉持的批判态度——虽然不着语言，却立场鲜明；虽然不着文字，却更具视觉冲击——导演在书写一篇地球的视觉遗嘱！

在雅安·阿瑟斯-伯特兰《人类》的镜头下，有宏阔的自然风光与苍茫大地，在饱受人类征伐却又亘古常新的宇宙之下，来自65个国家不同肤色、不同身份、不同性别、不同年龄的人在黑色的背景前，开始讲述自己的故事：宽恕、幸福、杀戮、种族、爱、家庭、土地、移民、打工者、贫穷、生命和死亡。雅安·阿瑟斯-伯特兰虽然消隐了个体的身份、名字，但却与罗恩·弗里克一样，以批判又满怀激情的影像对比来关注人类世界的生存与死亡，美好与痛苦。

先锋纪录影像，每每标志着"实验""前卫""诗意"之名，以一种独特的自由创作理念与美学态度，幸存在当下的商业化纪录影像潮流。对先锋纪录影像的美学特征与文化传播的研究，虽然一直是纪录影像研究中的话题，但却对宏观层面的纪录影像创作与引领产生了深远的影响。"城市交响乐"体现的现代景观与自然风物的思辨与先锋性被一直延续至今，随着航拍和无人机技术的日新月异，从《候鸟的迁徙》到《家园》再到之后的"鸟瞰"与"航拍"系列纪录影像，我们都可以看见哲理的"诗意"在其间时隐时现。先锋纪录影像所展现出的美学视域、实践的勇气、诗意的批判与宏大的想象，是对格里尔逊的名言"纪录影像是对真实的创造性诠释"的深刻体现。

对先锋纪录影像的文化谱系及其美学风格的思考，已超越了简单对纪录影像的客观、再现、主观、表现的探讨。如何超越对暂时现象和偶然现象的"真实"记叙而展示其永恒的文化品质，是先锋纪录影像创作者永远要面对的问题。

虽然"先锋"二字，在学科名词的界定上是模糊不清晰的，它更像是一种阶段性和感性化的描述。但先锋纪录影像自从被标以此名，就从现代主义的艺术狂想中，汲取了革新、开放、多元和批判的力量，并在纪录影像美学的渐进发展中，呈现出了强大的创造力与影响力。它是观察与记录，但却不仅限于影像的捕捉与声音的再现；它的视野下是自然、社会与个体的真实存在状态，但却创造出一个视觉叙事与影像审美的异质空间；它沉静又温情地凝视万物的迭代生灭，却理性又深刻地质疑现代文明的秩序性与合理性。它不仅体现了纪录影像人对视听语言的先锋性创造，更体现了纪录影像创作是如何从哲理思辨的角度对人类影像美学进行挖掘与重塑。

农民画的诗性铭写、空间展演与跨媒介叙事*

"'农民画'是指由中国各地农民创作的表现农村日常生活、农耕生产、田园风光及当地诸多传统习俗等的绘画作品"①，是一种极具本土性和群众性的视觉艺术载体，最早在1958年作为农村社会宣传教育的重要方式出现②，随后在乡村社会主义改造、全球化进程、城市化发展等一系列时代情境中不断演变，形成了政治宣传、文化传承、文旅传播的多功能定位和多线程演进。农民画"一端连着本土民俗文化，另一端连着国家政治生活"③，以其扎根优秀传统乡土文化的特征成为中国式现代化乡村振兴最凸显的艺术文本之一。农民画不仅蕴含着丰富的乡村文明传承，绘制着中国式现代化村庄的演变，书写着中华耕读文明的时代创新与发展，其文化价值更在乡村振兴的时代背景中再次凸显。乡村振兴为农民画提供了新鲜的创作素材，农民画则为乡村振兴提供了视觉展演的载体、注入了乡村发展的动力。

作为"民间美术、大众艺术从中国革命的情景中走出之后遭遇农业集体

---

* 本文原载于《艺术评论》2024年第3期，与黄珩合作，收入本书时有改动。
① 周星.从政治宣传画到旅游商品：户县农民画：一种艺术"传统"的创造与再生产[J].民俗研究，2011（4）：168-198.
② 本刊编辑部.生产大跃进，文化艺术紧紧跟：记全国农村群众文化艺术工作会议[J].美术，1958（5）：20-21.
③ 张娅妮.脱"俗"求"艺"：现代舞台化背景下传统秧歌的民俗因素分析[J].民俗研究，2019（1）：106-112，158.

化运动而出现的一种另类的现代性现象"①，农民画丰富的文化价值却有着概念纠缠的隐忧。有学者指出，农民画的"创始主体是农民和专业美术辅导员的合体，而创作和传播的思想则主要由国家主导。就文化和技艺来源看，农民画是国家政治、民俗文化、民间美术和专业美术的杂糅"②。农民画何以承载乡村振兴战略的命题之重大，又何以描绘乡村空间的图景之立体与延展，都亟待研究的深入。

基于此，本文将以视觉人类学的视角对中国农民画的视觉文本、文本所处的时空语境以及数字时代农民画的跨媒介叙事实践展开考察，并辅以对浙江某地农民画的创作者和有关单位负责人的访谈与观察，以期形成在乡村振兴背景下对中国农民画由表及里的分析与阐释。

一、乡村生活图景的诗性铭写

视觉人类学是人类学在视觉媒介技术赋能下所出现的分支，在近几十年间有了极大的发展，逐渐摆脱了仅作为记录工具的角色桎梏，形成了一门全方位地研究人类创造的视觉文明现象的科学，以视觉材料为分析的基础，以结构和符号学的理念来破译、阐释人类文化的发生发展。③视觉人类学的视角有助于将中国农民画视作中国乡村社会文化的视觉书写，对其凝结的社会实践、精神实践以及乡村性的文化基因、乡村振兴的内生性动力进行一场时代性的探寻。

中国农民画的乡土性、人民性、自觉性和多样态对应着视觉传播、乡村文化研究和视觉人类学研究的交叉之处——乡土性的文化想象、艺术表达与视觉呈现是如何铭写、言说和展演中国式现代化进程中乡村振兴的复调叙事，

---

① 胡绍宗.另类的现代性贡献：中国农民画的文化叙事[J].广西民族大学学报（哲学社会科学版），2022，44（1）：130-136.
② 孟凡行.复杂实践的简单理论化——农民画研究批判[J].学术研究，2020（5）：169-176，178.
③ 王海龙.视觉人类学语法及文本绎释[J].广西民族大学学报（哲学社会科学版），2021，43（2）：13-18.

又是如何以系列性、规律性、生产性与传播性的绘画文本的形式,游走在艺术的精神世界和乡间的世俗实践中,实现考察其他知觉的、空间的以及对于旁观心态的精神动力学分析和阐释[1]。农民画脱胎于乡间,又走向更广阔的城市;是绘画艺术,却带着浓郁的民间文化实践的气质。农民画是单纯的,却又是复杂的。

艺术的呈现与表达是现实生活实践、社会文化土壤和浪漫主义想象的统一,其中所凝结的人性"不应是先验主宰的神性,也不能是官能满足的兽性,它是感性中有理性,个体中有社会,知觉情感中有想象和理解"[2]。农民画根植于中国传统民间绘画,成长于乡土中国,是对农村生活场景、农民生活情趣和乡村振兴追求的诗性铭写——既立足于真实的生活经验,又饱含着诗意的想象。

视觉人类学将铭写(inscription)标识为将口头性的田野材料向书面形式转换的过程。[3]农民画则将日常性、田野性的村间田头景观重塑为色彩绚烂、构图丰满的视觉文本,以勾勒乡村生活图景的"美好景观"。在田野调查中,诸多铭写着当地、当时、当下的乡村景观纷纷呈现在我们眼前。在某一幅将江南水乡的日常生活诗意呈现的画作中,农民画艺术家们将采丝瓜这一日常乡村耕作场景描绘得栩栩如生:成熟的丝瓜铺满画布,大量鲜艳的绿色与黑土色交织成丝瓜田地的背景,几朵丝瓜花用亮眼的黄色点缀在画布上,劳作的人群成为大片丝瓜地的配角,以凸显丰收的喜悦。"这幅画的作者将采丝瓜的图景描绘得十分细致,因为这种平常的劳动场景他是每天接触的。"[4]作者用画笔将平凡的生活记录在画布中,以艺术化的方式描绘采丝瓜的场景,让观众能够直观地感受到收获的快乐,同时,对面带微笑满载而归的劳动者的刻画,寄

---

[1] 罗戈夫.视觉文化研究[M]//罗岗,顾铮.视觉文化读本.赵炳权,译.桂林:广西师范大学出版社,2003:2.
[2] 李泽厚.美的历程[M].北京:生活·读书·新知三联书店,2009:217.
[3] 克利福德,马库斯.写文化:民族志的诗学与政治学[M].高丙中,吴晓黎,李霞,译.北京:商务印书馆,2006:318.
[4] 研究者对农民画艺术馆相关负责人的访谈。

托了作者对丰收的愿景。事实上，不同地区的中国农民画总能在铭写的过程中将最具民族性和地域性的特点捕捉下来，并予以视觉化的展示，如三江农民画中侗族人民祭祀"萨"神的场景、金山农民画中长江三角洲地区秀丽的自然景色、户县（今西安市鄠邑区）农民画中火热的劳动情景……扎根乡土的铭写营造出了兼具艺术性、历史性、民族性和地方性内涵的文化景观。

在铭写的过程中，农民画艺术家们以其朴素的视觉想象，赋予民俗场景与乡村叙事以丰富的诗性特征，其承载着中国传统美学自古典时期一直延续到当下的诗画一体论的观点，也映照着维柯《新科学》中诗性的意识与观念产生了绘画的逻辑性描述[1]。诗性文化是中国文化的本体与精神方式[2]，是生活方式和文化智慧的根源[3]；而绘画中的诗性则是隐藏在视觉元素后的逻辑性和精神性，是绘画的灵魂和根本。[4] 在一幅农民画画作中，作者描绘的是湖中生长的菱角。画中的菱角与真实情况的生长方式不同，作者将它们一个个串联起来，为画面中的构图增加了秩序感，巧妙地运用线条，别有一番风味。另外，除了将真实平常的事物加以符号化、艺术化地表现，许多农民画作品还会将当地的红色文化符号与民间劳动场景放在一起，以"同框"的视觉修辞表达乡村振兴、建党100周年、共同富裕等重大主题。在描绘农民生活，反映现实场景，凸显本土特征的基础上，农民画绚丽的色彩、夸张的笔墨诗意地描绘出了农民对生活的无限憧憬，为相对单调简单的乡村生活赋予了超出现实的彩色的诗意怀想。

二、乡村空间的流动与视觉展演

农民画对"乡土性"的承载并不止于文本内容，还在于其在展现和传播

---

[1] 维柯.新科学[M].朱光潜,译.北京：人民文学出版社，1997：155-156.
[2] 刘士林.中国诗学精神[M].海口：海南出版社，2006：2.
[3] 刘士林.中国诗性文化的理论探索及其传承创新路径[J].河南大学学报（社会科学版），2011，51（6）：1-8.
[4] 孙炜宸，李书春.绘画的诗性溯源[J].文艺争鸣，2020，（12）：191-194.

方式上所构成的视觉展演,这种展演是高度空间化的。空间是社会关系的重要组成部分,产生于社会历史的发展之中,并随着历史的演变而变化。农民画所描绘的乡村空间就是一个包含着政治、经济、生态、文化等多方面功能内容的有机整体。

为解析这一复杂的空间系统,源于英国的乡村性(rurality)概念被引入乡村地理学和社会学的领域。乡村性涵盖了与乡村相关的各个议题,基于社会学理论强调城市和农村社区之间的内在差异[1],能够作为一种宏观叙事结构从人文地理学的、空间的、时间的或者经济文化的多个角度进行具体解构[2]。但在国内外的研究中,乡村性始终难以超脱其本身的城乡对立色彩与现代化迷思。大众媒介对于乡村的话语建构和想象也不断凸显出社会权力阶层和文化精英主导的意识形态[3],在"一方面是农村的愚昧神话和城市的文明潜力;另一方面是田园的纯真神话和城市的腐化影响"[4]的两套对立的城乡关系神话中打转。

农民画对乡村生活的空间再现与复调展演,在城市和乡村的文化对话与视觉符号的流动中扮演着重要的角色,推动了乡村性理论在城乡对立意识形态之外的发展。我们所生存的空间可以被分为物质空间、精神空间和社会空间三个层面,"物质空间是被感知(perceived)的空间,精神空间是被构想(conceived)的空间,社会空间则是生活(lived)的空间"[5]。农民画这一视觉文本,就在"空间三元辩证法"的框架下完成了乡村空间的流动与城乡空间的接合。

---

[1] 武前波,叶佳钰,陈玉娟.乡村振兴背景下东部沿海发达地区乡村性空间格局:以浙江省为例[J].地理科学,2022,42(3):466-475.

[2] CLOKE P. Conceptualizing rurality [M] // CLOKE P,MARSDEN T. Handbook of rural studies. London:Sage Publications Ltd,2006:18-28.

[3] 孙萍."乡村性"的概念重构——数字时代的淘宝村建构[J].社会发展研究,2021,8(1):96-110,243.

[4] SORGE A,PADWE J. The abandoned village?Introduction to the special issue [J]. Critique of anthropology,2015,35(3):236.

[5] 赵海月,赫曦滢.列斐伏尔"空间三元辩证法"的辨识与建构[J].吉林大学社会科学学报,2012,52(2):22-27.

农民画常常跳脱出画布的限制，被绘制在乡村一幢幢小屋的外墙上，与房屋、树木、湖水等共同构成美丽的乡村风景。从传统画布到农村墙绘，不只是农民画物质载体的变化，更象征着视觉展演在物质空间上的转换。绘制在外墙上的农民画，能够将游客与观众拉入农民画所营造的沉浸式的视觉空间，即将城市空间中的人纳入沉浸化的乡村性视觉图景。在驱车前往乡村的途中，林间小路两侧的房屋墙壁上就绘有各不相同的农民画，用鲜艳的色彩和夸张的线条让路过的游客迅速感受到浓厚的本土特色。进入村庄后，建筑上绘制的农民画更加密集，加上房屋外立面面积相对于画布面积而言更巨大，因而更加放大了农民画色彩运用之鲜艳、线条笔法之夸张的特征，画面中人物的细节也被相应地放大，渲染了公共空间的氛围。

"虽然效果不如传统画布上的农民画精细，但与建筑外墙相互协调，与真实的乡村风景相互呼应，共同构成了我们这里靓丽的风景线。"（被访者C）

农民画以建筑为媒介，在乡村公共空间中的呈现，将本土文化更大程度地放大，使其展现乡村各方面的发展情况，完成本土"特产"在本地的传播，提升了农民画本身的价值，并且能够与生活有机地结合在一起。

农民画更构想出了一种延展性、抽象化的文化想象空间，是精神化、理念化的空间部分[1]，在视觉文本与宣传符号的横向组合和纵向聚合中呈现出历史性与当代性的统一。农民画借用视觉修辞描绘特定空间场景，并由此延伸向与意识形态紧密相关的精神空间的做法，是中国农民画自诞生以来的典型特征。例如，社会主义建设时期户县的系列农民画《当代愚公绘新图》，就以视觉符号和政治标语的横向组合完成了精神空间的构造。成组的四幅画作描绘了水库和灌溉渠道建设的时间顺序、竣工时的庆祝活动、灌溉带来的郁郁葱葱的绿地以及由此带来的丰收[2]，并在图片的显著位置用红色的笔墨标识出了"当代愚公绘新图"的标题。其记录和展现水库建设劳动场景的视觉文本，

---

[1] 张林，许寒添. 空间三元辩证法视角下雅克·塔蒂电影的城市空间研究［J］. 当代电影，2021，（1）：142-147.

[2] ASHTON D. Huxian's foolish old men create new scenes: huxian peasant paintings from the cultural revolution and their ideological discourses［J］. The arbutus review, 2010（1）: 60.

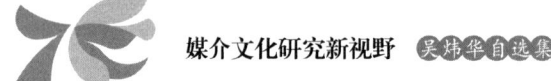

同中国寓言故事《愚公移山》，以及中共七大闭幕词中毛泽东将中国共产党比喻为愚公的寓言新解形成了横向的互文，完成了乡村劳动生活精神空间的打造，既刻画出中国农民团队合作、集体庆祝的风貌和基于身份共同体的自豪感，又呼应着毛泽东"人定胜天"的著名格言。随着历史变迁，中国共产党围绕乡村建设的政策话语体系的相关精神谱系不断丰富，"农民画多元化、在地化、边缘化的特征与主流文化之间也不断形成新的张力与博弈"①，为乡村性的符号与表征提供了视觉文本纵向聚合的契机。当代农民画越来越多地从新时期的城乡风貌与乡村振兴中挖掘创作灵感，囊括了廉政法制、科技科普、美丽乡村等新政策和新事物，同时让这些新政策新事物与当地的历史特色、红色文化在视觉修辞中相互勾连，塑造出有文化纵深的精神空间。在浙江省的秀洲农民画中，就有大量关于新时代乡村图景、农民精神面貌的描绘和南湖红船的视觉符号共同出现，将乡村振兴的当代性与建党精神的历史性聚合在一起。

农民画的视觉符号呈现出物质空间性与精神空间性交融对话、自由流动的样态，经由重新组合和创作进入视觉消费的日常场景，乡村性的视觉展演也随之嵌入城市的社会空间。物质空间与精神空间完成了融合与升华，同时超越了物理空间的真实性与精神空间的想象性，表达出崭新的意义：既包括具体可感的空间，也囊括了空间中的历史文化记忆与意识形态。② 上海金山农民画在此方向上不断努力，"依靠经济发达地区优势，不断寻求突破，通过加强知识产权保护、拓展衍生品设计转化路径、强化线上线下宣传等，培育地方文化艺术品牌，推动了金山农民画与农业、旅游业等相关产业的融合发展"③。以金山农民画中的视觉符号为基础，诸多农民画原创作品在源源不断的符号化再生产中，衍生为陶瓷装饰、床单被褥、手帕丝巾、丝绸服饰、挂历

---

① 徐晓慧. 人类学视域下乡村振兴的审美逻辑与艺术实践 [J]. 广西民族研究，2021 (6)：100–108.
② LEFEBVRE H. The production of space [M]. Oxford：Blackwell Publishing Ltd，1992：34.
③ 潘鲁生，汪哲平. 民间文艺的生机与活力（创造性转化创新性发展纵横谈）[N]. 人民日报，2020–08–04 (20).

笔记本上醒目的新农村符号，更有甚者，其农民画作品与时尚品牌（如爱马仕）合作打造轻奢羊绒丝巾，并登上国际成衣舞台。在田野调查中，我们发现，乡村围绕着当地农民画的特色，建立了农民画艺术创意公司，将当地的农民画元素与城市元素进行了视觉化的融合，

"将农民画作与地方特色、人民生活相结合，融合生活所需的各种用品，在传统画卷和当代视野的融合中，赋予农民画新的魅力，凸显农民画浓厚的地域特点、民族特色和时代特征。"（被访者A）

由此可见，农民画的视觉展演是高度空间性的，其在物质空间、精神空间和社会空间三个层次上完成了城乡之间的联结，作为一种视觉资源的农民画不断地被转化为旅游资源、政治宣传资源和商业资源，实现了从乡村走向城市的空间流动，其一方面为乡村振兴带来了直观的经济收益，另一方面促成了乡村与城市融合的良性循环，为既往建立在城乡对立基础上的乡村性理论提供了突破和发展的可能性。

三、数字赋能与跨媒介视觉叙事

农民画的视觉传播超越了原本单纯的绘画文本，并不断"横跨不同的媒介平台展开，每一个平台都有新的文本为整个故事做出有差异的、有价值的贡献"[1]。其间的乡村语态和田野气质被重构，"随着本地性一起脱离了原始文本的文化、历史、地理意义，并重新整合进了功能性的网络和意象的拼贴之中"[2]，实现了传播效果的跃升。

农民画的原始呈现形式是绘画，而在陈列画作的展览馆中，农民画还在展厅内以交互式动态投影的形象出现，营造出截然不同的、交互式的视觉传播效果。交互影像通过想象的重构和意义的再造实现了展品特征的夸张化呈

---

[1] 詹金斯.融合文化：新媒体和旧媒体的冲突地带[M].杜永明，译.北京：商务印书馆，2012：157.
[2] CASTELLS M. The rise of the network society (second edition with a new preface) [M]. Oxford: Blackwell Publishing Ltd, 2010: 406。

现，引导受众以更具能动性的身份来发现故事，在互动模块的引导下完成动态参与式的体验。在此过程中，展品的文化价值、人文底蕴和艺术韵味也得到了更为全面的激活。当农民画作品中的花朵在观众脚步下徐徐盛开，虚拟空间以多媒体技术、三维展示技术为技术依托，通过互动屏、增强现实等介质介入展览馆的实体空间，使观众仿佛徜徉于农民画所描绘的乡村图景之中，并清晰地体验到乡村生活的鲜活细节，感受到乡村振兴所带来的巨大振奋。这种体验不仅是视觉效果的堆砌，更是文化、艺术、空间相互通感的化学反应。跨媒介的视觉叙事使农民画从传统的绘画形式中跳脱出来，成为具有空间意境的文化场所，乡村生活景观的交替变换、千亩荡的碧波荡漾、田间劳作的热火朝天、全面建成小康社会的欣喜欢腾都在这一文化场所中完成重组，凝结于农民画作品的乡村性在这一刻与城市展馆空间实现了技术对接与意义共振，带来了更具感染力的视觉体验。

中国农民画跨媒体视觉叙事的另一种模态，是搭载于手机移动端的视觉传播。伴随着媒介变迁的移动性趋势，以互联网特征为叙事依据而兴起的新媒体艺术成为大众日常艺术传播的重要形式。农民画在网络中的传播有两种类型，一是依托于当地的微博、微信公众号，以科普类文章的形式[①]对农民画的艺术风格与表现形式进行介绍，完成线下图文展板向互联网平台的平移与再现。二是针对互联网的特征，开发农民画元素的表情包等数字文创，符合跨媒体叙事"每一种媒体各司其职、各尽其责"的基本要求。例如，以户县农民画中人物的Q版形象为模板，结合网络用语创作出动态表情包，在保留户县农民画的绘画风格和绚丽色彩的同时，赋予了农民画视觉元素适用于互联网传播的元素，"增加了传播方式，同时更丰富了户县农民画的表现形式"[②]。

农民画实现了乡村振兴主题三重维度的视觉传播与"乡村性"理论的突破式表达，首先是内容维度，农民画完成了对乡村生活场景和乡村振兴时代

---

① 菱珑湾艺术村.江南不只有水墨，还有浓烈的色彩[EB/OL].（2021-08-03）[2023-04-15]. https://mp.weixin.qq.com/s/rY5Ah6QCSfN2BSNYkvHYJA.
② 祝娟娟.民间美术形式的跨媒介创新开发研究[D].西安：西安工业大学，2018.

图景的诗性铭写；其次是呈现维度，农民画分别在物质空间、精神空间和社会空间三个层面上实现了视觉展演的空间流动，对传统乡村性城乡对立的理论预设形成超越；最后是传播维度，农民画借助数字技术载体与网络传播平台，超越媒介的边界，完成跨媒介的视觉叙事，将乡村性的本土视觉符号表达与乡村振兴的时代命题多模态、沉浸化地带给了观众，实现了良好的视觉传播效果。

但是，在实地的调研中，我们依然发现了中国农民画发展过程中的瓶颈与不足：

一是在创作中农民主体性的长期缺位。视觉文本创作过程中农民主体性的缺位，会削弱农民画作品中乡村性的真实性与感染力，不利于乡村振兴背景下"作为一种文化、符号和价值观，是个体成员的精神归宿，个体成员对其具有高度认同感、安全感和归属感"[①]的共同体之塑造。在本文的调查中，骨干农民画作者（指经常性创作的）有140人左右，其中美术教师占58%，公务员、事业单位人员占15%，企业务工人员占15%，纯农民占8%，其他（自由职业、私营业主）占4%。"最近几年有意识地下村、下社区进行挖掘，总体参与农民画创作群体的纯农民占比也难以达到20%"，甚至出现"有的专业画家为了获得中国美协的会员资格，选择另辟蹊径，参与到小众的农民画创作中"（被访者X）的情况。

二是农民画产业的收入困境。在访谈中，我们发现当地的产业发展之路并不顺畅，农民画公司经营面临很大困难，农民画文创公司负责人更是坦言，"农民画并不赚钱，我们想要生存下来主要靠承接政府项目以及进行其他类的文创产品扩展"。当地对农民画相关衍生产品的开发还处于初步发展阶段，经营管理者未能彻底理解农民画的文化内涵，导致生产同质化产品的现象十分普遍，对从视觉文本到视觉产业的开发与经营缺乏特色，不利于当地农民画品牌的运营和视觉文化的有效传承。

---

① 刘祖云，张诚. 重构乡村共同体：乡村振兴的现实路径[J]. 甘肃社会科学，2018（4）：42-48.

三是农民画的网络传播难以突破地域的限制。农民画对本地空间的依赖程度较大，不论是画作的内容、农民画村的建设，还是展览选择设置的地理位置，都局限在本地的公共区域内。尽管当地农民画所创造的视觉展演完成了从乡村到城市的融合与跨越，也通过数字交互技术在线下的展览中再造了视觉叙事的文化场所，但在凭借网络传播进行跨媒介叙事方面难以打破本地时空的限制，未能达成理想的传播效果。

农民画走出当前困境的根本遵循，是在创造性转化、创新性发展中充分激活其中的文化潜力与传播效能。创造性转化，需要按照时代特点对农民画的内涵和表现形式加以创造性重构，赋予其新的文化张力和现代语态，激活其生命力；而创新性发展，是在乡土文化与农耕文明的现代化发展时态中，对中华优秀传统文化的内涵加以补充、拓展、完善，增强其影响力和感召力。一方面，农民画要跟上数字化的时代，借助新兴的媒介技术创新视觉表现形式；另一方面要将乡村振兴的现实图景与时代精神融入视觉文本的创作和传播，丰富与完善农民画的艺术价值与"乡村性"的本土意涵。

中　编
文化景观与数智出版

刊印现代中国：鲁迅与新文化运动中的杂志出版*

五四运动之后，中国的杂志出版慢慢挣脱长期封锁的检控体制，逐渐向自由发行的方向发展，各种类型的新生杂志的出现成为社会的一大盛景。胡适在1922年回忆说：五四运动以后，中国约有400种白话文新刊出现。尤其是由进步知识分子所共同策划、创办的期刊，带有更为明显的思想革新、批判和反抗的意味，这些期刊本身具有跨时代的意义。

作为跨时代新文化运动的主将，鲁迅在中国早期白话杂志的发展史上留下了影响深远的个人痕迹，他主编和参与编辑工作的报刊有30余种，亲力亲为地推动了中国历史上第一次现代杂志与期刊发展的高潮，并承担了诸多工作，是呐喊和贡献心血的猛士，这一场文化盛景的起落沉浮与他的生命息息相关。

本文关注的重点是鲁迅作为杂志人的工作历程及其在此之中彰显的杂志出版理念。对此我们将杂志词予以解释：根据国家新闻出版署及其1988年11月《期刊管理暂行规定》，期刊是指"有固定名称，用卷、期或年月顺序编号、成册的连续出版物"，"期刊，又称杂志"（《辞海》词条）。1901年，梁启超提及"日报与丛报"的区别，"丛报者指旬报、月报、来复报等，日本所谓杂志

---

* 本文部分段落原载于《广播电视大学学报（哲学社会科学版）》2002年第3期，收入本书时有修改。

者是也"①。此意义与今天大致相同,也被当时的人所认可。

一、始于《新生》的杂志创办理念

早在日本留学期间,鲁迅就时常为《浙江潮》《河南》等杂志写作,并积极筹办《新生》杂志,此后他所从事的杂文写作、美术推广、优秀国外文学的翻译无不与《新生》的办刊理念息息相关。

"鲁迅在弘文学院时,常和我讨论下列三个相关的大问题:一、怎样才是最理想的人性?二、中国国民性中最缺乏的是什么?三、它的病根何在?他对这三大问题的研究,毕生孜孜不懈,后来就毅然决然放弃学医而从事文艺运动,其目标之一,就是想解决这些问题,他知道即使不能骤然得到全部解决,也求于逐渐解决上有所贡献。因此办杂志、译小说,主旨重在此。"②在鲁迅先生的眼里,"凡是愚弱的国民,即使体格如何健全,如何茁壮,也只能做毫无意义的示众的材料和看客,病死多少是不必以为不幸的。所以我们的第一要著,是在改变他们的精神,而善于改变精神的是,我那时以为当然要推文艺,于是想提倡文艺运动了"(《呐喊·自序》)。"鲁迅的文艺运动的计划是在于发刊杂志,这杂志的名称在从中国回东京前早已定好了。乃是沿用但丁的名作《新生》……这本是同人杂志。"③"《新生》虽然没有办成,可是书面的图案以及插画等,记得是统统预备好了,一事不苟的;连它的西方译名,也不肯随俗用现代外国语,而必须用拉丁文,曰:Vita Nuova。"④

《新生》经历了种种磨难,终究未能出世,鲁迅的杂志理想终于在大海的彼岸孑孑独行而亡,他为筹办《新生》所收集的材料,演化成其后的《摩罗诗力说》以及《域外小说集》。"《新生》的运动是孤立的,但是脉搏却是与当时

---

① 梁启超.本馆第一百册祝辞并论报馆之责任及本馆之经历[N].清议报,1901-12-21.
② 许寿裳.亡友鲁迅印象记[M].北京:人民文学出版社,1981:19.
③ 周作人.鲁迅的青年时代[M]//鲁迅博物馆,等.鲁迅回忆录·中.北京:北京出版社,1999:814,829-830.
④ 许寿裳.我所认识的鲁迅[M].北京:人民文学出版社,1978:22.

民族革命运动相通的……那时同盟会刊……《民报》，……可是它只重政治和学术，顾不到文艺，这方面的工作差不多便由《新生》来负担下去。因为这个缘故，《新生》的介绍翻译方向便以民族解放为目标，收集材料自然倾向东欧一面，因为那里有好些'弱小民族'处于殖民地的地位，正在竭力挣扎，想要摆脱帝国主义的束缚。"①《新生》虽然没有诞生，却是鲁迅杂志理念初具雏形的一次体现，同人意识、刊物主旨以及刊物的美化、设计方面都被他在实际运作中加以特别强调，自我个性的张扬与推介国外先进的文艺创作的热诚支持着他在茫茫的思想荒原上前行。1912 年，《越铎日报》出世，身为名誉总编辑的鲁迅在其创刊号上激情洋溢地写道："纾自由之言议，尽个人之天权，促共和之进行，尺政治之得失，发社会之蒙覆，振勇毅之精神。"（《〈越铎〉出世辞》）

虽然这仅仅是越社青年自办的一张地方性小报，但鲁迅寄予它以进步出版刊物的信心和愿望：应具有开启社会精神革新的勇气、拥有充当社会监督人的权力，更应是民众自由声音的讲坛。但现实的残酷和实际工作的失利，终于使鲁迅意识到在当时的中国，报纸和杂志实在是并无多大自由可言的，或者被同化，或者被剿灭，"但希望，却是不能被抹杀的"（《呐喊》自序）。鲁迅从失败和痛苦中生长起来的忧患意识，逐渐转化为《新青年》中的现实主义。因为"那时的主将是不主张消极的"（《呐喊·自序》）。他努力使自己的创作符合整体的风格，"于是删削些黑暗，装点些欢容，使作品比较的显出若干亮色"（《自选集·自序》）。从此他走上了一条创作与办刊协同并进的文化革新和思想革新的开创之路，为同时代的诸多革命刊物和社团文艺刊物的创办贡献了自己的无限心力。

二、从《语丝》自由文体到《莽原》的血与火焰

鲁迅于 1918 年加入《新青年》，并且经常应陈独秀的邀请去参加"商量

---

① 周作人.鲁迅的青年时代 [M]// 鲁迅博物馆，等.鲁迅回忆录·中.北京：北京出版社，1999：830.

怎样进行《新青年》的集会"(《〈守常全集〉题记》)。他在《新青年》上发表的第一篇白话小说《狂人日记》是新文学史的纪元,而《我之节烈观》《我们现在怎样做父亲》以及一系列的随感录"具有缜密和雄辩的逻辑力量与高超的艺术水平,为五四运动后报刊上文艺杂文的发展奠定了基础……"①

《新青年》仅仅是鲁迅的试刀之作,彼时他并未参与很多实质性的工作。当《新青年》的旗帜渐渐暗淡下去的时候,"有的高升,有的退隐,有的前进"。针对胡适力主"不谈政治"的办刊思想,鲁迅大力反对,"《新青年》的趋势是倾于分裂的,不容易勉强调和统一","所以任由它分裂"也不妨是件好事。② 如果失去了统一的杂志编辑思路,还不如由其分裂。

鲁迅并未如愿将自己的办刊理想在《新青年》实现,只"落得一个作家的头衔,依然在沙漠里走来走去","成了游勇,布不成阵了"(《自选集·自序》)。《新青年》之后多年,鲁迅一直在北京的《晨报副刊》和《京报副刊》上继续创作,直至《语丝》的缘起。《语丝》在孙伏园的大力提倡和鲁迅的积极响应下诞生。其创刊号虽然仅印 2000 份,但因读者争购,增印 7 次,共计 15000 份,发行全国,成为鲁迅在北京期间抨击北洋军阀专制统治,批驳"甲寅派"和"现代评论派"的重要阵地。③ 发刊词中如此写道:"我们只觉得现在中国的生活太枯燥,思想界太沉闷,感到一种不愉快,想说几句话,所以创刊……作自由发表。……我们并没有什么主义要宣传,对于政治经济问题也没有什么兴趣……我们个人的思想终是不同的,但对于一切专断与卑劣之反抗则没有差异……主张,是提倡自由思想,独立判断和美的生活……周刊上的文字,大抵以简短的感想和批评为主,但也兼采文艺创作及文字美术

---

① 冯并.中国文艺副刊史[M].北京:华文出版社,2001:175.
② 资料来源:鲁迅 1921 年 1 月 3 日致胡适函,关于《新青年》问题的几封信.
③《语丝》从第四卷 1 期(总 157 期)起,由鲁迅接手编辑。在《语丝》被奉系军阀于 1927 年 10 月禁刊以后,同年 12 月,鲁迅先生应李小峰邀请,于上海重刊《语丝》,这之后,与创造社的论战喧嚣尘上,《语丝》受到了很多的排挤与打击,杂志开始消沉下去,对于社会现象的批评文章少得可怜,而长期维系的撰稿人也在流失,更为甚者,李小峰常自作主张,将各种广告擅自登上,鲁迅多次质问无效后,就辞去了《语丝》的工作。

的介绍与研究"。① 鲁迅先后在《语丝》上撰发作品130多篇,"任意而谈,无所顾忌,要催促新的产生,对于有害于新的旧物,则竭力加以排击"(《我和〈语丝〉的始终》)是鲁迅对《语丝》的贡献,《语丝》中纷呈出现的精悍杂文、幽默简练的小品文、言辞犀利的战斗檄文成为《语丝》的一大特色,"《语丝》是每有不肯凑趣的坏脾气的"(《扣丝杂谈》)。语丝文体的出现以及鲁迅先生在其中确立的文字风格,不能不说是《语丝》迥别于其他杂志的一大特色。但这样的一种刊物,在鲁迅看来,"本无所谓一定的目标,统一的战线……投稿者,意见态度也各不相同"。只是借由一个缘起而聚集在一起形成的刊物,"不特说不上战线的统一,就是说同人杂志,亦勉强了"②。终于丧失了"破坏旧物和戳破新盒子而露出里面所藏的旧物来的一种突击之力"(《我和〈语丝〉的始终》)。

编辑战线的不统一,是《语丝》走向没落的最根本原因。1925年,徐炳昶在给鲁迅的信中建议将《语丝》和他所主编的《猛进》《现代评论》"集合起来",共同编辑出"一个专讲文学思想的月刊",鲁迅完全反对,认为如若这样,难免就会出现一本不伦不类的中庸杂志,"和平中正,吞吞吐吐的东西,而无聊之状于是乎可掬"。鲁迅真正想创办的是一个新型的小周刊,以做"小集团或单身的短兵战",至于杂志的同人性,"只要所向的目标小异大同,将来就自然而然的成了联合战线"(鲁迅《华盖集·通讯二》)。"你看,《现代评论》有多猖狂。现在固然有《语丝》,但《语丝》态度还太暗,不能满足青年人的要求。"

体现"小集团""联合战线",主题鲜明的杂志终于于1925年4月24日正式创刊,《莽原》周刊③问世,鲁迅亲自担任主编。"莽原"二字来自字

---

① 《语丝》发刊词原来是要求鲁迅撰写的,但鲁迅不愿于此发表宣言式的口号,所以就由周作人执笔。
② 荆有麟.鲁迅回忆断片[M]//鲁迅博物馆,等.鲁迅回忆录·上.北京:北京出版社,1999:196.
③ 《莽原》周刊作为京报第5种周刊周五发行,共出版32期,1925年11月27日终刊。后1926年1月,《莽原》半月刊出版,已成为未名社的独立文学杂志。

典，刊头是由一位 8 岁的孩子随意写的。《莽原》的内容是"思想及文艺之类"、文字风格是"率性而言，凭心立论，忠于现世，望彼将来"（《莽原周刊出版预告》），"中国现今文坛的状况，实在不佳……最缺少的是'文明批评'和'社会批评'。我之以《莽原》起哄，大半也是为了想由此引出新的一种批评者来……继续撕去旧社会的假面"（《两地书·十七》1925 年 7 月 9 日）。《莽原》发刊的主要目的是扩大社会评论的阵地，"我早就很希望中国的青年站出来，对于中国的社会，文明，都毫无忌惮地加以批评，因此曾编印《莽原》周刊，作为发言之地"（《华盖集·题记》）。"包含着猛烈的攻击阶级统治的火焰"（瞿秋白语）是对鲁迅此时工作的最佳评价。从《语丝》的自由文体进化为包含着炽烈火焰的"文明评论"和"社会评论"的要求，是鲁迅的办刊理念更为明确的体现，于此之时，他亦深切领悟到作为一本同人杂志最需要彰显的个性魅力和自由声场，"我总还想对于根深蒂固的所谓旧文明，施行袭击，令其动摇，冀于将来有万一之希望，而且留心看看，居然也有几个不问成败而要战斗的人，虽然意见和我并不尽同，但这是前几年所没有遇到的。我所谓'正在准备破坏者目下仿佛有人'的人，不过这么一回事。要成联合战线，还在将来"（《我和〈语丝〉的始终》）。这些"意见并不尽同"的同人在杂志的创办初期是美好前景的潜力之源，他们驱策着鲁迅和《莽原》共同的前行步伐。在 1925 年 12 月 25 日北京《国民新报副刊》的广告栏中，鲁迅亲自为《莽原》的出版撰写广告："这本……周刊，想什么说什么，能什么就做什么，笑和骂那边好，冷和热那样对，绅士和暴徒那边妥，创作和翻译那样那样贵，都满不在乎心里。"① 鲁迅对《莽原》是充满希望的，但在 1926 年，他远赴厦门之后，莽原社内部发生的冲突却使这本应该有着更长寿命的杂志草草收兵，不战而亡。

1965 年，刘易斯·克塞在考察 19 世纪和 20 世纪初盛行在欧美文化领域里的小型文艺杂志时，如此界定："小型文艺杂志……它的编辑总是对取得商业成功的念头存有戒心。它们有着自我意识，只为先锋派的知识分子和艺术

---

① 刘运峰.鲁迅佚文全集（上）[M].北京：群言出版社，2001：373.

家说话,也只向他们说话。""小型文艺杂志,以及同它们结合在一起的革新艺术家及作家的小团体和派别,起到了对哪个时代公认的观念进行攻击的矛头作用。虽然它们经常分裂成敌对的宗派和竞争的小团体,它们的编辑和作者却团结一致共同反对上流社会的文化。没有这些多姿多彩、短命而反正统和无所拘束的小型文艺杂志,各种反对潮流也不可能清晰地阐明它们的批评标准。"①

虽然《语丝》与《莽原》并不是狭隘意义上的小型文艺杂志,它们受到了很多青年的欢迎,也广为流传。但刘易斯·克塞提到了它们的缺点,其生生灭灭的种种缘由就在这"革新"和"派别"的个性上凸显了出来,或者说是其批评性和革新性招致查禁之灾,这一点,鲁迅也有清醒的认识,"其实则凡《新青年》同人所作的作品,无论如何宣言"声称自己不谈政治,但"官场总是头痛,不会优容的"②。或者由于内部龃龉、理念不合,小型编辑团体的易分性而终致消失。

当然,《语丝》和《莽原》乃至之前的《新青年》的倒闭原因并不能由此论尽,当时的国情决定了洋溢着革新精神和现实主义激情的杂志必须以如此方式生存:小型编辑队伍,更机动更自由;创作群体为同人,语言立场更集中,个性也更鲜明。我们不难看出,鲁迅一向赞成的散兵战、壕堑战在他的办刊思想中有较好的体现。"同人"二字并不能展现鲁迅先生于杂志创办中播扬新知新学、更新国民性的理想,也许在实际的操作中,杂志受到"同人"意识的影响较重,但事实上,鲁迅也寄望吸引更多的读者走进这些杂志。1934年4月,鲁迅在与李雾城先生的信中言及书刊封面,说道:"不好的是内容并不怎么有力,却只有一个可怕的外表,先将普通的读者吓退。"当《劳动文艺周刊》就是否要出版欢迎孙中山专号辩证时,鲁迅说"因为一出专号,对于政治没有兴趣的人,他一定不要看,反而减少宣传力"③。先从外表上给

---

① 克塞.理念人:一项社会学的考察[M].郭方,等译.北京:中央编译出版社,2001:9-10.
② 资料来源:鲁迅,关于《新青年》问题的几封信,张静庐辑注。
③ 荆有麟.鲁迅回忆断片[M]//鲁迅博物馆,等.鲁迅回忆录·上.北京:北京出版社,1999:172.

人亲切之感，来吸引那些陌生读者。越大量地吸引普通读者，就有可能越大量地将陌生人变成自己的朋友。在《文学杂志》第一期出版后，鲁迅在给王志之的信中说："我以为我们的态度还是缓和些的好。其实有些人，即使并无大帮助，却并不怀着恶意，目前决不是敌人，倘若疾声厉色，拒人于千里之外，倒是我们的损失，也姑且不要太求全，因为求全责备，则有些人便远避了，坏一点的就来迎合，作违心之论，这样，就不但不会有好文章，而且也是假朋友了。"① 站定立场，宽容之心，才是一本杂志可以长期为之的办刊哲学。

"率性而言，凭心立论，忠于现世，望彼将来"的种种信念在《莽原》的出版中体现得淋漓尽致，而它的自我颓败让鲁迅先生极为悲愤。此后他虽然也有助于各种新兴本土创作型刊物的出版，但于杂志创办上的重点却转移到翻译推广国外的先进文艺创作上去了，出现了其后的《奔流》《朝花》《萌芽》及《译文》等刊物。

三、热望《奔流》《译文》时代的新文化出版

根据作家许广平女士的回忆，在上海期间，与鲁迅有关的报刊有50多种，鲁迅先生最为费心的杂志就是《奔流》。《奔流》于1928年在上海创刊，以介绍欧美及日本进步作家的作品为主，目的是以正确的文艺理论来纠正当时出现的"左倾"思潮，并愿与创造社的作家结成一条战线，共同作战。如果说鲁迅之前于《语丝》《莽原》中的工作能够充分体现他的杂志运作理念，那么于此时对《奔流》的工作，则能够全面地体现出他具体的编辑工作的风范。

《奔流》的印刷与纸张比当时一般的杂志都要好，每期均有大量的精美插图，翻译者的情况介绍紧跟译文之后，而鲁迅为《奔流》所写的12篇《编

---

① 王志之.鲁迅印象记[M]//鲁迅博物馆，等.鲁迅回忆录·上.北京：北京出版社，1999：36.

校后记》对《奔流》编辑主旨作了及时详尽的解释，对读者起到了很强的引导作用。鲁迅先生投注于《奔流》上的力量最多。"目的无非是要把新鲜的血液灌输到旧中国去，希望从翻译里补充点新鲜力量……同时，他不排斥创作，白薇女士的《打出了幽灵塔》长诗，鲁迅就分期给予刊载，为读者与作者着想，这里，鲁迅是颇费心思的。他曾说：'这样长的诗，是要编排得好，穿插得合适，才会有人看的。所以每期的编排就很费斟酌。'"①"他编书的脾气是很特殊的，不但封面喜欢更换，使得和书的内容配合，如托尔斯泰专号，那封面就不但有书名，而且还加上照片。内容方面，也爱多加插图，凡是他手编的书如《奔流》以及《译文》，都显现出这一特点。而插图之丰富，编排之调和，间或在刊物中每篇文稿的前后插些寸来大小的图样，都是他的爱好。"

然而如此工作实在是"成本太大，老板们逐渐觉得为难了，也是事实。他自己却又没有如许资本自办刊物，因之往往很有未展怀抱之感，这在鲁迅自己，是常引以为憾的。"②

1928年12月6日，鲁迅与作家柔石合编的《朝花》周刊在上海刊行，以"介绍东欧和北欧的文学，输入外国的版画……扶植一些刚健质朴的文艺"（《为了忘却的记念》）。其封面由鲁迅设计，刊头选用的是英国阿瑟·拉克哈姆的一幅画，"朝花"的美术字也是由鲁迅所写，但之后很多实际的编辑工作是由柔石完成的。1930年1月1日，其与诗人冯雪峰合编的《萌芽》月刊在上海刊行，创刊声明说《萌芽》的主旨是"翻译，绍介，创作，评论"，封面是鲁迅绘制的，由"萌芽月刊"四个美术字组成，第一卷第三期之后成为中国左翼作家联盟机关刊物之一。

1930年5月3日，他在给李秉中的信中如此说道，"近来颇流行无产文学，出版物不以此为旗帜，世间便以为落伍，而作者殊寥寥。销行颇多者，为《拓荒者》《现代小说》《大众文艺》《萌芽》，但禁止殆将不远"。之后的一

---

① 许广平.鲁迅回忆录[M]//鲁迅博物馆，等.鲁迅回忆录·下.北京：北京出版社，1999：1208.
② 许广平.关于鲁迅的生活·鲁迅与中国木刻运动[M]//鲁迅博物馆，等.鲁迅回忆录·中.北京：北京出版社，1999：722.

段时间里反革命文化围剿大肆猖獗,"禁期刊、禁书籍、不但内容略有革命性的,而且连书面用红字的,作者是俄国的……也都在禁止之列"(《黑暗中国的文艺界现状》)。此时鲁迅多参与翻译和杂文的写作,很少也很难有自由和空间进行切实的杂志编务。直至1934年9月《译文》①在上海创刊,鲁迅才开始了新一轮的杂志编辑工作。

鲁迅创办《译文》,并主编了前3期。当时他已重病深居,停止了一切刊物编务,为了《译文》他重出江湖,意义非同一般,他与茅盾、黄源商定的要摆脱当时杂志16开本的模式,走32开本的形式,也得到了出其不意的效果。《译文》的销售出奇得好,仅创刊号就重印了5次。在《〈译文〉创刊号前记》中,鲁迅对这本他称为"小小的《译文》"有如下的说明:"原料没有限制,从最古以至最近。门类也没固定:小说,戏剧,诗,论文,随笔,都要来一点。直接从原文译,或者间接重译;本来觉得都行,只有一个条件:全是'译文'。……不过得这几个同好互相研究,印了出来给喜欢看译品的人们作为参考而已。"可以说,在鲁迅后期的杂志编辑工作中,他大多着重在引进西方优秀的文艺作品方面,其真实的想法是惋惜中国本土作家的贫弱,迫切地希望本国的青年可以更为开放地接纳西方的优秀作品。鲁迅在1935年10月29日致萧军的信中强调:"中国作家的新作,实在稀薄得很,多看并没有好处,其病根:一是对事物不太注意,二是还因为没有好遗产。对于后一层,可见翻译之不可缓。"

客观看来,《奔流》《朝花》《萌芽》及《译文》是一种经过思索和战斗策略之后才诞生的杂志,较之前《语丝》与《莽原》的随意性,它们的主体意识、编辑技巧乃至躲避报刊审查的本领都提高了。但它们的刊行与编辑工作仍是一种小型杂志的操作模式,参与编辑者是同人自不必说,主编承担了各种编辑事务,从约稿、寻找插图、编排文章顺序到审校、付印、发行等杂务

---

① 《译文》出版一年后,生活书店拟换主编,鲁迅先生不同意,并说:"……与其污辱而复生,不如先前的光明而死。"《译文》停刊,但读者反响强烈,鲁迅说,"许多读者用了笔和舌"来"凭吊"它。半年后,《译文》改由上海杂志公司出版复刊新1卷。其后一直坚持到"七七事变"之后才跟随许多杂志一起终刊。

均得亲力亲为，杂志出版基本由主编与书店老板双方进行对话，它们的前途与以往的那些杂志不尽相同。但鲁迅负笈编撰的辛苦实是不可忽视的，他将杂志视为一种可供收藏和传扬的文化载体，自然要竭尽心力，让之完美。

如果说《新青年》是引进西方思潮的启蒙，那么鲁迅在之后的数十年里的工作则是灌溉和培育。以这些杂志为媒介，他奔波开创了中国新文化领域的新局面。鲁迅的一生与中国早期白话杂志的发展密切相关，当然，他所从事的杂志编撰也非数千字就可说尽。他参与《世界文化》月刊、《太白》半月刊的筹办工作，帮助《北斗》的开创，支持厦门大学的学生自办《波艇》月刊和《鼓浪》周刊，大力鼓励《美术杂志》的出版，努力提携新进的杂志编辑力量，"新产生一刊物，由老作家稍为帮助一下，三两期后，便能自己办起来，像《译文》初时情形一样，那是对的……办刊物应多量吸收新作家，范围要放大"，并点明了"每种刊物应有其个性，不必雷同"[①]是杂志风格的立世之本。鲁迅希望可以编辑出"浅显而且有趣"的"通俗的科学杂志"，以慰广大求知青年的需要。他的这些辛勤的付出为中国早期的白话杂志发展史增添了浓墨重彩的一笔。

鲁迅去世的前一年，他在给王志之的信中说道："投稿难，到了拉稿，则拉稿亦难，两者都很苦，我就是立誓不做编辑者之一人。当投稿时，要看编辑者的脸色，但一做编辑，又就要看投稿者，书坊老板，读者的脸色了。脸色世界。"在他热血激扬的生命历程里，他实是体味了创办杂志的无限艰辛和奔波的心力之苦。"先生每编一种刊物，即留心发现投稿者中间可造之才，不惜奖掖备至，稍可录用，无不从宽。其后投稿较多，或觉少进境，也许会受到严厉的批评，以致为人不满。这怕就是和青年来往难得持久之故吧。先生初到沪时编《奔流》《语丝》。投来的稿子，真是缤纷万状：有写了一次即不愿复看一遍，叫先生细改的；有翻译而错误很多，不能登载，致招怨尤的；有一稿油印多份，分投各刊的；有字甚小，模糊难辨的；自然还有不少稍加

[①] 资料来源：许广平《关于鲁迅的生活·片段的记忆·五月十日》，北京：北京出版社，1999：708。

修改，即可采用的。这些，如果是那原文先生能自己对照的，多加改正。其为从英文译来，遇有疑难，亦多方向人打听，修改妥善。或长短诗，音韵、体裁、结构、思想俱优，则必多方登载，凡是先生手编刊物，读者怕很少不满意的吧。"① 鲁迅为中国早期杂志的发展所贡献的思想张力与实践经验，实是后来的杂志人所能承继的最宝贵的遗产。

---

① 许广平.欣慰的纪念[M]//鲁迅博物馆，等.鲁迅回忆录·上.北京：北京出版社，1999：358-359.本文涉及鲁迅文章未注明详细出处的皆出自1998年人民文学出版社出版的《鲁迅全集》。

北京货声的城市声景与空间想象[*]

叫卖声，the Sound of Street Vendors，在老北京的城市记忆里，被称为"货声"和"吆喝"，是旧时北京胡同里底层民众的生活声景与商业场景中出现的"自发口头创唱"、带有一定韵律和别样情感的叫卖调，从语言、韵律、内容和反映的民俗风情上都具有强烈的京味特征[①]。京味叫卖、胡同文化、底层商贩的游吟式表达与广告呼唤综合呈现在老北京叫卖声所构建的声音场景中，历经时空之变迁与人世之迭代，凝聚成仅属于老北京的城市声景与文化想象。老北京叫卖声自其响起的瞬间，就已然消逝，它所依附的底层商贩的日常经验与生命痕迹也已不可见不可听；作为老北京城市空间中最具地缘特征的听觉印象，也渐渐消散在逐渐老去的老北京人的记忆中了。但老北京叫卖声经由文学、诗歌、曲艺、民间舞台、影视及网络文本的浪漫化书写与表演而重新出现。本文从声音传播史的视角，尝试追溯和梳理作为地缘意向与历史象征的老北京叫卖声，如何穿越不同媒介场景与媒介文本，以情境化的怀旧再现与媒介化重构，呈现出中国现代社会变迁中底层文化实践与现代性文化想象之间的关联。

---

* 本文部分章节原载于《中国非物质文化遗产》2021年第5期，与梁轩合作；部分章节原载于《人民日报》2022年1月15日第六版，收入本书时有改动。
① 许筱言.老北京的胡同叫卖声[J].神州，2011（11）：104–107.

一、底层声音的历史在场与日常书写

翁偶虹《北京话旧》写道:"从狭义上讲,货声是商贩用艺术的语言招引顾客的一种手段。""至于货声的播扬,也分两种,一种是穿街过巷的流动商贩,一种是列摊街头或赶庙会的固定商贩,他们各有独具特色的货声。"① 老北京货声,在晚清的余晖与动荡的民国初年鼎盛发展,当时五行八作均有自己的叫卖调和与之相配的响器。清代的《帝京岁时纪胜》记腊月时的"市卖":"更有卖核桃、柿饼、枣、栗、干菱角米者,肩挑筐贮,叫而卖之。"中华人民共和国成立后,随着个体商贩行当的整体改造,老北京叫卖声逐渐消失于民间,直至1980年前后才得以重见天日,以一种民间艺术和说唱曲艺的混杂体的口头艺术形态被发掘和恢复,老北京叫卖声的表演者与民间艺术家也渐渐出现,如叫卖真人张振元(后任崇文区文化馆"老北京"民间艺术团副团长)、京城叫卖大王臧鸿(后任崇文区文化馆"老北京"民间艺术团团长)、张桂兰、马松林、武荣璋、芦志东等民间叫卖艺人。

货声,是老北京底层行商与贩夫的声音标签。通过师徒传承或自发创作形成吆喝的节奏与旋律,或辅助各种响器,形成老北京胡同里的声音场景。叫卖声的底层民间文化的形成与听觉传播,形塑了一个空间与时间相互黏合的声音场景,一个声音编码与听觉解码的过程。货声,"融合了老北京传统的市井民俗、深厚的文化底蕴,内容上外昭商品、内蕴风土、暗含节令,韵律上长腔短调、抑扬顿挫、京味京韵"。②

底层商贩将所售卖的货品和服务信息编码为吆喝声和响器声,并在大街小巷中迅速传播。被叫卖声唤醒听觉记忆的民众,需要具备相应的"货声"解码知识与技巧,以识别不同行业的吆喝与响器。在这个层面上,叫卖声属于让人有意倾听,传递特定信息的"信号音"。此外,叫卖声诞生之初,就因

---

① 翁偶虹.北京话旧[M].天津:百花文艺出版社,2012.
② 林妍梅.论北京传统商业货声中的贾道文蕴[C]//北京联合大学.北京学研究文集2009.北京:同心出版社,2009.

方言语音而呈现出极强的地域性，成为具有地缘标识与城市民俗特征的"空间音"。侯宝林、郭启儒在相声《卖布头》中演示"卖糖葫芦"的叫卖声在天津和北京，甚至在北京东南西北城的差异。对于老北京叫卖声而言，这一"空间音"的独特性更为明显。老北京的叫卖声依托地道的北京话，往往兼具传统曲艺表现形式"贯口"风格，辅以各类响器，形成了一种独具特色的叫卖方式。这种叫卖方式，与北京胡同独特的空间形态有关，"既要有规矩又要有艺术性，瞎喊不行。在大宅门前吆喝，要拖长声，既让三四层院子里的太太小姐听见，又要透出优雅，不能野腔野调地招人烦"[1]。

居住在北京胡同的百姓，通过叫卖声解码行当信息的同时，亦能"听声音就知道小贩卖的东西的成色、质量"[2]。潘漠华就曾描写他通过声音识别出一位卖花生糖的商贩的过程："每夜他来时，清澈的铜杯声先起来，仿佛有调子似的，接着就雄浑地喊起来了：'大花生……糖……'听到这雄浑的呼声，就使人想起一位经过辛苦生活的人的影子来；我是常见过他，他那影子真是黯淡，涩苦，凄楚！"[3] 当时的叫卖声作为一种日常生活知识，已经极其精准和丰富，而底层商贩与胡同居民之间的联系，也正是通过叫卖声这一高识别度的媒介搭建起来，构成了老北京社会生活的一幅生动画卷。这种强烈的时空关联，使得叫卖声天然就具有城市独特性和排他性，赋予了叫卖声信号声之外的，呈现出"集体记忆、怀旧与城市的多重地域感知"[4]。

通过串起买与卖的经济活动，叫卖声连接起一种愉悦温暖的日常生活实践的声音书写，对受众形成信息召唤与认知上时间的锚定。平时不敢大声喧哗的孩子们"听见打糖锣儿的声音，规矩都被抛到脑后，得意忘形地向大门外跑"[5]；而这种"身体的呼唤"，又因北京的四季分明呈现岁序之迭代。季节序替在老北京的日常经验中，以时间刻度的角色呼唤着不同的身体行动。吕

---

[1] 马晓萍.最是那声声吆喝的风情：《吆喝》细读[J].语文教学通讯，2011（14）45-46.
[2] 张维维，宇琦.老北京带你游遍大北京[M].广州：广东旅游出版社，2013：122.
[3] 于润琦.文人笔下的旧京风情[M].北京：中国文联出版社，2003：112.
[4] 李娜.集体记忆与城市公众历史[J].学术研究，2016（4）：118-129.
[5] 高维生.才情梁实秋[M].北京：北京工业大学出版社，2015：17-18.

方邑在《北平的货声》中描述："'粽子唉唉呕——江米小枣呕——'你便想到端阳节要到临了。蒲叶，雄黄酒，那一样没有预备，就赶快备足吧。"不止四季，胡同生活的一天，也由叫卖声划定了时间，呼唤着身体。卖烤白薯的会在冬日的早上出来，让人忍不住想在上学前吃一个烤白薯；卖炭的一般从下午三点开始在大街上出现，一直卖到晚上十点①，让人们记得备好晚上和上午的炭；卖硬面饽饽的则会在深夜出来，让晚睡的人有了吃夜宵的习惯②。一天的日子，便被叫卖声划定了时辰和行动。不论是季节还是一天的时辰，叫卖声对时间的划定都是粗糙而不精确的，这种不精确也体现在叫卖声的声音特点上："中间常常有一个很大的停顿或者拖腔。"③正是这一特点，使得"长长的叫卖声穿过同样长长的午间休息时间"。④叫卖声本身，也逐渐成为胡同生活最具标识性和情境化的符号，构建着老北京记忆里遥远的文化想象。

作为"城市声音"的老北京叫卖声，是"城市的感性符号和活动"，"见证着城市变迁同时生产着城市本身"⑤。老北京叫卖声，是一个兼具"学术性和生活化"的研究领域⑥，是"现代人找寻北京城的历史积淀、品味文化古都的脉动、挖掘传统的商业智慧、探索北京民俗文化的宝贵资源"⑦。

二、民俗学视域下"北京货声"的浮现与变迁

1906年，清末民俗学家蔡绳格化名闲园鞠农在《一岁货声》中，将老北京的"货声"辨识为一种世俗情境与底层生命所交织构成的城市声景，老北

---

① 康斯坦特.京都叫卖图[M].陶立，译.北京：国家图书馆出版社，2004：52.
② 韩风东.纸上的味道：古今饮食美文品鉴[M].济南：山东人民出版社，2009：44.
③ 姜燕.汉语口语美学[M].济南：山东人民出版社，2013：290.
④ 五岳散人.乱翻书[M].北京：中国民主法制出版社，2011：61.
⑤ 刘士林.城市声音：一种新的城市史与城市文化研究[J].天津社会科学，2016（5）：133-138.
⑥ 蒋聪.现代学术著作书后索引编纂浅析：以研究北京叫卖声和北京老字号的著作为例[J].中国索引，2015（1）：30-39.
⑦ 林妍梅.论北京传统商业货声中的贾道文蕴[C]//北京联合大学.北京学研究文集2009.北京：同心出版社，2009.

京的叫卖声由此逐渐进入听觉传播的媒介史记录，"货声"从街头巷尾随风而逝的流动性展演，被记录为一种民俗学研究语境下的记忆书写。蔡绳格在序中，说道："（货声）可以辨乡味，知勤苦；纪风土，存节令；自食于其力而益人于常行日用间者，固非浅鲜也。朋来亦乐，雁过留声，以供夫后来君子。"《一岁货声》从清末直至新文化运动一直是以手抄本存世的，齐如山、刘半农、沈启无、周作人等人均曾抄录收藏该书。1938 年，张次溪（江裁）主编《京津风土丛书》请周作人题签，将《一岁货声》更名为《燕市货声》。《一岁货声》被认为是中国民俗学的开先河之作，以老北京"货声""开场"，希望"后来君子"可以由此生发出城市声景研究的新视域。

近代戏曲理论家齐如山，受到《一岁货声》之启发，从戏曲美学的视角探索了老北京"货声"——尤其是叫卖声的听觉艺术性。他在 1933 年编纂的《故都市乐图考》序中描述道："北京一城，因为有数百年建都的关系，所以极富于美术性……沿街肩担贸易之小贩，尤足表现之。其叫卖之声，俗名为吃喝，所发腔调等于歌唱，有板有眼，有快有慢，婉转悠扬，悦耳动听；且有时有白有唱，与戏曲无异，诚非他处所可比拟……尚有许多小贩自己特别编成大套词句者，又属例外。至各庙会卖香面等物者，则皆有成章，词句若干套，句句有韵，均与词曲尤异，必须背熟，方能叫卖，则与唱歌毫无分别矣。余曾将北平小贩何时售何物，由元旦起至除夕止，依时归纳，辑成一书，名曰《北京货声》，但仍系有字无声，盖欲传其声，非以五线谱之法谱之不为功也。"

五线谱作为西方音乐传播史中最为重要的符号系统，与老北京叫卖声的结合，在《京都叫卖图》一书中得以实现。该书是 1936 年美国律师康士丹（Samuel Victor Constant）递交给华文学校（College of Chinese Studies Cooperating with California College in China）的硕士毕业论文。同年，该书由驼铃出版社英文（中文注释）排印发行。国家图书馆出版社在 2004 年重印时，序言如是写道："《京都叫卖图》文笔通俗流畅，幽默风趣，大量典故考证翔实；书中插图系参考原图和有关资料，用白描重新认真绘制，并附有部分珍贵的历史照片；每种叫卖均有具体声调，有的还用五线谱录下了当时这种特殊的曲调。总之，本文以图、文、声并茂，再现了清末民初北京街头的风土人情，当读者展开这部历史风俗画卷时，似乎能聆听到当时这种京味京韵、亲切动人的叫卖之声。全书分春夏秋冬四个部分，图文并茂再现了清末民初北京街头的风土人情。"①

改革开放后，著名戏曲作家、理论家翁偶虹重新寻到《一岁货声》，并以此为蓝本，在《北京话旧》一书中倾三分之一体量重写老北京货声。"复得闲园菊叟所辑《燕市货声》一书，参考印证。此书成于清光绪丙午前后，先我多年，证我亲耳所闻者，相差无几。春窗遣兴，命笔为文，既可征信于昔年，更可传真于后世，所谓'辨乡味，知勤苦；纪风土，存节令；自食于其力而益人于常行日用间者，固非浅鲜也'。"老北京叫卖声历经了一个世纪的沧桑与变动，依旧坚强生存在民间土壤中；并且在新民主主义革命和社会主义建设中缓慢苏醒。翁偶虹对其语调及叫卖文字的变化予以记录和比较。例如，《一岁货声》中甜瓜叫卖："甘蔗味儿来，旱秧来，白沙蜜的好吃来！青……皮脆来，旱香瓜另个味儿来！"《一岁货声》的记录则是："甘蔗味儿来，旱秧来，白沙蜜的好吃来！蛤蟆酥的旱香瓜来！犄角蜜的好甜瓜来！青……皮脆来，旱香瓜另个味儿来！老头儿乐的甜瓜来！""香蕈蘑菇馅的素包子！"的叫卖与销售，在《一岁货声》上如是记载："挑两套细长笼屉，咸同年间，一叟长卖通年，自元旦开张，一文钱两个。"翁偶虹的观察是"春节期间，家家备年菜，肥鱼大肉；小贩以蘑菇、木耳、黄花等和馅为素包子，串巷叫卖，以新口味"②。

1980年后，老北京"货声"在民间艺术保护、非物质文化遗产、民俗学研究中逐渐显现，以老北京叫卖声、货声为研究对象的民俗学专著纷纷出版，其多以朴素、原生态式的还原笔法，以听觉人类学笔记体和记录体的书写模式进行归纳和总结，如王文宝的《吆喝与招幌》③；老北京叫卖艺人和叫卖艺术团在北京各城区的文化机构的寻找和组织下出现；对老北京叫卖声的挖掘、

---

① 康斯坦特.京都叫卖图[M].陶立，译.北京：国家图书馆出版社，2004：52.
② 翁偶虹.北京话旧[M].天津：百花文艺出版社，2012.
③ 王文宝.吆喝与招幌[M].北京：北京日报出版社，200.

表演、展示以及非物质文化遗产申请也开始出现。但关于北京"货声"和"叫卖声"的研究,鲜与传播学、视听艺术相互观照;也鲜有传播史学对其个体化的声音与族群式的营销模式展开解析。2000年前后,声音美学与听觉传播开拓出丰富和开放的跨学科研究模式,曾经流淌在老北京胡同时空中的叫卖,"转瞬即逝,是唯有在现场才能体验的风景"才慢慢进入城市传播、公共文化和民俗传播的研究视域。老北京的叫卖声,是一种带有胡同美好回忆的、具有温情色彩的声音。它并不仅局限于"声"与"意"的表达,而且呈现出一种混搭了文化认同与声音在场的时空景观,既是一个物理环境,又是感知该环境的方式,和所呈现出来的文化建构。① 老北京叫卖声,在民间、学术和市场的共同推动下,被公认为是最具有历史感和情境化的老北京城市声景——包括那些已然消逝和正在被遗忘的声音及其景观。它形塑了想象中与现实中"老北京"的底层文化空间,呼唤着在现代性追寻中被遗忘的民间和个体,滋养着数代人的声音记忆,孵化着去意徊徨的怀旧情结与"他者"时空的浪漫迷思。

三、老北京叫卖声的声音政治与媒介转型

现代文学的京派文本成为老北京叫卖声媒介化再现的依托,文间所勾勒出的声音景观,是美好的、喜悦的、充满人间烟火却又难见忧苦的,那是近现代史的战火、抗争、革命,以及新文化运动所依托的老北京,带着浓郁的历史气息与市井情怀,在探寻现代性的文化苦旅中偶然得以发现,胡同生活景象中小人物以及他们对城市集体记忆的贡献。

在作家萧乾的耳中,胡同里的叫卖声是"从早到晚是一阕动人的交响乐"②;作家张恨水则记载道,"吆唤声,复杂而谐和,无论其是昼是夜,是寒是暑,都能给予听者一种深刻的印象……很能和环境适合,情调非常之美"③;

---

① 汤普森,王敦,张舒然.声音、现代性和历史[J].文学与文化,2016(2):95-99.
② 萧乾.老北京的小胡同[M].杭州:浙江文艺出版社,1999:208.
③ 张恨水.张恨水散文全集:北京人随笔[M].长春:时代文艺出版社,2015:193.

作家舒乙则是通过老北京的叫卖声"联想到满族人对艺术的热情：做买卖都唱着做"①；而对于作家梁实秋来说，"北平小贩的吆喝声是很特殊的……其抑扬顿挫，变化颇多，有的豪放如唱大花脸，有的沉闷如黑头，又有的清脆如生旦，在白昼给浩浩欲沸的市声平添不少情趣，在夜晚又给寂静的夜带来一些凄凉。细听小贩的呼声，则有直譬，有隐喻，有时竟像谜语一般耐人寻味。而且他们的吆喝声，数十年如一日，不曾有过改变"②。虽然文学性的书写将"叫卖声"极尽浪漫化，但"叫卖声"时不时会出现在当时北京城动荡变迁的大历史场景中。当老北京叫卖声——被解构为一个集体名词之后，叫卖声的生产者，即街头小商贩作为现代性意义的独立主体，是不可见的，叫卖者的社会性与主体存在也被遮蔽了。他们作为游走的边缘人和市井亚文化中的代表，由于缺乏记录的载体、能力和自觉，基本都已消散。袁一丹从声音被记载和被消失的批判视角和历史维度，整理出 1937 年北平"笼城"前后在报纸及刊物上发表的文章，以重新描绘一幕老北京"货声"与当时的社会状况、北京人"着眼于吃饭穿衣、婚丧嫁娶等日常生活的'共同体意识'"。"货声"延续、消失；"货声"在文学描述中出现与变迁，正意味着战争中的"生活秩序的自我修复能力，日常的挣扎与零碎的反抗"③。周作人为《一岁货声》题签时写道："感到北京生活的风趣，因为这是平民生活所以当然没有什么富丽，但是却也不寒伧，自有其一种丰厚温润的空气，只可惜现在的北平民穷财尽，即使不变成边塞也已经不能保存这书中的盛况了。"④只有在那些关心叫卖人生存处境的作家的文字中，我们才得以窥见"一位"或两位"独立的"叫卖人的声音景观。例如，1993 年第 16 期《人间世》刊发永学文先生的《北平通讯》，内记天桥一位卖糖老者的叫卖声："有一天，他这样骂——那天我过洋学堂，先生教学生念书，什么第一课，哥哥比弟弟大……我也会教，爸爸

---

① 舒乙.我的第一眼[M].北京：中国文联出版社，2001：168.
② 梁实秋.雅舍谈吃[M].济南：山东画报出版社，200：61.
③ 袁一丹.声音的风景：北平"笼城"前后[J].北京社会科学，2012（6）：86-94.
④ 蔡省吾，周作人.一岁货声[M].北京：北京出版社，2015.

比儿子还大咧！"① 这里的卖糖老者，将叫卖声转变为"叫骂声"。叫卖声对于叫卖人而言，更像是一种蕴含着严寒酷暑的劳苦的嘶喊，所承载的是底层劳动者在北京城艰难谋生的城市记忆。

在中华人民共和国成立之初，话剧作为"新文明、新思想的传播载体"，"传播现代思想、进行现代启蒙的新媒介形态"②。在这一时期，老北京的叫卖声被作为"旧社会"的声音记忆，反映在当时的各种文艺作品中。话剧《茶馆》第一场卖闺女，一声"高桩柿子咧，涩咧，换咧"的吆喝，凄惨悲凉跃然眼前。话剧《龙须沟》更是将叫卖声作为一条时代色彩浓郁的叙事线予以结构，开场展现龙须沟底层百姓的困苦生活，收破烂、卖菜等叫卖声随之而出。之后，随着剧情的展开，各种叫卖声频频作为背景音出现，大时代小人物，小货声大苦难的城市声景呈现得淋漓尽致，并"随着剧情的发展及人物思想行为的变化，起到烘托陪衬作用"③。中华人民共和国成立后，叫卖声作为背景音的次数大大减少，让人振奋的军号声、军队口号声以及欢快的秧歌声开始加入其中。龙须沟即将建成之时，叫卖声彻底消失。此时的叫卖声，已经作为"旧社会"老北京的泛黄的历史，被秧歌声取代。在叫卖背景音的"破旧立新"中，是建构新的城市记忆与国家认同的开始。三大改造完成后，老北京叫卖声随着国营和集体经济成分对个体商贩的吸收和改造在市井中很快趋于绝迹④，叫卖声作为已经土崩瓦解的"旧社会"的声音记忆就更为明显。

前现代时期的老北京叫卖声，被话剧舞台赋予了现代性探寻的隐喻意义。叫卖声在日常生活中的"失声"，以及在话剧中被主流文化收编为展现"旧社会"人民生活困苦的工具，都创造性地改写了人民关于"旧社会"的城市记忆。真正将叫卖声从背景声中解放出来，作为独立的艺术进行呈现的，是北京人艺（北京人民艺术剧院的简称）的《老北京叫卖组曲》。该曲始于1952年北京人艺去农机厂参观，应工人之邀所进行的表演，虽然该剧仅收入《龙

---

① 蔡玉洗，董宁文.冷摊漫拾［M］.哈尔滨：北方文艺出版社，2015：190-191.
② 张涛甫.当下中国的声音政治［J］.学术界，2018（3）：65-72，275.
③ 许秀林.相声那些事［M］.北京：中央文献出版社，2017：36.
④ 张维佳，张弛.京韵流芳：北京民间曲艺选介［M］.北京：商务印书馆，2017：262-265.

须沟》表演中小贩的吆喝声,但后来经过编排和梳理,加入了各种响器,以及《茶馆》《骆驼祥子》中的吆喝声,形成了《老北京叫卖组曲》,并且在1962年应中央电视台之邀参加了"笑的晚会"。但是《老北京叫卖组曲》并没有将老北京的叫卖声与"旧社会"困苦黑暗的城市记忆相联系,后被屡遭批判也并不奇怪。改革开放后,《老北京叫卖组曲》呼应了改革开放和市场经济相结合的经济发展道路,此时的叫卖组曲,得以成为"北京劳动人民的广阔生活图画"①。1983年中央电视台举办第一届春节联欢晚会,《老北京叫卖组曲》重登舞台,回到观众视野之中②。

改革开放后,老北京叫卖声重新从文学文本走向舞台,作为民间艺术的一种形式,纷纷出现在以老北京为背景的话剧和影视作品中。1981年北京电影制片厂《伤逝》拍摄,相声大师侯宝林特别推荐臧鸿参与叫卖声配音。之后《夕照街》《谭嗣同》《末代皇帝》《大决战》《开国大典》《知音》《骆驼祥子》《四世同堂》等几十部影视剧中都有民间叫卖艺人的声音。

2000年之后,老北京叫卖声的挖掘、整理、保护成为北京非物质文化遗产和民间文化遗产工作中的重心之一。对老北京叫卖声的新闻报道、民俗展演、纪录片拍摄,以及新媒体化的转化驱动了多样态媒介文本的出现。2003年,北京千思文化传播有限公司与香港千思唱片有限公司制作,中国科学文化出版社发行的《老北京吆喝》出版。在唱片介绍中,《老北京吆喝》如是写道:"一种纯粹民间的市井风情,正在悄然消失的京腔京韵……80种老北京游商小贩走街串巷的叫卖,与韵味十足的单弦、大鼓荟为一体,将昨日京城胡同小巷里的民生画卷,在今日的喧嚣中重现,世事变迁今昔异然,'京城叫卖大王'神韵鲜活的吆喝,将带给过来人遥远而清晰的记忆重温逝水,年轻一代,也将重新品读一段历史,于繁华深处聆听这座古老城池的心跳。"③ 2005年前后,北京市崇文区文化馆为将"老北京叫卖"申报为国家非物质文化遗产,走访数十位有代表性的叫卖老艺人,挖掘整理了老北京叫卖声600余段,

---

① 顾威.《龙须沟》的舞台艺术[M].北京:中国戏剧出版社,2013:562.
② 蓝荫海.《老北京叫卖组曲》的由来[N].文艺报,2012-07-02.
③ 臧鸿.老北京吆喝[M].北京:中国科学文化出版社,2003.

成立"老北京民间艺术团",并于 2006 年编排上演《老北京风情叫卖剧》,在文化馆、公园和大学免费演出,将"叫卖声"整合为一场完整的剧场叙事,来展现老北京叫卖声中所呼唤出的历史情境与当下情怀。2007 年,老北京叫卖被正式列入第二批北京市级非物质文化遗产保护名录。

2012 年,史家胡同博物馆的胡同声音展区策划成型,最后形成收入老北京胡同声景的声音博物馆,小小的 4 平方米多媒体展馆内,以交互模式设定了 300 多种胡同声音的展示,包括叫卖声、响器声、蝉鸣、鸽哨等,共分为春、夏、秋、冬四个主题。在城市声景的互动呈现中,中国现代传播史中不可见的声音、城市与记忆的代际传承紧密相连。

2020 年,由小学生表演的老北京叫卖声成为学生春节联欢晚会一档节目,与此同时,借助微博、微信、抖音、快手等社交媒体和短视频平台,老北京叫卖声以一种民间语境的数字化和社交模式重现于大众眼前。自媒体、主流媒体和商业机构对老北京叫卖声的复杂重构,在怀旧、记忆与美好生活描述中,呈现出艺术生产、民间行为、主流话语与市场模式对中国优秀传统文化的文化资本重构。其一,通过社交媒体和短视频平台,实现老北京叫卖声媒介化的再次传播。何大齐"老北京风俗年画"在微博走红,"仿佛让人听到街头的叫卖声"(博物馆大神,新浪微博);"老北京的叫卖富有魅力,充满北京人童年的回忆,如今难以听到"(BTV 纪实,抖音)。其二,自媒体承载了知识传播与视听记忆体的功能,将老北京叫卖声以知识解释、场景再现和文化钩沉的形态重新叙述。老北京的"响器",指锣、鼓、铙等器具,也指小商贩和货郎叫卖时代替吆喝的东西。一年四季,在老北京多如牛毛的胡同里和老天桥一带繁华的集市中,常常飘荡着各种货郎的叫卖声。其中有些商贩只靠响器招揽主顾,如行医的、剃头的、锔碗的、绱鞋的、卖掸子的、劁猪的、修脚的和粘扇子的,这八种行当俗称"八不语"(不二史书);"'萝卜赛梨……辣来换',这是皇城根下小巷深处的叫卖声,也是张恨水笔下老北京对萝卜的赞美"(城南客沈嘉禄,新浪微博),"'磨剪子来,戗菜刀……'老北京的叫卖有着鲜明特色,既有好听的旋律,又有北京曲艺的连说带唱,可以说是北京的民歌。从音乐的角度来说,它有的音都不在正音上,有时还就是

 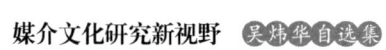

白话。在语言上,老北京叫卖突出了北方语言体系的特点,大量运用儿化音的,连音带字一气呵成,吆喝出来字正腔圆、曲调优美、幽默、诙谐、好懂耐听。老北京叫卖讲究用词,语调强弱、语句快慢也要拿捏得恰到好处,声音婉转而有穿透力,是老北京风土人情的体现"(世纪传承传统文化协会,新浪微博)。"这是那个年代一种原始且古老的商业宣传方式,如今已经被更先进的传播方式代替了。视频中,一废品收购者用一种动听唱腔沿街叫卖,一名男子从家里拿出六个空酒瓶,换来了六毛钱"(澎湃声音,新浪微博)。其三,市场化和商业化的老北京叫卖声渐成常态。例如,某咖啡饮品以老北京叫卖声进行产品营销,"感 CAFÉ 之'感京韵'。吆喝声、叫卖声、鸟鸣声……记忆中的那些老北京的声音,透露出纯正的北京韵味"(新浪微博)。

潘律将城市空间中的"怀旧"展演,视为"一种理解中国现代性不同方式之间的较量"。老北京叫卖声穿越百年的媒介史与书写文化志,最终在数字媒体中寻找到重回大众视野和听觉经验的途径。

老北京叫卖声被收入非物质文化遗产名录,使其从民间艺术和世俗场景中重新获得文化主流的媒介身份;民间讲述的出现,使其已经彻底脱离了最初的情境,成为一种当下与传统、文化展演与记忆重写的全新的声音景观;在市场化的趋势中,老北京叫卖声被重新估值,回到日常生活消费情境之中,以一种后现代怀旧美学的听觉模拟,满足了老北京人、北京新移民、旅游者、过客与研究者们对老北京城市声景的一切想象。

美国普林斯顿大学教授艾米莉·汤普森在《现代性的声景》一书中,将城市声景与现代性的生活情境与文化构建予以理论的连接。在声音的技术性生产与文化性消费之间,艾米莉认为,各种类型的声音景观与城市意义的复杂生产交织互动,形成一幅作为群体意向的城市与作为独立个体的声音生产者与消费者——合作书写现代性经验的画面[①]。在中国,城市声景所体现出的现代性的思考与批判,却远未得以充分研究。

---

① THOMPSON E.The soundscape of modernity:architectural acoustics and the culture of listening in America,1900–1933[M].Cambridge:MIT press,2004.

从胡同里的商贩叫卖，到话剧中的演员叫卖，再到影视作品和文化活动中的艺人叫卖，以及数字化和新媒体化的碎片书写，尽管老北京叫卖声仍然徘徊在人们的视野边界，但离普通百姓的日常生活越来越远了。流动商贩的减少和胡同这种居住形态的逐渐消失，使得老北京的叫卖声回归最初文化情境，再现其城市声景已无可能。那么，老北京的叫卖声，还有没有可能重新进入百姓的日常生活？如果可能，又能以怎样的方式进入？能够构建怎样的城市记忆？在集体记忆与文化书写中，老北京叫卖声也形成了沧桑美好的老北京的声音符号、"旧社会"的声音标识、市场经济的声音象征、民族个性的声音表达，那么，又应该如何充分研究老北京叫卖声的符号意义与文本构成，以去探寻其作为新的声音景观的可能呢？现有的数字人文，并不能够满足城市记忆与社会认同的构建需要，也无法形成新的声景。也许只有借助VR、AR等新技术，使老北京的叫卖声突破时空限制，重新调动人的眼耳鼻舌身意，并且实现与之相关的城市记忆的再梳理与再建构，才能够使老北京的叫卖声重新回归人们的日常生活，形成全新的城市声景。

但今天，老北京叫卖声对于城市声景的建构，却只能散逸在博物馆的方寸之间、社交媒体的偶然发声中。它们交错呈现，早已脱离了曾经草根性、乡土性的时空情境，却带来了更为多元的传统认同与文化共识上的意涵。北京的叫卖声、胡同等所组成的京味儿文化，在中华人民共和国定都北京后的70年里，通过各种大众传媒的传播，早已成为中华民族文化的重要代表之一。对老北京叫卖声的媒介重构与声音场景的重塑，正是现代中国努力寻找属于自己的文化现代性，梳理民族文化特征，凸显城市文化品格，重写文化传承模式的实践行动。

空间话语、区域符号与粤港澳大湾区*

"粤港澳大湾区"概念从被提出到实践经历了漫长的过程。作为我国乃至全球独有的中西交汇、融合共存文化形象湾区,是如何建构空间话语,对内对外讲述区域故事、传播区域符号,传统文化如何进行创新实践的?本文从粤港澳大湾区对外传播的研究视野出发,回顾梳理了粤港澳大湾区的形成脉络,探究并总结了其空间话语、区域符合与文化创新之间的勾连,描绘出粤港澳大湾区变革、创新、传播的发展图景。

一、"粤港澳大湾区"之话语概念追溯

粤港澳大湾区是目前我国开放程度最高、最富经济活力和创新要素的地区。大湾区地域划分包括广东省广州市、深圳市、珠海市、佛山市、惠州市、东莞市、中山市、江门市、肇庆市以及香港特别行政区、澳门特别行政区,总占地面积5.6万平方千米。①

"粤港澳大湾区"概念从被提出到实践经历了漫长的过程。香港科技大学校长吴家玮在1994年提出"香港湾区"这一概念,引起了深圳这座城市的兴趣。在这个既有创新又有胆识的概念背后,深圳看到了无限的想象性与发展的可能性。20年间,"香港湾区"概念延伸到"港深湾区",再到"大珠江三

---

* 本文原载于《中国新闻传播研究》2022年第4期,与杨芊合作,收入本书时有改动。
① 资料来源:中共中央、国务院《粤港澳大湾区发展规划纲要》,2019年2月18日。

角洲城镇群"，最终丰富到"粤港澳大湾区"。从个人见识到区域意识，最终上升到国家层面的战略规划，"粤港澳大湾区"概念逐渐成熟。

粤港澳大湾区建设从"一国两制"出发，发展规划和战略布局具有独特性。不同于世界其他三大湾区和国内重点发展地区，粤、港、澳三地身处具有差异性的制度、法系、文化空间和不同的经济发展背景，这些要素经历强烈的碰撞，赋予了粤港澳大湾区更多的机遇挑战和创新潜力。

自改革开放以来，港澳相继回归，针对粤港澳大湾区的发展与建设，我国先后出台了《大珠江三角洲城镇群协调发展规划研究》《推动共建丝绸之路经济带和21世纪海上丝绸之路的愿景与行动》《国务院关于深化泛珠三角区域合作的指导意见》等战略规划，不断丰富了"一国两制"的内涵，深入了大陆与港澳地区的实践交流。2015年由国家发改委、外交部、商务部联合发布的《推动共建丝绸之路经济带和21世纪海上丝绸之路的愿景与行动》首次提到"粤港澳大湾区"这个概念。[1] 国家"十三五"规划纲要进一步指出，推动大湾区在跨界交通、地区、生态环境保护和协调机制建设等方面的合作，促进湾区一体化发展，支持港澳在泛珠三角区域合作中发挥重要作用。《国务院关于深化泛珠三角区域合作的指导意见》进一步明确了粤港澳大湾区的全球重点辐射区域，构建以粤港澳大湾区为龙头，以珠江—西江经济带为腹地，带动中南、西南地区发展，辐射东南亚、南亚的重要经济支撑带。[2] 2017年，香港回归20周年当日，广东省人民政府、香港特别行政区政府和澳门特别行政区政府签署了《深化粤港澳合作推进大湾区建设框架协议》，将粤港澳大湾区建设上升到国家发展战略层面，开启了大湾区发展新篇章。2019年，中共中央、国务院印发《粤港澳大湾区发展规划纲要》，发展纲要规划展望至2035年，既是新时代推动形成全面开放新格局的新尝试，又是进一步推动"一国两制"基本国情的新实践。在原有战略规划基础上，新增构建具有国际竞争力的现代产业体系，建设宜居宜业宜游的优质生活圈等前瞻性发展

---

[1] 资料来源：国家发改委，外交部，商务部《推动共建丝绸之路经济带和21世纪海上丝绸之路的愿景与行动》，2015年3月28日。
[2] 资料来源：《国务院关于深化泛珠三角区域合作的指导意见》，2016年3月15日。

布局，进一步实现创新型城市、创新型企业、创新型人才、创新型文化的发展愿景。①

二、作为区域符号的"大湾区"文化新场域

"向世界说明中国""讲好中国故事"成为我国对外传播的难题。在全球差异化的政治、经济、文化、社会制度等背景下，如何正确地宣传中国形象，是目前我国正在解决的难题。在世界战略格局大变动、思想文化大激荡和网络信息媒介化的大背景下，粤港澳大湾区作为世界第四大湾区，如何建构空间话语体系、区域符号和对外传播，形成世界新回声，成为我国重要的课题和难点问题。

社会中的主体在生产与实践的过程中与信息的传播活动密不可分。福柯认为话语不是简单的词组罗列，粤港澳大湾区由此也并不是简单的一种区域组成与词组新造，也不仅是作为区域性映射"粤港澳"空间"中介"的话语存在，而是成为粤港澳区域社会互动与文化传播的新场域，承载知识获取、理念创新与区域间文化生产力的渠道。② 我们尝试借用索绪尔的符号互动论，以挖掘与解析作为区域符号的"大湾区"文化新场域如何超越简单的区域概念，而呈现为行政、经济与文化共同体，并关联向话语建构、知识生产与传播实践。

城市空间不是一个既定的、有固定意义的实体，而是一系列城市化过程，也就是空间生产的过程。在符号表征与空间生产的关系基础上，列斐伏尔得到了一个关于空间社会的三重体：空间实践、空间的表征和表征性空间。

"空间实践"是生产和再生产的过程，强调物质性感知空间。凝聚粤港澳大湾区同一时空中不连续的活动并编码空间，通过解码空间的过程以展示社会的空间实践。粤港澳三地同胞在一定的社会空间内，通过生产和再生产的

---

① 马中红.解码深圳：粤港澳大湾区青年创新文化研究[M].北京：北京大学出版社，2021：4.
② 福柯.知识考古学[M].谢强，马月，译.北京：生活•读书•新知三联书店，2003.

过程，可以表现出趋同的外在表现和内在潜质实践。"空间的表征"是偏向于语言性的符号系统，是社会主导性的概念化空间。粤港澳大湾区空间的表征强调空间与生产及其产生秩序之间的关系，主要通过符号和符码体现，强调想象性空间的生产。

城市空间是被生产出来的，空间话语体系是由意识形态和知识建构的，空间的表征和表征性空间在形塑和改变空间，同时受到空间实践的影响。[①] 社会空间的三重体理论启示我们，对地理、景观、建筑等空间考察时要加注文化层面的诠释。对粤港澳大湾区的社会互动与文化传播进行解读时，有必要考虑到它在许多不同的"嵌合性"空间语境，如身体、家庭、社群、城市、地区、国际和全球中的体现。[②] 粤港澳大湾区空间话语体系是集规范化、条理化和系统化的话语于一体的空间话语体系，包含了地域、文化、经济、技术、政治、国内外语境等维度，彰显了符号体系和社会体系的综合体。

以"粤港澳大湾区"为关键词搜索人民数据库的新闻报道，近三个月内（2021年9月至2021年11月）有约1061篇新闻报道。出于对可操作性的考量，本文将近一年内（2020年12月至2021年11月）的五家国内主流媒体——《人民日报》、《人民日报》（海外版）、《求是》、《环球时报》和《外媒视点》的相关报道作为参考对象。通过检索近一年上五家主流媒体对粤港澳大湾区的新闻报道，得出的结论是五家媒体刊发粤港澳大湾区相关文章共1263篇，其中《人民日报》573篇，《人民日报》（海外版）532篇，《环球时报》86篇，《外媒视点》48篇，《求是》24篇（时间跨度为2020年12月至2021年11月）。涉及粤港澳大湾区主题的报道主要围绕技术、政治、文化、经济和旅游维度，具体分布情况如表1所示。

---

① 巴什拉.空间的诗学［M］.龚卓军，王静慧，译.上海：上海译文出版社，2009：23.
② 韦格纳.空间批评：批评的地理、空间、场所与文本性［M］//热奈特，等.文学理论读本.阎嘉，译.北京：中国人民大学出版社，2006：139.

表1 近一年五大主流媒体围绕粤港澳大湾区报道的主题分布情况（篇）

主题	《人民日报》	《人民日报》（海外版）	《求是》	《外媒视点》	《环球时报》
技术	340	215	15	10	10
政治	184	117	17	9	31
文化	245	206	14	15	21
经济	490	361	23	33	59
旅游	156	106	6	6	9

通过五家主流媒体的相关报道，可以看出我国对粤港澳大湾区建构的区域符号和传播话语体系，包括社会技术信息化、经济实力雄厚、创新人才聚集、同源文化全方位合作、打造宜居宜旅舒适圈等。粤港澳大湾区话语体系能够在全球发展、文化传承、生态文明建设、创新人才发展等方面助力，为建设全球人类命运共同体的理念进一步作出诠释和贡献。

讲好中国故事、传播好中国声音是新时代对外传播新方式、新策略。宣传思想工作一方面要引导人们客观全面地认识外部世界，另一方面要提高我国对外传播能力，提高文化软实力，向世界全面地展示真实的、立体的中国。

梳理近六年（2016年1月至2021年11月）《人民日报》与《人民日报》（海外版）围绕粤港澳大湾区的相关报道，通过图1可以看出，2017年《粤港澳大湾区发展规划纲要》出台后，主流媒体的报道频次陡增。2016年《人民日报》围绕粤港澳大湾区的报道约20篇，2017年约126篇，2018年约322篇；2016年《人民日报》（海外版）约6篇，2017年约195篇，2018年约316篇。有关粤港澳大湾区议题对内对外的传播，在国家经济发展和新一轮的改革开放中占据重要地位和战略机遇。

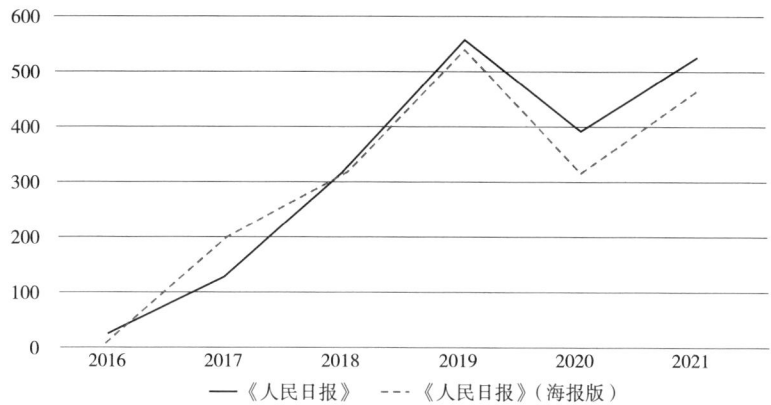

图1 近六年《人民日报》与《人民日报》(海外版)围绕大湾区议题报道的篇数

《人民日报》2019年11月的报道《弘扬改革开放精神凝聚民族复兴伟力》，追忆改革开放时期，展望大湾区崛起的未来：

> 粤港澳大湾区，一个世界级城市群正在崛起……从"引进来"到"走出去"，从搞好国营大中小企业、发展个体私营经济到深化国资国企改革、发展混合所有制经济，从单一公有制到公有制为主体、多种所有制经济共同发展和坚持"两个毫不动摇"……改革开放带来的，不仅是体制的改革、经济的增长、国门的打开，更是理念的变革、思想的解放、精神的淬炼。我们党带领人民发扬伟大改革开放精神，谱写了一曲感天动地、气壮山河的奋斗赞歌。①

中国井冈山干部学院在其官方网站转发此篇文章，向广大党员和党员干部深入贯彻习近平总书记智慧推进全面深化改革的思想和政治勇气，始终弘扬改革开放的精神，将改革开放进行到底。海外网作为"中国形象传播平台、全球华人网上家园"的平台也转发了此文章，向海内外华人传递了我国坚持改革开放的坚定决心，中华民族带着深远的历史深渊和身后的文化根基走出中国、走向世界的宏伟目标。

---

① 吴秋余，毛思倩，孙立君.弘扬改革开放精神凝聚民族复兴伟力[N].人民日报，2021-11-29.

区域发展重大战略高质量推进，区域协调发展呈现新格局……粤港澳大湾区建设持续推进，硬联通、软联通不断加强，与国际接轨的开放型经济新体制加速构建，三地合作更加深入广泛，大湾区综合实力显著增强……不断发展进步的中国，为维护世界和平、促进共同发展注入了正能量，彰显了构建人类命运共同体、建设美好世界的中国力量。①

《人民日报》（海外版）的这篇文章向我们强调了粤港澳大湾区地处我国沿海前沿，在"一带一路"倡议中占据重要地理位置。借助地域优势，广州、深圳加上港澳港口成为华南地区交通的核心枢纽，港口综合体的建设加速了现代化交通运输体系的建成。粤港澳大湾区区域建设体现了我国随着时代改革不断优化的发展规划，体现了区域协调发展对全国发展的重要意义和新格局。同时粤港澳大湾区的经济发展水平引领全国，具有较强的经济互补性，逐步完善了新兴产业、先进制造业和现代服务业综合发展的战略性发展规划。

挖掘大湾区文化底蕴，推动和深入文化创新，为大湾区的发展注入鲜活生命力。"文化"是一国的根系与命脉，是粤港澳大湾区发展的重要一环。粤港澳大湾区三地文化同源，传统民俗文化一脉相承，语言相通，这为建构具有共同文化基因的区域符号提供了重要前提。借力于具有全球视野和国际视角的粤港澳大湾区智库，从不同领域与学科的视角出发，逐步建设党政智库、社会智库、企业智库和高校智库等，多元化实现智库的功能，努力与国际接轨，发挥"1+1+1>3"的互补优势和叠加效果。②

我国早期对于区域文化的报道多聚焦于区域空间内的民间故事和活动，在习近平总书记"讲好中国故事，传播好中国声音"的对外传播战略引导下，区域故事一方面借助地域文化，另一方面依靠区域媒体传播，区域文化传播和区域符号建设上升到国际传播高度，具有较高的格局视野。③不同于其他区

---

① 中华人民共和国国务院新闻办公室.中国的全面小康[N].人民日报海外版，2021-09-03.
② 林志鹏，孙海燕.粤港澳大湾区智库建设的定位与路径[N].光明日报，2019-01-21
③ 郑亮，夏晴.符号与叙事：区域故事国际传播的"再政治化"研究[J].现代传播（中国传媒大学学报），2021，43（7）：56-60.

域的故事和区域文化传播，主流媒体对于讲好粤港澳故事的战略政策、传播意义和目标都是高度政治化的。

围绕粤港澳大湾区文化议题的501篇报道，大多采用时空叙事框架，通过时间回溯过往，通过空间联结粤港澳大湾区的历史文化和未来展望。

> 时代精神耀香江。璀璨的香江，也处处体现着建造的精彩。展览中展出的香港不同历史时期、不同文化风格的标志性建筑，记录着香港的发展成就，也体现着中央和内地对香港一以贯之的关心和支持。从供水工程到建造公屋，从抢建临时医院到建设文化新地标……一直以来，中央支持香港建设发展，内地与香港建设者同心协力，为香港的长期繁荣稳定贡献了源源不断的力量。①

中共中央始终大力支持和关心粤港澳大湾区的建设，为此不断注入精神和物质力量，从大湾区的公共基础设施到人文艺术发展都彰显了国家力量。

《人民日报》（海外版）刊发的文章，通过粤港澳三地区域的今昔对比，说明湾区建设的意义。

> 香港回归祖国以来，内地与香港联系日益紧密，大量人员跨过深圳河往来深港。经过多年的融合发展，粤港澳大湾区"一小时生活圈"正在逐渐形成……如今的深圳河河面，没有了往日的波澜，车水马龙的货柜车取代了往来穿梭的渔船……随着粤港澳大湾区和深圳先行示范区建设的纵深推进，深港迎来全新发展机遇……因一河地理分隔，又因河间曲流水乳交融。2017年，深港两地政府签署《关于港深推进落马洲河套地区共同发展的合作备忘录》，明确双方共同建设深港科技创新合作区，开启两地协同创新、协同发展的序幕。②

---

① 程龙.共同建设香港美好未来［N］.人民日报，2021-10-26.
② 周科，毛思倩.深圳河，"深"藏着两座城的交互融合［N］.人民日报海外版，2021-10-30.

粤港澳大湾区的建设不仅落实了惠民政策，而且从科技、文化等层面创新合作，实现了区域带动经济发展和知识生产的空间实践。

粤港澳大湾区凭借独特的文化底蕴，能够吸引更多英才共同打造湾区未来。随着粤港澳合作不断深化，多元文化的交流不断深入，在基础设施建设、生态文明建设、科技教育、休闲旅游、社会服务等领域综合发展效果显著。通过社会空间话语与民间社交话语的生产与传播，逐步打造多层次、全方位的合作共同体区域符号和空间实践。

粤港澳大湾区 11 座城文化相通、情感相融，媒体通过音乐、影片、晚会等形式营造了大湾区独特的文化氛围，表达了家国情怀，引起三地同胞共情。大湾区中秋电影音乐晚会融合了岭南文化和港澳文化，向大家展现了大湾区以及国家发展的日新月异，全球华人通过特有的晚会文化氛围感受到了家的温暖。"晚会呈现了粤港澳大湾区不可分割的地缘、文化血脉，文化同源、人缘相亲、民俗相近……粤港澳大湾区各城市基于各自优势取长补短，发展日新月异、朝气蓬勃。"[1]

针对粤港澳大湾区的报道结合了多个议题维度，以多元化、多方位地建构粤港澳大湾区的区域文化符号。在国内国外双循环相互促进的大背景下，聚焦文化与科技、旅游、经济等维度的产业高质量发展，顺应数字产业化发展趋势，打造新型文化消费模式、助力新型文化企业、建构新型文化生态。[2]

三、文化创新的新生命力

在当代视觉文化中，图像或影像形式对当代人的主体性、意识形态和认知方式产生了越来越深刻的影响。隐喻是人类重要的认知模式和思维行为方

---

[1] 刘阳，李刚，李龙伊."祖国始终是我们最坚强的后盾"[N].人民日报，2021-09-24.
[2] 郑娜.2021文化科技创新论坛举行[N].人民日报海外版，2021-11-15.

式①，语言隐喻概念旨在探讨语言与客观世界之间的关联。②

正如福柯所说"话语即权利"，掌握了国家形象的话语权就占据了国家形象权力斗争的制高点。国家形象宣传短片、报纸杂志中的插画和漫画、音乐、影片等艺术形式成为彰显国家形象的主要表现形式。新媒体时代，一国的形象除了受意识形态、文化影响，各国的不同信息传播能力和话语建构能力也成为重要的影响因素。国内学者在国家形象建构方面的研究，聚焦于在隐喻和转喻认知机制的基础上如何充分调动运用多种符号模态，实现中国国家形象的自塑③；中国的发展如何通过视觉和听觉等多模态展现，构建中国自信勇敢、底蕴深厚的中国形象等④。将符号拟人化，赋予符号生命力，加入文字表达符号内涵，进而深化意义。通过图片与文字结合的形式更直观地向用户展示深层次的寓意，使内容更加易懂生动。多模态隐喻呈现易于让具有不同文化背景和不同国家的用户接受，理解表达含义，利于我国与他国用户间交流。

China Daily 封面插画围绕中国发展道路改革和理念，聚焦热点时政、外交医疗等题材，运用多模态隐喻表现中国在政治经济、科技文化等方面取得的成就。插画中的符号具有浓厚的中国文化特色，民族服饰、地标建筑和传统节日等，以场景的形式通过隐喻的手法阐明主题、传达信息。通过写实的艺术手段彰显我国博大精深的文字与艺术文化，绿色生态发展的理念，以及与他国建立友好的合作关系战略等。

"中国搜索"平台是由人民日报社、新华社、中央电视台、光明日报社、经济日报社、中国日报社推出的产品。引擎依托先进的技术手段与创新的发展思路，积极构建面向多元受众的媒体公共服务平台。以"先内后外"的思

---

① LAKOFF G, JOHNSON M. Metaphors we live by [M]. Chicago, London: University of Chicago Press, 1980: 10.
② HALLIDAY M. Grammatical metaphor in English and Chinese [M]. London, New York: Continuum, 2005: 323-333.
③ 潘艳艳, 张辉. 多模态语篇的认知机制研究：以《中国国家形象片·角度篇》为例 [J]. 外语研究, 2013 (1): 10-19, 112.
④ 曾广, 梁晓波. 国家形象的多模态隐喻建构：以中国国家形象片《角度篇》为例 [J]. 外语教育研究, 2017, 5 (2): 1-8.

路顺应国家外宣格局，利用全媒体化、全场景化的媒介技术手段，建立对外传播全新格局。"中国搜索"根据不同国家和地区的受众特点，实施更具特色化的传播方案。其团队借助国外友人力量，通过举办小型"点映会"协助策划选题，从思维与情感方面调整内容；与海外博主合作，传播鲜活的"中国好故事"。探索"人格化外宣合作"传播策略，增强中国好故事亲和力，提升中华优秀传统文化渗透力，积极塑造和传播可信、可爱、可敬的中国形象。在中国共产党第二十次全国代表大会期间，"中国搜索"围绕大会制作了不同专题的短视频内容，如"外眼看中国""解读中国共产党"等。在内容深度与传播广度上满足了外宣媒体在"中共二十大"主题宣传报道的解读需求，宣介中国道路、中国理念和中国主张。

"中国好故事"数据库依托中国搜索引擎，建立以"讲好中国故事，传播好中国声音"为宗旨的外宣工作创新性、基础性平台。数据库借助多语种、多模态的呈现形式推进中国好故事的全球化表达、区域化表达、分众化表达，增强国际传播的亲和力和实效性。数据库不断完善内容的多语种合作，以文字、视频等媒介形式，为用户提供中文、英语、法语、阿拉伯语、意大利语服务，关注广泛的国际受众需求。借助"文以载道"的优秀中国故事，将智能传播与大数据技术融入内容生产全过程，立足用户导向角度，消除海内外用户间的文化隔阂。主创团队运用数据挖掘与知识图谱等相关技术，通过大数据技术手段，整合提炼海内外用户搜索量大、涉及核心主题的需求。

"中国好故事"系列短视频《中国社区工作者的一天》《中国脱贫故事》等，通过鲜活的人物与共通的情感，多元化表达了中国智慧，传达了中国经验。《一杯咖啡里的脱贫故事》《餐桌上的地标故事》等从数据处理、主题筛选、视觉呈现到传播推广，均通过人工智能技术，为海内外用户提供了智能化服务，最终助力中国好故事对外传播。其中，《一杯咖啡里的脱贫故事》国内外阅读量超4亿次，被中联部、外交部10余位发言人转发点赞。全球160余政党在其党网、终端发布转载，精准拓宽传播渠道。15秒精华版连续两天"霸屏"纽约时代广场，*China Daily*就此发表深度评论，被170多家海外知名媒体和网站转载，成为年度优秀外宣作品。

以符号媒介传播信息，通过多元符号建构意义，对自塑中国形象具有现实意义。在全球化视野选择适合的多元化语境，有助于通过视觉多模态隐喻彰显中华民族文化独特气韵。

粤港澳大湾区的建设在社会功能、空间建设和技术产业、经济文化创新等层面肩负巨大的责任和使命，如缩减区域间的差距，助力粤东西北的崛起，实现较为均衡的发展。粤港澳三地协同创新、协同发展，共建科技创新合作区，最终实现全面振兴、共同富裕的目标。

粤港澳大湾区作为全球独一无二的湾区，拥有两个特区、三种关税、三个自贸区，因此其在社会功能与空间建设方面也遵循"一个方针、两种制度"的战略部署。制度与文化的融合、科技与经济的发展是粤港澳大湾区协同发展的核心使命，三地合作与竞争的关系至关重要。广州身处"一带一路"沿线国家，协同港澳建设产业流。在资金、产业、技术、文化和人才五个维度供给保障，缩小中国与东盟国家的产业落差，增加出口市场的竞争性。努力实现《中国制造2025》中的规划，十年内由制造业大国迈向强国，跻身第二梯队高端制造国家。

当下是全球变革最激烈的时刻，也是我国第二个百年的开端，粤港澳大湾区不仅肩负着政治经济建设的使命，而且承担了改革开放前锋的责任。粤港澳三地走在政治、经济、产业、技术的最前端，意味着大湾区担着建设和发展的责任，勇做改革时代先锋。粤港澳三地中有繁华地区，也有稍显贫困地区，这成为大湾区协同发展的短板。2021年广东省地区生产总值为124369.67亿元，其中排名前三的分别是深圳市（30664.85亿元）、广州市（28231.97亿元）和佛山市（12156.54亿元），超出河源市（1273.99亿元）、潮州市（1244.85亿元）和云浮市（1138.97亿元）将近20倍之多。区域落差巨大，导致发展失衡，因此只有加大产业转移速度，帮助落后地区的经济发展，才能实现协同发展、共同富裕的目标。

粤港澳大湾区的另一宏伟目标是成为中国经济、科技、社会和文化创新中心。作为我国最发达和市场经济最完善的地区，大湾区应成为"四维创新者"。目前大湾区在拥有美的、比亚迪、万科等传统品牌的基础上，华为、平安、腾讯、网易、顺丰快递、喜茶、奈雪的茶等品牌在新兴科技、交通运输和文化产业方面不断崛起，实现了传统产业、新兴产业和高新产业三大领域的产业链不断融合发展。与此同时，粤港澳三地具有丰富的教育资源，是国内外一流大学的聚集地，借助深圳和香港创意城市在海内外的影响力，同时凭借三地青年的文化创新实践能力，粤港澳大湾区不再是文化的沙漠，它将逐步成为文化创新发源地和创新高地。

"十四五"时期，不论从近期抑或从长远考虑，中华优秀传统文化的对外传播的影响力关乎话语权，文化强国的第一步就是建构文化形象。

文化形象的建构离不开全球化的背景，在对内和对外传播的过程中，经历两个过程：自解与他读、自塑与他塑。学者对2008年至2020年的公开数据进行梳理和统计，发现在全球范围内影响力较大的九个国家形象或声誉排行榜中，中国文化形象处于缓步上升阶段，仍有较大提升空间。在国际主流社会认可的文化形象榜单的基础上，构建了一套完整的西方文化形象评价指标体系。其中5个一级指标分别是文化遗产、文化贸易、文化交流、文化氛围和流行文化。①

粤港澳大湾区拥有丰富的文化和旅游资源，是多人种、多语种、多民族的人文湾区，是独有的中西交汇、融合共存文化形象湾区。目前共有三处世界遗产，广东开平碉楼与村落、澳门历史城区和广东与其他省份联合申报的"中国丹霞"。广东开平碉楼与村落和澳门历史城区都较完整地保存了中国境内现存最古老、规模最大的中西特色建筑；"中国丹霞"2010年入选世界自然遗产，丹霞山讲述了其地貌不同的演化阶段，向我们展现了一个较完整的自然故事。

粤港澳大湾区的技艺、工艺品和表演得到了较好的传承与发展。民间音乐、民间舞蹈、民间美术、传统戏剧、传统音乐、传统体育、传统医药、曲艺、民俗、传统手工技艺等粤港澳大湾区非物质文化遗产，通过举办活动等

---

① 王敏，李雨. 中国对外文化形象："西圈"指标、"出圈"壁垒与"破圈"机制[J]. 新闻与传播评论，2022，75（2）：114-128.

形式不断深入百姓生活。向年轻一辈介绍非物质文化遗产，可以培养其兴趣爱好，使非物质文化遗产不断传承与创新，注入鲜活的生命力。

南派武术是粤港澳大湾区民众同根同源之技，传承和发展好南派武术，有助于推动湾区民众交流交心。同时，南派武术具有强烈的民俗性、民间性和民族性，粤港澳山水相连、文化相系、唇齿相依，这是粤港澳大湾区体育实现"三化"的基本保障，即国策体育大众化、群众体育生活化、青少年体育制度化。

我国是茶叶的发源地，传统工夫茶在我国有悠远的历史，粤港澳地区是重要的茶叶产地。茶叶种植的历史，广东可追溯至秦朝，香港产茶可追溯到两宋时期。通过举办国际茶叶博览会、春秋两季"粤茶杯"和茶叶展销会、广东省茶叶学会庆典活动，主动走出去、引进来，将茶叶引向国内外的宽阔市场。活动中海内外专家能够对茶产业发展趋势与规划、茶企业经营与管理、茶叶生态防控技术及加工技术等建言献策。同时，粤港澳大湾区注重茶旅结合，通过旅游的形式带动传统茶叶的发展，大力延伸以"茶"为核心的产业链条，精心打造出集生态旅游、乡村旅游、文化旅游为一体的茶旅融合基地，走出了一条"以茶带旅、以旅兴茶、茶旅富民"的可持续发展之路。[①]

新式茶饮在传统现制茶的基础上对产品进行了改良和创新，国家系列相关政策普遍利好新式茶饮行业。基于源远流长的传统茶文化和庞大的年轻化消费群体，新式茶将成为中国传统茶文化的传承者。根据艾瑞机构发布的《2021年新式茶饮白皮书》报告，2020年中国新式茶饮行业市场规模为772.9亿元人民币，呈快速增长趋势，南方市场的品牌及门店数量占据国内主要市场。

近年来，国家出台的一系列相关政策，为新式茶饮的发展奠定了良好的商业环境，促进了品类和产品创新、经营业态多元化拓展和品牌价值提

---

① 打造粤港澳大湾区"茶罐子"：新丰县多措并举做强做优茶产业侧记［N］.韶关日报，2020-06-04.

升。喜茶、奈雪的茶等粤港澳大湾区本土品牌，自面世以来一直受到消费者群体的追捧和喜爱。2020年，喜茶、奈雪的茶估值突破100亿，会员数量超过3000万，门店从粤港澳地区辐射全国甚至海外。新式茶饮在传统茶的基础上进行组合与创新，赋予传统茶饮新的内涵；从原料选择、研发制作和门店运营等方面不断进行升级和创新，打造独具匠心的品牌文化，创造品牌价值。

粤港澳大湾区作为具有独特制度、独特经济、独特文化的湾区，呈现出产业链条、传播场域、文化实践多维协同、多元化发展的态势。在我国新的百年征程开端，粤港澳大湾区肩负改革开路先锋者的重任，即缩短区域发展短板，辐射带动全国经济建设和发展，最终实现共同富裕。传承传统文化的基础上，粤港澳大湾区要根据时代和人民的需求不断丰富传统文化和实践创新文化；时刻牢记和落实习近平总书记提出的"讲好中国故事，传播好中国声音"的对外传播新方式、新策略，提高我国对外传播能力，提高文化软实力，建立文化自信。

"数字化"的时代语义与文化思辨[*]

在"数字社会"的功能性想象中,克里斯·斯金纳以一种散漫而乐观的笔法勾勒着"数字化"社会转型与主体实践的未来:"数字化正带来一场天翻地覆的变革。世界上的每个人都会被纳入这个网络,每个人都将与其他人进行实时交谈、贸易和交易。与仅有一部分人能够获得财富和贸易权的工业革命不同,这场数字革命将给每个人一个机会。"回溯"数字化"概念出现以来在国际互联网的技术链接与日常应用中所出现的权力冲突、知识对抗与话语争夺,我们仍会感慨克里斯·斯金纳于新千年所书写下的这一段关于数字化的浪漫手记,是何等孤芳自赏。但克里斯·斯金纳亦以一种技术历史主义的心情,试图向大众通俗地解释在"数字化"发声的过往七十年中究竟发生了什么?

一、技术词源与社会想象

1984 年,在北美大陆的东岸坎布里奇的校园里,尼葛洛庞帝以数字化生存来畅想未来:"下一个 1000 年的初期,你的左右袖扣或耳环将能通过低轨卫星(low orbiting satellite)互相通信,并比你现在的个人电脑拥有更强的计算能力。你的电话将不会再不分青红皂白地胡乱响铃,它会像一位训练有素的英国管家,接收、分拣,甚至回答打来的电话。大众传媒将被重新定义为

---

* 本文部分段落原载于《中国广播电视学刊》2010 年第 7 期,收入本书时有改动。

发送和接收个人化信息和娱乐的系统。学校将会改头换面，变得更像博物馆和游乐场，孩子们在其中集思广益并与世界各地的同龄人相互交流。地球这个数字化的行星在人们的感觉中，会变得仿佛只有针尖般大小。"此时，曼纽尔·卡斯特在欧洲的南方以"网络社会的崛起"来描摹计算机网络与数字终端重塑下的数字社会图景：

> "新科技转化了媒体世界。报纸在相距遥远的地方撰稿、编辑与印刷，容许同一份报纸在几个主要地区同时发行不同版本；随身听让个人选择的音乐成为可以携带的听觉环境，让人——尤其是青少年——得以建立一道音墙，阻绝外在世界……数字'区隔社会'由此而生，在曼纽尔·卡斯特的预想中，它更会渐渐生成一个'单向沟通的世界，而非互动的世界。'"①

数字化，由"数字的"（digital）经过简单构词之后组成。"数字化"既可以用 digitizing 和 digitalizing 来表示，以呈现一种数字转化的过程；也可以用 digitization 和 digitalization 来形容转化之间及之后的表现状态。但自从计算机科学进入社会科学领域，"数字化"就被无穷尽放大和延展，成为一种通达简单的技术哲学性语汇，被用以理解"数字人类"的形态跃升与技术阶层差异生成的根源，"数字社会"的另类空间与异质活动存在的元技术语境，"数字化生存"的日常动力与"数字满足感"的精神实践，以及种种"数字乌托邦"迷云下的自主性恐慌与迷失。该语汇与媒介场域邂逅相融之后，更催化了"新媒体""数字媒体""网络媒体"与"互联网媒体"等概念的形塑与流动。

千年之交，诸多新闻传播学界开始将数字化、网络化的媒介模式及其信息生产理论引入课堂，美国哥伦比亚新闻学院教授、新媒体中心主任约翰·帕夫利克如是定义："把模拟信息转换成计算机能读取的由 0 和 1 组成的

---

① 卡斯特.网络社会的崛起［M］.夏铸九，等译.北京：社会科学文献出版社，2006：418.

信息。在数字格式中,音频、视频和文本信息能混合在一起并融为一体。"① 约翰·帕夫利克的解释,把数字化的技术性定义与视听觉相关的传播文本的呈现方式连接到了一起。从媒介研究及传播学的视角看来,数字化的核心,事实上就在于传播过程中的信息流,如字符、数字;或文字、声音、图形、图像等,可以通过0和1这两个数字符码进行二进制编码,在此基础上,原始信息被重组、加工、存储及再度传播。只有当数字化的信息采集、整合、储存和输出接收中的编码和解码环境均建立在规范统一的技术条件下,数字化的传播效果才能最终得以体现。麻省理工学院媒体实验室的教授斯图尔特·布兰德更是直白:"伴随着数字化的发展,所有的媒体都可以通过数字字节互相转化,这使得它们摆脱了与生俱来的传统传播模式的桎梏。"

  "数字化"似乎仅仅描述了科技文化发展中的一个小场景:即数字技术对信息的转化与呈现;文化学者每每在其复杂的技术性描述前却步,尤其是在对特定学科和特定产业的数字转型的趋势性介绍中,有时难以摆脱以"数字化解释数字化"的窠臼。例如,研究从数字广播电视网络重塑的视角,"数字化"主要是指广播电影电视从节目采编、制作、存储、播出到节目传输、发射、接收等各个环节都在向数字化方向发展。在广播电视工程学的一般性定义中,广播电视的"数字化",极为简单并极为清晰地指涉向模拟视、音频信号比特流数字流化的处理系统与生成序列。这些定义强调了"数字化"与传播产业变迁之间的关系,但并未将其语义的内涵,即广播电视采编及传播技术由模拟转向"数字化"进步——与这一概念的外延——计算机科学的全球性变革联系在一起的。在其他的专业中,如博物馆学将数字博物馆描述为在线的、虚拟的、元宇宙模态,博物信息被电磁介质化按二进制编码方法加以储存和处理,把原先用纸张或化学感光材料存储的实物藏品信息转变为用计算机存储、处理及呈现。此处所谈及的储存处理,也是"数字化"的技术力量中对人类未来文明的发展与进化影响最深广的地方。

---

① 帕夫利克.新媒体技术:文化与商业前景[M].周勇,译.北京:清华大学出版社,2005:127.

二、浮现的数字新媒体概念

计算机科学的飞速发展和全球化深入,加上自然科学和人文科学等诸多专业的广泛应用,使得"数字化"从一个单向度的计算机科学的词汇转变为具有丰富内涵和外延的"跨学科"词汇,并逐渐进入艺术学、传播学、社会学、政治学以及人类学的研究视野。近年来,它更是在中国广播电视学的研究中,占据了非常重要的领域。从广播电影电视技术的数字化的发展到数字浪潮中广电系统的产业变革,中国学者均有涉及。

在数字新社会旧貌换新颜的乐观想象中隐有忧思,有学者在数字化文化创新的理想构想中,对其强硬扩张的媒介经济"暴力"提出了深刻的反思。其中,最为核心的话题,是在"新媒体"与"传统媒体"爱恨交织的对话中出现的,与"模拟媒体"的概念对立的"数字媒体"这一专业术语。特别是当"新媒体"这一词汇由于过于空泛的前缀词而导致表述模糊、辩驳无力之时,学者多以"数字媒体"或"数字新媒体"替代。

"数字媒体"作为专业术语,是脱胎于数字化技术转型与媒介研究共享的知识领域,不仅受到了技术应用型研究者的关注,更具有海阔天空的产业文化创新的市场。英国伯恩茅斯大学数字媒体专业名誉教授约翰·文思和布拉德福德大学信息学院教授瑞·爱尔肖将"数字化"表述为"新媒体"的基石,并认为"数字媒体"是更为科学和规范的表达。

"数字媒体"的研究和论著大多由媒介产业形态的分类开始,这一概念在众多论著中,都更为明确地强调了数字化转型推动的传统媒体变革和新型媒体形态的出现,也具有相对清晰的产业分类。例如,美国宾夕法尼亚州大学传播学教授保罗·麦萨雷斯和康奈尔大学李·堪福雷的"数字媒体"研究目录,非常局限地包含电脑游戏、数字图像、电子书、电脑和数字音乐;但他们也谨慎地言及,其他"数字新媒体"亦为人类传播行为的变革贡献出强大的文化力量。①

对"数字媒体"的产业描述多是本土导向的,充满着地缘政治经济学的学理色彩。闵大洪在 2001 年第 12 期《Internet 信息世界》中,以"中国社会变革与新媒体使用"为题,指出了"新媒体"与"数字新媒体"表述之间的微妙关系,并将"数字新媒体"的本土产业发展与中国改革开放的大环境联系在一起。"数字媒体"或"数字新媒体"在中国传媒语境中的产业定义必将是本土的②。例如,早期的"数字新媒体发展报告"以工具模块化的方式将"新媒体的主要业务类型分为 IPTV(网络电视)、地面移动电视和手机电视"③,对网络媒体、数字出版、数字音乐等国外学者极度热衷的内容不置一喙。有学者从广电媒体的转型视角将"数字电视、直播卫星、移动电视、移动多媒体广播(CMMB)、IPTV 和 DAB/DMB 数字广播"命名为广电数字新媒体。④数字新媒体研究渐进发展,在 21 世纪的第二个十年中,数字新媒体的概念逐渐成形:"新媒体主要指基于数字技术、网络技术及其他现代信息技术或通信技术的,具有互动性、融合性的媒介形态和平台。在现阶段,新媒体主要包括网络媒体、手机媒体及其两者融合形成的移动互联网,以及其他具有互动性的数字媒体形式。"⑤

在更为宽广的数字人文视域中,数字科学与传播技术及其与人文艺术、社会科学与教育产业的创造性融合生态,被纳入数字媒体的文化版图,语义的扩容与外延的流动,相对映衬了国际新媒体研究及学研层面对"数字化"媒介研究的学理转向,并迅速在大学课程设计与专业建设上形成一种全球性的趋势,"互动多媒体、视听新媒体、数字摄影等实践实务型的专业方向逐渐形成"。

---

① MESSARIS P, HUMPHREYS P. Digital media: the transformations in human communication [M]. New York: Peter Land, 2006.
② 闵大洪. 中国社会变革与新媒体使用 [J]. Internet 信息世界, 2001 (12): 78-82.
③ 虢亚冰. 中国数字新媒体发展报告 [M]. 北京: 中国传媒大学出版社, 2006.
④ 黄升民, 周艳, 王薇. 发展·冲突·创新(上): 解析中国广电数字新媒体的发展演变 [J]. 现代传播, 2008.
⑤ 彭兰. "新媒体"概念界定的三条线索 [J]. 新闻与传播研究, 2016, 23 (3): 120-125.

三、文化想象及其未来

麦克卢汉以内爆来形容技术革命的此刻：媒介混沌态与文化经验的迷惘，而这一文化想象每每被文化学者所借用以描绘"数字化"之后的社会知识结构形态："凭借分解切割的、机械的技术，西方世界取得了三千年的爆炸性增长。现在它正在经历内爆。在机械时代，我们完成了身体在空间范围内的延伸，以至于能拥抱全球。就我们这个行星而言，时间差异和空间差异已不复存在。我们正在迅速逼近人类延伸的最后一个阶段——从技术上模拟意识的阶段。在这个阶段，创造性的认识过程将会在群体中和在总体上得到延伸，并进入人类社会的一切领域，正像我们的感觉器官和神经系统凭借各种媒介而得以延伸一样。"

"人类延伸的最后一个阶段"在麦克卢汉诗意的描绘中，充满了未来主义式的狂热想象。1964年，麦克卢汉的技术想象仍在冷战的阴影中徜徉，但世界已经迎来计算机发展的第二个辉煌的时代，或者说，数字计算技术的新纪元。1964年4月7日星期二，IBM（国际商业机器公司）当时的首席执行官汤姆仕·沃特森发布了S/360产品系列，这是第一种具有"兼容性"的计算机系列产品（IBM由于S/360的成功，进一步巩固了自己在业界的地位，"蓝色巨人"IBM之后几乎成为计算机的代名词）。但在此前，1964年1月，美国海军研制的"子午仪"导航卫星开始应用，是今日全球定位系统的鼻祖；IBMS/360推向市场一周以后，4月12日，苏联宇航员尤里·加加林乘坐宇宙飞船升空，成为全球进入太空第一人；7月，伊利诺伊大学的两位教授多纳达·比特兹尔和葛内·斯洛特沃开发了交流电等离子显示屏面板，10月16日，中国在西部地区成功地爆炸了第一颗原子弹。第三次科技浪潮以计算机科学为标志推动了影响整个人类未来的数字化转型与媒介文化的重塑。

麦克卢汉的内爆理论虽然并未确切预言"数字化"的辉煌战绩，但他在科技生产力批判立场上，对文明进步所产生的技术狂想进行了哲学反观。借由机械文明所赋予的"身体的延伸"被电气文明所张扬的"意识的延伸"代替,而"意识的延伸"在数字化之后产生了更为不可控的文化撞击,导致客观世界、人类社会和文化主体三者之间的关系出现了根本性的变化,三者的文化延续和传承语言被数字技术单纯地同质化和近似化。因为其同质翻译与输出的本性,"数字"最终成为各类媒介文本的时髦前缀,被通用于描述各种文化产业与时俱进的技术更新与产业变革。

正如英国兰卡斯特大学媒体、电影与文化学系的系主任查理·戈瑞教授在《数字文化:理解新媒体》一书的开篇部分,援引现代计算数学的创始人阿兰·图灵于20世纪40年代的著名论述"机器能思考吗?"以引发对今日所谓的"数字文化"及新媒体的文化反思。(图灵以破译密码而名闻天下,更在人工智能和计算机等领域作出了重要贡献,他所研制的"曼彻斯特马克一号"至今仍然被认为是对人类作出伟大贡献的著名现代计算机之一,而使图灵闻名于今日的计算机科学、通俗科学乃至数字新媒体知识领域的是他著名的一个问题:"机器能思考吗?"机器能否思考,在图灵的眼里,是两个层次的问题:首先,电脑是否有智能?其次,如果电脑拥有智能,能否与人类匹敌?)

图灵的这一问题,非常大众化地为之后的众多科幻小说及影视作品勾勒出了一幅美妙的幻想场景。其间,人类自身与人工智能正在进行生死角逐,数字化的文化呈现方式正在述说一个变迁的世界,当世界上所有的信息、资讯、传播方式、媒体界面都被数字化之后,是否我们人类自身,也会被数字化、格式化?

美国南加州大学詹姆斯·伯尼格尝试解读数字革命和信息社会控制动力机制,在其《控制革命——信息社会的技术与经济起源》一书中,他描写道:"大众传播和远程通信内容的日渐数字化模糊了信息的传播和信息的处理之间在早些时候存在的差别,在人和机器之间同样如此。数字化使得从人到机器的信息传递、机器之间的信息传递,甚至从机器到人的信息传递比之人与人之间的信息传递还要容易。同时,各种信息类型之间的差异越来越模糊,字母、单词、图片、声音,甚至味道、气味,或许还有感觉,某一天都能够以同样的数字格式被储存、处理和传播。"① 控制论永远是数字化的未来话语,呈现出一种深刻和警惕的社会学与文化学的反思,当身为社会主体的你与我享受"数字化"带来的便利时,也要认真反思一下,在其华丽枯燥的 0 和 1 的数字矩阵之后所孕育的文化建构能力及其隐藏的摧毁性力量。

从图灵那最初引动"新媒体文化"反思的瞬间直至现在,"数字化"的语义内涵与文化外延在不断地变化。但其意义的核心却一直未变,它是基于科技决定论之下、科技文化霸权与政治经济相互妥协、推进与交融之后产生的一个新媒体关键词。这一关键词不仅界定了"新媒体"之为"新"的本质特征,催生了"数字音乐"的亚文化狂潮、"数字艺术"的先锋实验,引申出"数字出版""数字新闻""数字电视"等充满了政治经济学意味的扩张,也警醒我们要谦逊地观察和反思身处于"数字鸿沟"之中的"数字新人类"的网络化生存等问题,它制造出种种充满了"数字"潜台词的文化新词与媒介形态,如"赛博空间""媒介融合""网络社会"等;在媒介批判的悲观主义和欣欣向荣的全球性媒介产业膨胀的观照下,这一关键词正不断呈现出一种诡谲的、生机勃勃的话语力量。

这一话语力量和其知识架构模式从根本上改变了人类社会信息传播的表达方式和呈现状态,并且象征性地塑造了"二元对立"的数字文化规律。在数字化的过程中,文化信息经由各种中间程序和设备,被最终拆分为数字储存模式和数字模拟呈现模式,这两种模式作用于迥然不同的知识领域。前者是数字化的、属于计算机科学的范畴,是一种科学文本;后者却应归属于视觉传播的大众解读的层面领域,直接作用于大众的视听感知。它虽然仅仅意味着以数字(1 和 0 组成的比特流)记录、转制、还原或表现人类文化客体的各种形态,但严格地说,正如麦奎尔指出的:数字化进程对人类的传播行为和文化哲学具有深刻的意义,它向未来提供了一种理想化的可能,即允许所有格式的各种信息和资源都可以在其技术规范中,以相同的效率和语言被再度生成和融合。这种再度生成和融合的技术张力,使得

---

① BENIGER J R .The control revolution [M]. Cambridge: Harvard University Press,1989.

大众传播学领域中的"数字化"进程，已然超脱了古登堡时代的印刷术和蒸汽时代的摄影术对文字和影像文化的本真复原，也迥异于后工业时代电磁技术承载和传播信息时的单纯模拟，德国哲学家瓦尔特·本雅明所诟病的机械复制所带来的文化后遗症被无限扩大，以更为清晰、更为拟真的强势和一往无前的暴力姿态，解构了现实社会的信息原本，再以数字碎片的方式将其书写在电脑芯片、数字光碟和各种类型的数字储存器中，重新拼贴重构了一个不稳定的、具有失真的危险和易于简单复制的传播语境。后现代社会信息内爆的忧虑和反思正是由此语境而生发的，并得力于浪漫化诠释下、技术乐观主义为其摇旗呐喊的全球"信息高速公路"的建设而从此造福人类社会、改写文化、重构文明。

2022年，我国《关于推进实施国家文化数字化战略的意见》正式发布。意见不仅明确指出到"十四五"时期末，我国应基本建成文化数字化基础设施和服务平台，形成线上线下融合互动、立体覆盖的文化服务供给体系，更清晰勾勒了2035年数字中国的图景：届时，我国将建成物理分布、逻辑关联、快速链接、高效搜索、全面共享、重点集成的国家文化大数据体系，中华文化全景呈现，中华文化数字化成果全民共享。在其宏阔图景下，八项文化数字化工程指标与任务也被具体呈现：一是统筹利用文化领域已建或在建数字化工程和数据库所形成的成果，关联形成中华文化数据库；二是夯实文化数字化基础设施，依托现有有线电视网络设施、广电5G网络和互联互通平台，形成国家文化专网；三是鼓励多元主体依托国家文化专网，共同搭建文化数据服务平台；四是鼓励和支持各类文化机构接入国家文化专网，利用文化数据服务平台，探索数字化转型升级的有效途径；五是发展数字化文化消费新场景，大力发展线上线下一体化、在线在场相结合的数字化文化新体验；六是统筹推进国家文化大数据体系、全国智慧图书馆体系和公共文化云建设，增强公共文化数字内容的供给能力，提升公共文化服务数字化水平；七是加快文化产业数字化布局，在文化数据采集、加工、交易、分发、呈现等领域，培育一批新型文化企业，引领文化产业数字化建设方向；八是构建文化数字化治理体系，完善文化市场综合执法体制，强化文化数据要素市场交易监管。①

在全面数字化社会转型与文化重塑的历史征途中，中国已然跻身世界前列。数字技术在现代社会生活中的扩散是一场旷日持久的文化重塑与泛媒介化行动。在过去数十年中，全球化不可遏制的膨胀和自由资本市场的强行扩张，信息与传播技术的跨国溢散，以及愈加体制化的科技生产力已经为人类未来的文明发展重塑了一个崭新的、迥然不同于以往的发展轨道，而数字技术则是这一切变化或重塑过程中最为重要的结构性组成，正是它，形塑了当今及未来日新月异、飞速前进的文化列车。

---

① 中共中央办公厅，国务院办公厅.关于推进实施国家文化数字化战略的意见［EB/OL］.（2022-05-22）［2023-12-12］.https://www.gov.cn/zhengce/2022-05/22/content_5691759.htm.

智媒时代的数据迷惘与新闻寻路*

21世纪以来,全球化的日益加深,国际多极化格局的演变,城市化的过度膨胀、自然生态环境的不断恶化,全球范围的高风险社会的逐渐形成,使得重大突发事件频发。本文对重大突发事件的界定,依照我国《突发事件应对法》,将突发事件界定为重大的"突然发生,造成或者可能造成严重社会危害,需要采取应急处置措施予以应对的自然灾害、事故灾难、公共卫生事件和社会安全事件"[①]。随着互联网普及和移动传播的更新迭代,重大突发事件的数据跟踪与数据更新,使得重大突发事件的相关数据成为智媒时代新闻报道中重要的真实性、现场性与结构性的信息元素。曾经"宏大""深度""追溯性"的数据新闻报道应时而变,在实时大数据支持与视觉数据建模的常态化运用的推动下,近年来突发新闻报道的数据可视化速度也在不断加快。在事故灾难(2019年巴黎圣母院火灾事故)、自然灾害(2020年中国南方洪涝灾害)、公共卫生事件、社会安全事件(2020年全球黑人人权运动)等重大突发事件报道中,实时大数据的记录、分析、比较与即时更新和可视化呈现不仅为数据新闻在重大突发事件报道中的应用打下了坚实的基础,更为应急管理、信息服务提供了智媒环境下的应用型借鉴。在中国与世界其他国家主流新闻媒体的一线实践中,重大突发新闻报道与数据应用及可视化实践紧密结合,展现出高效、精确的科学新闻与健康新闻的新闻实务追求,也对重大突发事

---

* 本文原载于《中国编辑》2020年第12期,与程素琴合作,收入本书时有改动。
① 资料来源:《中华人民共和国突发事件应对法》第一章第三条,2007年。

件的数据新闻报道的未来发展提供了借鉴。本文尝试从智媒传播的技术与时代背景出发，解读在技术赋能与新闻创新的动力下，重大突发事件中数据报道的迷惘、探索与寻路。

一、数据新闻的技术迷惘与反思

基于开放数据挖掘、整合与视觉重组而出现的数据新闻报道，自2009年以来已成为世界诸多新闻媒体机构探索计算机辅助报道和融合新闻报道的主要模式。在过去的10年中，随着大数据的深度挖掘与可视化设计在新传播行业中的运用，云计算和智能技术推动着数字新闻生产的算法转向，全球数据新闻的技术实践与形式创新不断延展。数据新闻从早期的数据图表整合到复杂数据的程序化呈现，从数据可视化动图到数据驱动的AI报道，深刻影响了全球新闻报道的信息呈现与叙事模式，也悄然改变了新闻行业的工作模式，拓展着跨学科新闻理念，并重塑了智媒化新闻报道的实践空间。

时至今日，数据新闻的表现愈加丰富，形态更为多元，曾经在调查性新闻领域大放异彩的数据新闻，也逐渐进入重大突发新闻事件的直播报道与深度调查。对重大突发事件的新闻大数据的充分调动、叙事化重构、结构化分析与科学预测，成为精准新闻学和建设新闻学的实务研究中的前沿领域。

数据新闻自诞生以来就挣扎于技术决定论和文化决定论的对立中。数据新闻依附新兴的信息与传播技术而生，自其诞生，就带有先天的技术精英主义的色彩。葡萄牙电台（Rádio Renascença）记者瑞巴洛斯以自嘲的口吻将数据新闻记者描述为"新闻黑客""新闻码农"[1]，呼应2018年国际数据新闻学会颁奖典礼上学会主席致辞，以编码来写新闻，行为如黑客，是新闻行业的独角兽[2]，鲜活地描绘了数据新闻内容生产过程中的新媒体技术导向而引发的误

---

[1] RUI B. Hack the newsroom: five lessons from doing data journalism in Portugal [EB/OL].(2019-08-07)[2020-03-01]. https://en.ejo.ch/specialist-journalism/hack-the-newsroom-five-lessons-from-doing-data-journalism-in-portugal.

[2] HERMIDA A, YOUNG M L. Finding the data unicorn [J]. Digital journalism, 2017(2).

解。数据新闻最早于财经类报道中崭露头角，所假设的目标受众是财经数据的用户；其后推动了"数据驱动调查报道"模式的出现，所预设的新闻受众是新闻深度阅读模式的拥趸，报道的跨学科性、跨专业性的特征①使其在新闻实务中倍显复杂与精致。报道对数据科学、视觉传播、交互设计等复合能力的要求，意味着技术的可操作性决定数据新闻是否可行，技术优先是基础。此外，数据新闻对新闻报道的传播界面和接收模式提出了新的要求，大数据的可视化重组与数据关系的复杂阐释，意味着数据新闻内容必须借助智媒化的新闻采集与推送平台才能得以理想呈现，技术的可及性决定数据新闻是否得以传播。即使是最简单的可视化信息图，非数字化的传统媒体试图在一版报纸、一页杂志内页或一屏电视画面上予以呈现，也会以牺牲信息延伸和阅读互动为代价。本文所关注的数据新闻的技术迷惘也由此而生，指涉的是大数据应用在数据新闻报道中所彰显的技术与文化错位现象。这一现象在数据新闻发展的历程中逐渐被新闻工作者和研究者所关注，并被认为是制约数据新闻向纵深发展的技术文化学瓶颈。

其一，数据采集与数据挖掘的能力与新闻化实现之间的矛盾。数据新闻仍然受到"数据源开放程度"②"结构化和非结构化数据价值利用率低"③的多重制约，"忽视数据质量，对数据不加批判；忽视数据原初语境，再语境化扭曲数据本意；忽视分析方法适切性，结论得出不可靠；忽视逻辑关系，相关关系误作因果关系"④，形成了数据新闻的普遍误区。

其二，数据叙事的技术性表达与新闻性追求之间的平衡。是以技术推动新闻叙事的颠覆性重构，还是以新闻受众的信息诉求规约数字炫技？这是一个选择困境，但也是数据新闻自选题策划到数据采集与分析、从内容呈现到传播平台选择这一系列工作中必须面对的问题。事实上，数据使用与新闻本位的本末倒置是国际上数据新闻报道的另一个常见问题。一方面，格雷

---

① BROUSSARD M. Big data in practice［J］. Digital journalism，2016（2）.
② 何习文. 大数据时代数据新闻的发展现状与局限探析［J］. 新闻前哨，2019（8）.
③ 徐星星. 技术赋能下数据新闻的新发展与困境探析［J］. 中国编辑，2020（1）.
④ 张超. 数据分析在数据新闻生产中的应用、误区与提升路径［J］. 编辑之友，2019（6）.

格·萨特尔呼吁重新审视数据新闻,并以"数据与新闻分崩离析"来批判新闻创新的技术迷惘。① 本卡瑟曼认为,"数据不是新闻,人才是故事的主体"②,以告诫数据新闻报道中的炫技危险。另一方面,当新闻传播行业被汹涌而来的"浅阅读"新闻理念倾轧的时候,数据新闻该何去何从,是满足数据叙事的令人眼花缭乱的复杂表现还是满足"懒人听书式"的浅阅读可视化表现。

此外,有研究指出,数据素养欠缺,"数据意识与专业知识"不足③,数据新闻人才培养仍处于起步阶段,传统媒体与地方融媒体数据能力困境、数据新闻产品形态单一、模式简单,很难形成规模生产线等问题,严重制约着我国数据新闻的健康发展。

二、重大突发新闻事件报道中的数据加权

重大突发事件的数据新闻报道,得益于计算科学的跨界辅助,更嫁接了融合新闻的跨媒体叙事与跨屏传播理念,从而呈现出科学性、前沿性、设计性和艺术性等多元新闻美学。但重大突发事件的数据新闻报道,如何超越简单的灾难数据展示和变化曲线告知,而以数据重构作为新闻叙事的结构性中心,从而展示出丰富、流动、深刻的政府应对与政策推动、减灾物资的宏观调控、灾难应急的社会互动模式、智媒信息流动与文化应激情境等多方面资讯,却一直是新闻实践的难题,成为当下智媒传播环境中新闻实务与研究亟须解决的问题。

一方面,重大突发事件的信息公开、国家应对与新闻报道亟须数据新闻加权,以数据直击事实,有效应对危机传播中因信息更新的时间差、错误信息(misinformation)的病毒式传播而导致的"敌意媒体效应"与负面舆情的

---

① 资料来源:SATELL G, *This is why data journalism is failing*,福布斯网页版,2014 年 6 月 1 日。
② CASSELMAN B. In data journalism, tech matters less than the people[EB/OL].(2019-11-13)[2020-03-01]. https://www.editorandpublisher.com/stories/in-data-journalism-tech-matters-less-than-the-people.
③ 刘向宇.当前数据新闻传播存在的问题、原因及对策[J].科技传播,2019(8).

滋生。与此同时，移动传播和信息科技所催生的"全员""全时"媒体现象，必然会催生重大突发事件中非官方、科研型、草根化的数据（甚至伪数据的出现）新闻生产的萌芽；在全媒传播环境中，新闻媒体的传统概念和行业区分的消弭，带动了数据新闻的 UGC 与 PGC 现象的悄然出现。来自 UGC 的这部分"非新闻化"但却是"准专业性"的数据新闻生产，在数据处理模型、智能辅助运算和数据可视化软件的帮助下，形成了丰富多样的内容生态和数据科学应用场景。

2019—2020 年澳大利亚森林大火期间，西澳大利亚土地信息局（Western Australian Land Information Authority）开发的 MyFireWatch（myfirewatch.landgate.wa.gov.au）上线，以实时数据可视化的模式展现全澳的森林大火的蔓延状态。2020 年，中国洪涝灾害数据专题服务网站（www.chinageoss.cn/cddr）上线，为人们提供洪涝灾害相关的基础地理数据和卫星遥感数据，为地方政府、减灾机构和科研院所提供科学数据支撑和信息保障。

另一方面，虽然数据新闻逐渐进入重大突发事件报道，但也面对重重困难。例如，在重大突发事件中，记者和新闻主播很难第一时间捕捉到最精确的数据并对此进行分析与诠释，尤其是当数据新闻所依赖的开放数据库的充分调用、庞杂纷乱的大数据挖掘、历时性跨区域的深度调查，在重大突发事件中难以在短时间内实现。即使在完成前期数据采集与管理之后，数据分析师、工程师和设计师也需要较长的时间来对庞大的数据集进行再次分解和重组。历时 3～18 个月完成一部优秀的数据新闻作品已然成为业界常态。

重大突发事件的数据新闻报道，在"摆数据，讲事实"的基本诉求实现之后，还受数据开放程度、数据更新速度和数据分析能力与数据可视化重组效果等多重因素制约，更受到智媒内容生产与传播生态的复杂影响——包括主流媒体与新媒体行业的数据人才的迅速调动、数据设计与跨媒体平台推送的兼容性协调、数据新闻发布与国家应急管理工作的配合和联动。它与常态情境下的社会、民生、财经、体育类数据新闻生产理念与逻辑是截然不同的，迥异于日常性的数据选题策划、数据清洗工作完成之后，所设计出的数据新闻作品；而是要根据重大突发事件中新闻报道的工作准则，结合危机传播和国际与社会应急管理的阶段性诉求，予以综合呈现；在增加信息透明度与新闻客观性的同时，数据新闻可以通过丰富多样的数据呈现方式与新闻叙事技巧，调动新闻受众理性参与、积极跟进重大突发事件的相关数据更新与解读。

数据加权重大突发事件报道，使之从"现场报道"的旁观性在场与观察性诠释，跃升为更宏观和科学的"突发事件图谱"的数据化展示，实现了从"新闻传播到知识传播"的转变、从"新闻产品向互联网产品"的升级、从"报道事实向未来预测"的发展，①并使新闻报道中的数据认知与获得成为新闻用户"获得新知、创造新价值的源泉"。②

三、数据叙事的创新理念与专业寻路

鲜有数据新闻在突发新闻和新闻直播中出现。数据采集和处理的复杂性及重大突发事件的时效性、变化性和未知性更使其报道对大数据的运用充满不可控性。国际数据新闻奖在 2012 年由全球编辑网络设立，每年都能吸引来自全世界 50 多个国家和地区的数据新闻记者积极参赛，但直至 2015 年，数据新闻突发报道奖才被设立，以表彰与鼓励数据新闻对突发事件数据的运用。例如，2019 年的入围作品，路透社的《印度尼西亚坠机事件》（*Indonesia Plane Crash*）③ 与 Vox 的《一表记录福特和卡瓦诺回避问题的时刻》（*Every Time Ford and Kavanaugh Dodged a Question, in a Chart*）④ 以及 2018 年获奖作

---

① 徐星星.技术赋能下数据新闻的新发展与困境探析［J］.中国编辑.2020（1）:36-41.
② 张军辉.从"数字化"到"数据化"：数据新闻叙事模式解构与重构［J］.中国出版，2016（8）:39-43.
③ Indonesia plane crash［EB/OL］.（2019-06-02）［2020-03-01］.https://graphics.reuters.com/INDONESIA-CRASH/0100810F1X2/.
④ Every time ford and kavanaugh dodged a question, in a chart［EB/OL］.（2019-06-02）［2020-03-01］.https://www.vox.com/policy-and-politics/2018/9/28/17914308/kavanaugh-ford-question-dodge-hearing-chart.

品阿根廷《民族报》的《搜救圣胡安号潜艇》(Submarino ARA San Juan)①等几部数据新闻作品均在极短的时间,将新闻故事重新解构在数据可视化的设计中,分别获得了"数据新闻突发报道奖""突发新闻数据使用奖(36小时以内)"的荣誉提名及年度奖项。《印度尼西亚坠机事件》完成于24小时之内,《一表记录福特和卡诺瓦回避问题的时刻》与《搜救圣胡安号潜艇》均完成于36小时之内。跟进突发事件,以数据再现新闻现场,已然成为数据新闻的新趋势和新思路。

重大突发事件的新闻报道如何善用、巧用、智用数据挖掘、数据叙事与数据传播,不仅对重大突发事件的信息透明、灾难预警与舆情应急具有重要意义,更能对智媒新闻的功能开拓与传播生态治理产生积极作用。

重大突发事件对国计民生和社会安定产生的严重影响,也必然会使一线新闻工作者倍感报道的使命感与艰难。在灾难性的突发事件信息的处理中,数据新闻工作者更需要根据事件发生的科学轨迹,配合突发事件的应急调控,进行合法、合理、适当的设计,尊重数据开放的时间曲线与数据伦理,这样才能使重大突发事件报道突破传统新闻语态、探索精确新闻学的理想,开拓突发事件的数据时效,以实现更为丰富多样的数据叙事。重大突发事件报道中的数据叙事是科学元叙事、数据可视化呈现、立体信息构型和交互传播相融的一种叙事语态,它起源于数字与图表,但不限于单一的数字报表和柱状图解,需要将初始数据与复杂数据进行视觉和逻辑的关联建设,从而形成开放的故事和资讯互动,引导新闻用户去探索数据之外的新闻。

根据重大突发事件的新闻报道规律,数据运用可归纳为以下三个模型:

(1)直接数据模型。该数据模型是应对重大突发事件的现场报道和系列跟踪报道的,追求数据时效,强调第一时间的数据调用和可视化的"数据翻译",以帮助新闻用户敏锐地捕捉重大突发事件中的关键信息。例如,路透社《印度尼西亚坠机事故》被认为是"突发事件报道中美如教科书的数据新闻案

---

① Submarino ARA san juan [EB/OL].(2018-08-02)[2020-03-01]. https://www.lanacion.com.ar/politica/submarino-ara-san-juan-un-video-del-recorrido-de-los-barcos-que-buscan-en-la-zona-nid2084935.

例",在一天之内,路透社的数据新闻团队将获取的飞机跟踪数据和开放事故数据进行整合处理,将事故数据与飞行速度、路线、海拔、距离数据结合,让新闻用户了解灾难发生的情况。《催泪瓦斯驱散100多座美国城市中的抗议者》将交通监控视频和数据地图的视觉元素相结合,直击2020年美国黑人民权运动中,美国民众在抗议游行中遭遇催泪瓦斯攻击和军警暴力执法的现场。直接数据模型是在重大突发事件报道中大数据应用的一种简化模型,对数据交互与开放链接的要求不高,在技巧性地调用开放数据的基础上,跟进新闻时效与舆情发展,助力危机传播中的数据公开,已成为突发新闻报道中常见的一种形态。

(2)复合数据模型。该数据模型强调大数据的叙事化重构与结构化分析,是数据新闻与深度调查的融合模式。数据集的概念在此模型中被充分展现。在主流媒体领域,从英国《Y世代》到《华尔街日报》的《美国最高机密》(Top Secret America)等作品,已经超越了一般意义上的数据新闻,数据的可视动态与复合结构,辅以新闻摄影、采访音频、短视频、动画和纪录片等富媒体元素,组合呈现出更为宏大的信息矩阵。这些作品设计新锐,色彩运用跳脱,内容与数据的结合极为灵活,为西方读者描绘出数据背后的政治、经济、社会、文化的深层互动。在草根媒体领域,像ProPublica,从最初的数据新闻处理与加工的小团队模式,逐渐发展为具有一定规模的非营利性新闻机构,聚焦数据新闻多机构协同生产。早在2010年,ProPublica与《纽约时报》杂志合作《纪念医院中的生死抉择》(The Deadly Choices at Memorial)时就已开始探索点状、线性和平面化视图以呈现数据的立体组合模式,该报道获得了当年普利策新闻奖调查性新闻奖。此外,ProPublica 2011年的《华尔街金钱机器》(The Wall Street Money Machine),2014年的《错误教育:学校中的种族不平等?》(Miseducation: Is There Racial Inequality at Your School?)以及2017年的《选举之邦》(Electionland)等作品广受好评。上述这些数据新闻作品的数据采集庞大、制作周期较长,人力资源的跨专业、跨机构配合也较为常见。《Y世代》数据收集横跨10个国家,《美国最高机密》制作周期长达两年,《错误的教育》收集了美国16000个地区96000所学校的种族歧视数据才得以完成。

复合数据模型对重大突发事件的跟踪报道和调查性报道起到深远的影响。例如，美联社与波多黎各调查性新闻中心、商业财经媒体Quartz网合作完成的《谁死于玛利亚飓风》是一个近40人数据新闻团队跨界合作的成果，历时近两年，并建立在工作团队对波多黎各死亡率数据库32000个记录、海量的电子表格（死亡原因、地理与人口统计证书、死亡证明）以及2000份纸质死亡证明副本，全国性的在线调查和300次电话采访的庞大数据集采集的基础上。

复合数据模型的应用充分说明了数据新闻报道中数据应用与协作模式的出现。事实上，在大数据的迷阵中，如果仅依靠单一媒体的数据新闻团队完成一次重大突发事件的调查性报道，是不可能的。近年来，ProPublica的数据新闻团队努力推动的"数据协作项目"描绘了数据新闻生态的未来前景，跨学科、跨行业、国际数据协作，帮助数据新闻将触角深入政府文件和资源库中的各种开放数据，敏锐地捕捉隐藏在媒体文本和网络空间中的数据线索、跟踪社交媒体上瞬息万变的混乱数据，并通过科学的重组和解剖，催生出繁复而多变的数据新闻应用。

（3）智能数据模型。该数据模型是在数据推导与智能建模的基础上，通过监测数据的实时更新与空间特征，来追踪和预测重大突发事件的后灾难效应。数据新闻对发展数据模型的借鉴与运用，指向的是大数据采集与分析的智能化应用和智能新闻的新趋势。在新闻报道中，气象预报是一种极为常见的形态。近年来，也有如ARGO，FNY的平台开始尝试流感趋势预测（有别于谷歌于2008年前后所开发的流感趋势服务）。[1]但目前来说，对于重大突发事件的发展数据模型运用，仍属于起步与观望阶段。重大突发事件的复杂性和失控态势，使公共健康、数据科学、应急管理、智能传播合作形成了全球共振的"跨学科"的数据新闻实务场域。在重大突发事件的后续报道与调查

---

[1] YANG S, SANTILLANA M, KOU S C.Accurate estimation of influenza epidemics using Google search data via ARGO [J]. Proceedings of the national academy of sciences. 2015（47）：14473-14478.

性新闻制作中,如何有机结合智能数据模型,展现精准易懂的疫情现状、流行病学规律、疫情发展的时空曲线与传染趋势,并将其进行结构化重构,将成为数据新闻未来探索的新方向。

数据新闻不仅要摆脱技术迷信,还要依托技术实现数据交互以形成其最主要的新闻叙事框架。在对自身困境不断反思与探寻的过程中,数据新闻实践在世界范围内虽然困难重重,但也能开创新闻创新和前沿数据科学、智能传播相结合的全新局面。数据新闻创新不仅表现为新闻生产层面的大数据加权的深度调查、数据可视化动态呈现、数据模型与大众化叙事结合的丰富表达,也指向了在人类命运共同体的理论框架中,全球数据共享和信息生态建设的理念创新。

重大突发事件新闻报道是国家应急管理和灾难治理体系的重要组成部分。重大突发事件的大数据运用,必须结合应急管理不断变化的现实要求,服从统一领导、综合协调、分类管理、分级负责、属地为主的应急管理原则,以新闻专业理念与创新思维实现数据报道的最优化体现。这也对当前的重大突发事件报道提出了新的要求,如何完善数据、系统解读数据、规范传播数据,以数据发声,服务国家与社会所需,应是每一个新闻传播人都必须思考的问题。

多模态数字出版的技术演进与实践探索[*]

2021年12月12日,国务院印发的《"十四五"数字经济发展规划》明确指出,要"大力推进产业数字化转型""加快推动数字产业化""持续提升公共服务数字化水平",并对数字经济新业态培育、社会服务数字化提升等工作进行了细致指导。[①] 数字出版作为数字经济的重要组成部分,与文化、教育等社会公共服务密切相关。传统出版产业能否适应时代发展趋势完成转型升级,数字出版产业能否得到飞速发展,事关我国数字经济的未来。2021年12月28日,国家新闻出版署印发《出版业"十四五"时期发展规划》,其立足战略视野,明确提出建设出版强国的总体目标,并要求在壮大数字出版产业的工作中着力推出一批数字出版精品,大力发展数字出版新业态,做大做强新型数字出版企业,健全完善数字出版科技创新体系。该规划明确指出出版产业当下的改革重点和未来发展方向:"着眼满足消费升级新要求,顺应数字时代文化生活移动化、智能化、个性化新趋势,精准匹配用户需求和应用场景,推广互动式、服务式、场景式传播,打造数字出版新产品新服务新模式。"[②] 在"十四五"相关政策的指导下,我国的出版产业紧跟数字时代发展机遇,进入了高速发展建设的新时期。

---

[*] 本文原载于《现代出版》2023年第1期,与张海超合作,收入本书时有改动。
[①] 国务院. 国务院关于印发"十四五"数字经济发展规划的通知 [EB/OL].(2021-12-12)[2022-08-29]. http://www.gov.cn/zhengce/content/2022-01/12/content_5667817.htm.
[②] 国家新闻出版署. 国家新闻出版署关于印发《出版业"十四五"时期发展规划》的通知 [EB/OL].(2021-12-30)[2022-08-29]. https://www.nppa.gov.cn/nppa/contents/279/102953.shtml.

在媒介技术飞速发展的当下，数字出版不仅是指对传统的印刷出版进行数字化，还强调出版内容的数字化、生产模式和运作流程的数字化、传播载体的数字化和阅读消费形态的数字化①，这是一种更为复杂的生产、传播和消费形态。考察这种复杂的生产、传播和消费形态可以发现，当下的数字出版具有明显的"融合"特征。所谓的"融合"不仅是内容的融合、技术的融合，也是"模态"的融合。数字出版带来了全新的内容表征、技术表征和模态表征形式，这为数字出版的发展带来了极大挑战。从内容融合角度来说，数字出版既包括对传统出版物的数字化处理，也包括依托数字媒介直接生产出的内容，那么如何有针对性地生产和加工这些内容才能平衡出版工作效率和用户使用效果呢？从技术融合角度来说，数字出版既包括出版印刷、平面设计等技术，也包括数字转化、三维处理等技术，那么哪些技术才是数字出版融合发展的核心和方向呢？从模态融合角度来说，数字出版既继承了传统的视觉模态和听觉模态，也日益开始向触觉、嗅觉等模态积极扩展，那么如何经济又高效地调动合适的模态满足出版需求和用户需要呢？要对传统出版产业进行转型升级，并加快数字出版产业发展新业态，必然要厘清这些问题。

一、多模态与数字出版

随着内容融合和技术融合的不断深入，数字出版的模态融合趋势日益明显。冈瑟·克雷斯（Gunther Kress）和西奥·范·鲁文教授（Theo Van Leeuwen）认为，"模态"（Modality）是物质媒体景观社会长时间塑造而形成的意义潜势，是用于表征和交流意义的社会文化资源②③；而胡壮麟认为，"模

---

① 吴炜华，李文君. 数字出版的国际回顾与中国模式 [J]. 编辑学刊，2013（6）：24–28.
② KRESS G R, LEEUWEN T V. Multimodal discourse：the modes and media of contemporary communication [M]. London：Arnold.2001：4.
③ 李战子，陆丹云. 多模态符号学：理论基础、研究途径与发展前景 [J]. 外语研究，2012（2）：1–8.

态"是可对比、可对立、可表达、可感知的符号系统①；才亚楠认为，模态指人类通过感官和外部环境进行互动的方式②。无论从哪个角度来看，"模态"都与"意义""系统"和"互动"密切相关。多模态（multimodality），即多种模态，在数字出版中体现为数字内容由多种模态的符号系统呈现和表达，或者使用多种感官与外部环境进行互动。当下数字出版的模态融合趋势即指向了多模态的融合。多种模态的融合并非单一模态的简单相加，而是构成一种更为复杂但却更易被用户感知的符号系统。多模态融合通过调动用户的多种感官系统实现与用户之间的互动，给予用户有用、有效、有趣的信息体验。

多模态理论的诞生与语言学中的话语分析密不可分。传统的语言学以文字语言为中心，但随着研究的深入，越来越多的学者意识到，仅凭借文字并不能满足话语分析研究的需要。图像、音乐等非语言符号，均可以作为一种话语模态影响文字语言的意义表达，但是这些非语言符号在语言学中却常常被忽略。在意识到语言学研究的不足后，学界便逐渐开始关注语言模态之外的非语言模态。有学者认为，罗兰·巴特（Roland Barthes）在《图像的修辞》中探讨了语言和图像之间的关系，开启了多模态话语分析的先河③；但也有学者提出，罗兰·巴特所分析的语言和视觉是分离的，并不能算是真正意义上的多模态话语分析。直到20世纪90年代，在冈瑟·克雷斯和西奥·范·鲁文探讨了文字和图像的意义问题之后，多模态话语分析作为一个理论才开始蓬勃发展④。多模态话语分析理论的诞生证明了单一模态的话语分析理论无法解释除语言文字以外的、复杂的意义现象，更不能满足相关研究的需要。

冈瑟·克雷斯和西奥·范·鲁文认为，就语言学而言，多模态研究主要有巴黎学派、美国语言学家对口语与非语言的研究以及韩礼德（Halliday）的

---

① 胡壮麟.社会符号学研究中的多模态化[J].语言教学与研究，2007（1）：1-10.
② 才亚楠.从多模态隐喻视角看文化认知模式与隐喻关系解读[J].外语学刊，2014（4）：48-51.
③ 张德禄.多模态话语分析综合理论框架探索[J].中国外语，2009，6（1）：24-30.
④ 潘艳艳，李战子.国内多模态话语分析综论（2003—2017）：以CSSCI来源期刊发表成果为考察对象[J].福建师范大学学报（哲学社会科学版），2017（5）：49-59.

系统功能语言学等。①经过数十年发展，多模态话语分析又出现了地理符号学、多模态互动分析、多模态民族志、多模态语料分析和多模态感知分析等。②此处可以发现，多模态话语分析已不再局限于语言和图像。从话语角度来说，多模态话语可以分为语言话语和非语言话语；从形式关系角度来说，多模态话语可从形式和关系两个角度考察；也有学者从宏观到微观，提出了逐步深入的文化、语境、内容、表达等多模态话语分析的综合框架③，但是，上述理论均在话语分析的框架内。当多模态脱离话语分析的范畴乃至语言学的范畴时，尤其是不将其视作一种研究方法，而将其视作一个理论框架时，多模态仍旧体现出了多种意义系统的符号互动；在此基础上，笔者认为，多模态作为一个理论框架，提示了研究者应对传播过程中的感官体验问题特别关注。

多模态理论中的多模态并不等同于多媒体，多模态强调的是多种感知模式，而多媒体更强调媒介的物质属性。同样，数字出版的多模态化不同于数字出版的多媒体化。李战子认为，多媒体化是社会实践的常态，而多模态化是当今文化系统的固有特性。④按照李战子的观点来解释数字出版，多媒体化是数字出版实践中显露出的普遍态势，多模态化则是一种文化层面的特性。就数字出版物而言，多媒体化强调的是将多种媒体要素应用于数字出版物；而多模态化强调的是数字出版物的多种模态对用户信息感知、文化感知产生的影响。当然，从多模态理论出发，考察媒介的多模态，并不是要脱离媒介的物质属性，而是要更加关注用户（受众）的信息体验。随着媒介的发展，时间碎片化、阅读碎片化、知识碎片化等已经成为社会发展的必然趋势，多模态理论则为语言学、符号学、传播学、教育学学科提供应对社会"碎片化"

---

① KRESS G R, LEEUWEN T V.Discourse semiotics [C] // Discourse Studies: A Multidisciplinary Introduction.London: Sage.2011: 107.
② 潘艳艳，李战子.国内多模态话语分析综论（2003—2017）：以CSSCI来源期刊发表成果为考察对象 [J].福建师范大学学报（哲学社会科学版），2017（5）：49-59.
③ 张德禄.多模态话语分析综合理论框架探索 [J].中国外语，2009，6（1）：24-30.
④ 李战子，陆丹云.多模态符号学：理论基础、研究途径与发展前景 [J].外语研究,2012（2）：1-8.

发展的重要理论资源[①]，多模态理论也为数字出版应对当下时间碎片化、阅读碎片化、知识碎片化等趋势提供了应对策略。

冈瑟·克雷斯和西奥·范·鲁文认为，相较于传统语言模态的单一阐释，文化中的多模态资源可以在任一符号、层次和模式中产生意义[②]；而从单一模态到多种模态，正是当下数字出版实践中的突出特点。一般来说，模态可以分为视觉、听觉、触觉、嗅觉、味觉等。早期的出版物多以视觉模态的形式表达意义，随着电子媒介的发展，听觉也渐渐成为出版物的新模态；而当下的数字出版不仅包括视觉模态的出版形态和电子出版早期阶段的听觉模态的出版形态，还逐渐包括触觉、嗅觉等多种模态的出版形态。

数字出版，从字面上看，即数字化的出版形式。孙玮认为，这种数字化的出版形式不是意味着将纸质媒介原封不动地放置到数字媒介上，它意味着一种全新的知识生产和传输方式[③]；侯欣洁也认为，虽然数字出版重视数字化手段，但是更重视其用数字化手段重塑传统出版形态并萌生新形态的出版行为领域[④]。数字出版通过 AI、VR、MR（混合现实）、感官交互、传感器、大数据等技术打造了融合多种感官模态的出版形态；与此同时，这些技术的发展推动了"阅读"的数字化和多模态化。数字出版不仅体现了一种现代出版观与科技传播观的跨学科对话，更彰显了知识社会学与新闻传播学多元融合、跨界互动的新型知识生产场景与文化传播实践的时代演进。在多模态的理论框架下，数字出版通过媒介技术与感官交互连接了现代出版观与科技传播观，并通过符号生成与意义感知搭建了知识社会学和新闻传播学沟通的桥梁。多模态作为数字出版研究的一个新视角，不仅聚焦媒介技术问题，也对媒介技术与内容意义、知识生产与文化传播进行了综合考察。目前，学界对出版数

[①] 胡壮麟. 多模态的碎片化时代 [J]. 外语研究, 2018, 35（5）: 1-6.
[②] KRESS G R, LEEUWEN T V. Multimodal discourse: the modes and media of contemporary communication [M]. London: Arnold, 2001: 4.
[③] 孙玮, 李梦颖. 数字出版: 超文本与交互性的知识生产新形态 [J]. 现代出版, 2021（3）: 11-16.
[④] 侯欣洁. 数字出版概念界定的再认识 [J]. 现代出版, 2014（5）: 44-46.

字化、阅读数字化的研究较为充分，但是少有学者关注数字出版和数字阅读的多模态问题。数字出版的多模态赋能可以建构出更加灵活多元的数字阅读环境，为用户提供更多的阅读体验；数字阅读调动的多种感官系统也将"阅读"从视觉行为或听觉行为扩展为多种感官共同参与的行为。随着数字出版实践深度融合进程的加快，建构数字出版物的多模态理论，用其指导数字出版实践，并使数字出版实践得到进一步发展，具有迫切的现实需求和较高的学理意义。

二、数字出版的多模态实践与探索

从模态的角度来看，现有的数字出版物主要存在视觉模态、听觉模态、触觉模态和嗅觉模态四种模态。按照罗杰·菲德勒（Roger Fidler）媒介形态变化的观点，媒介的发展是共同演进的，而不是相继进化或者相互取代的[①]，依托媒介技术的数字出版模态也是如此。四种模态是一个相互叠加的过程，而不是一个相互取代的过程。从当下数字出版实践的发展历程来看，视觉模态、听觉模态、触觉模态和嗅觉模态依次叠加发展，形成了以视觉模态和听觉模态为主，以触觉模态和嗅觉模态为辅的多模态数字出版形态。

1. 数字出版的基础视觉模态：文字和图像的数字化

如果将抄本书籍或者印刷书籍视为阅读行为的对象，那么书籍的出版和阅读便可追溯至公元前5世纪。抄本书籍作为重要的媒介载体，突破了口语传播的局限，使信息得以更为广泛和持久地传播；随着印刷技术的发展，文字和图像得以被快速地大量复制，印刷书籍进一步推动了知识的传播。麦克卢汉认为，印刷书籍的历史大约只占西方书籍史的三分之一[②]，但是，不管是抄本书籍还是印刷书籍，读者都是通过眼睛获取书籍的内容信息。对于传统出版物而言，无论是文字还是图像，无论是抄本书籍还是印刷书籍，首先要

---

① 菲德勒.媒介形态变化：认识新媒介［M］.明安香，译.北京：华夏出版社.2000：20.
② 麦克卢汉.古登堡星汉璀璨：印刷文明的诞生［M］.杨晨光，译.北京：北京理工大学出版社.2014：151.

保证其在视觉维度是可见的。梅洛-庞蒂通过绘画论述眼睛和身体关系时也表明:"不知者求教于一个懂得一切的视觉。"① 梅洛-庞蒂重视视觉的观点从侧面反映出了"观看"对于信息获取、知觉感知和行为活动等的重要性。绘画作为出版物的一种内容类型,和文字一样,都是以视觉的模态传递信息;脱离了视觉模态,人类好像就无法感知传统出版物所带来的知识和信息。加之媒介技术的限制,在大多数情况下,传统出版物只能带给读者视觉模态的感知。

在数字出版的浪潮下,视觉模态作为一种基础的阅读模态首先实现了跨越式发展。原本的纸质出版物被电子化、数字化为电子出版物和数字出版物。从早先的电子书、电子阅读器,到今天的移动阅读、融合出版客户端,视觉模态已经完成了媒介本身的拓展,即将纸质书籍拓展为电脑、阅读器、手机等电子设备。除了媒介的变化,人们对视觉模态的感知体验也得到了大幅度提升。由于纸质印刷物的机器、纸张、油墨等因素,书籍出版物的形式往往会受到一定限制,如印刷不清晰、出现色差等问题,但是在数字出版物中,这些问题基本上都得到了解决。由于媒介技术的发展,电子屏幕清晰度、色彩度不断提升,相较于纸质出版物而言,数字出版物不仅便于携带、便于保存,还可提供更为清晰、多彩的阅读体验。数字出版物的一大优势就是其文字和图像不仅是静态的,还可以进行动态化呈现。亚马逊公司就曾在 2017 年推出了 Kindle in Motion(KiM)② 格式,在原本静态的电子书籍中加入动画、视频等动态的视觉效果。这样一来,数字出版物便大大丰富了读者的视觉体验。随着 VR、MR、AR 等技术的发展,数字出版的阅读已经开始打破虚拟和现实的界限,借助 VR 眼镜等设备,用户可进行全息式的数字阅读。范雨竹和周安平认为,借助可穿戴设备,阅读不仅是二维的"平面阅读",还可以是三维的"立体阅读"。"立体阅读"是一种"沉浸传播",可以使观众主动进

---

① 庞蒂. 眼与心[M]. 刘韵涵,译. 北京:中国社会科学出版社. 1992:136.
② 原业伟. Kindle 十周年,改变出版业[EB/OL].(2018-01-04)[2022-08-29]. http://www.cptoday.cn/news/detail/4726.

行阅读探索。① 从二维到三维，调动的仍然是读者的视觉模态，但就阅读体验而言，数字出版是一种更为形象、真实、立体的视觉模态，这与传统出版物的视觉体验存在显著差异。

2. 数字出版的拓展听觉模态：有声书籍的听读

由于媒介技术的局限和人类获取信息的惯习等因素，书籍出版物在2000多年的历史中主要以"可看"的视觉模态传播，直到进入电子时代，人们的听觉才和书籍出版联系在了一起。在早期的广播中，就已经有了"读书"的节目，虽然这并不是今天意义上的数字出版物或者"有声书籍"，但是"阅读"从视觉模态向听觉模态拓展的趋势在那时就已初见端倪。随着录音带、CD（小型激光盘）等声音载录技术的发展，今天意义上的有声出版物应运而生。宋青认为，在改革开放之初，"广播长书"已经开始"中兴"，"在辑听书""网络听书"都是广播长书融合发展的结果。② 在互联网时代，有声出版平台不仅提供了暂停、回放等功能，还具备无限的"货架空间"供用户选择和存储③，相较于之前录音带、CD而言，用户收听更加便利，有声出版物也因此得到了飞速发展。

将文字的视觉阅读转换为可听声音的有声出版物主要分为两种，一种是作为视觉阅读的辅助模态，即在看书的过程中，可以同时听书，这种方法常用于辅助近视、远视等群体的阅读；另一种则是在一定程度上脱离了视觉模态的有声出版物，常出现于驾驶、运动等视觉模态无法完全被数字出版物所调动的场景。视觉模态和听觉模态的协作和转换为数字出版提供了极为丰富的功能和场景。《中国共产党简史（有声版）》《新中国口述史（1949—1978）（有声版）》《写给青少年的党史（有声书）》等入选了国家新闻出版署"2021

---

① 范雨竹，周安平. 数字时代有声阅读多维形式新探［J］. 科技与出版，2019（1）：80-85.
② 宋青. 从广播长书到有声阅读：改革开放40年中国广播文艺发展媒介学解读［J］. 出版发行研究，2018（8）：15-20.
③ 张海超. 移动时代广播媒介的四种发展取向［J］. 青年记者，2021（8）：84-85.

年全国有声读物精品出版工程"①，这些红色出版物以有声书为形式，对重大主题的宣传和教育进行了数字化出版创新，实现了思想、知识、艺术等方面的共赢。此外，还有一种有声出版物引入了听觉模态，但是其"有声"并非体现在对视觉阅读的模态转换上，而是以配乐的形式出现。这里的配乐与出版物内容无直接关系，但是可以起到营造阅读环境、配合情节发展等作用，这种配乐式的有声出版物在惊悚小说和儿童读物领域中比较常见，听觉模态在此类数字出版物中也是一种辅助视觉模态叙事感知的方式。

早期的有声书发展依托录音带、CD 等媒介，进入互联网时代后，有声书便开始借助网络平台的传播优势发展。在大数据、人工智能、物联网等媒介技术高速发展的当下，有声书开始向个性化设计、个性化推荐等方向发展。例如，用户可以通过自主操作选择有声书的播送音色。很多有声书 App 都提供了多位著名播音员、演员、歌手的声音供用户选择。这些音色具有较高的辨识度，相较于一般的有声书而言，用户的接受度和体验感会更高。不过，仅凭人工播读，数字出版物的多模态处理效率难以保障。随着人工智能技术的发展，机器可以根据算法程序实现自动播读，解决了传统出版物在进行多模态处理时的效率问题。除此之外，用户还可自主调节有声书播送的语速、辅助阅读的音效等。在数字出版多模态化发展的当下，有声出版物不仅实现了对传统出版物的模态扩展，其自身模态也在被不断地开发和细化，以便更好地服务用户的数字阅读，提升用户数字阅读的多模态化体验。

3. 数字出版的互动触觉模态：交互技术下的参与反馈

如果以多模态的视角梳理数字出版的相关文献，现有的数字出版文献主要集中在视觉模态和听觉模态上，很少学者关注视觉模态和听觉模态以外的模态。随着技术的发展，电子书、有声书积极探索新的出版形态，其中最常见的就是将触觉模态的"交互"引入数字出版物。2020 年新华网推出的《大河奔流——黄河流域生态保护和高质量发展》，获得了第 31 届中国新闻奖页

---

① 国家新闻出版署. 37 部有声读物入选国家新闻出版署 "2021 年全国有声读物精品出版工程" [EB/OL]．(2021-11-19) [2022-08-30]. https://www.nppa.gov.cn/nppa/contents/280/101952.shtml.

（界）面设计项目一等奖。《大河奔流——黄河流域生态保护和高质量发展》结合3D动画框架、海量数据可视化、VR全景等技术讲述黄河文化和生态保护等方面的故事和知识，并通过视频互动和嵌入地图框架等方式与用户进行互动，全网累计访问3000余万次，取得了广泛好评。① 这反映出交互作为数字出版的重要模态具有巨大的应用前景。

在数字阅读的视野下，"阅读"不仅是"可视"和"可听"的，还是在触觉上"可感"的。实际上，关于出版物的触觉应用并非新鲜事物，盲文书籍就是通过触觉传达信息的。由于盲文书籍的特殊性，触觉模态自然是信息传播的主要模态。除了盲文书籍，触觉模态在传统出版物中并不是很受重视，因为出版物主要的信息并不通过触觉模态传达；在感受上，虽然装帧、纸张等也通过触觉模态传递着一定信息，但这一般很难给读者带来具有实用价值的信息。在数字出版时代，触觉模态在数字出版物中衍化出了丰富的功能和体验。广东大音音像出版社使用国际前沿的DAISY（Digital Accessible Information System）技术，即数字无障碍信息系统技术，推出了《盲人中小学生无障碍阅读工程》。通过数字转化，出版物的文字内容不仅可以以触觉模态被感知，还可以以听觉模态被呈现。《盲人中小学生无障碍阅读工程》获得了国家新闻出版署评选的第五届中国出版政府奖②，这对无障碍阅读的数字化发展具有重要意义。

从文本阅读的过程来说，数字出版物依托电子或数字阅读器，通过交互技术，向用户提供加入书签、跳转页面、添加笔记、标记内容等多项使用功能，用户只需要通过手指在屏幕上操作便可便捷地完成多种辅助阅读行为。由于媒介载体的不同，"阅读"从"翻阅式"拓展为以"点击式"为主，并和"翻阅式"共存。无论是用鼠标还是用手指，"点击式"阅读均需要调动用

---

① 中国记协网.大河奔流：黄河流域生态保护和高质量发展［EB/OL］.（2021-10-26）［2022-08-30］.http://www.zgjx.cn/2021/10/26/c_1310270095.htm.

② 国家新闻出版署.国家新闻出版署关于表彰第五届中国出版政府奖获奖出版物、出版单位和出版人物的决定［EB/OL］.（2021-07-29）［2022-08-29］.https://www.nppa.gov.cn/nppa/contents/279/76773.shtml.

户触动模态,使用户进入数字出版物所建构的"超文本"。超文本,即以超链接的形式互相连接的文本。超链接文本具有复杂的网状结构,通过点击,用户可以实现实时地页面跳转、在线查询、文字翻译等功能,而这些在传统出版中是难以实现的。由此可见,用户触摸的感觉和反馈对于数字出版而言非常重要。从技术可供性的角度来说,正是由于触觉模态的存在,才使用户的想法在媒介上得到表达和反馈。触觉模态的引入赋予了用户极大的自主性,较之于传统书籍,参与性和操作性更强的数字出版物向用户提供了更高的主体价值和使用体验。为了提升用户的交互体验,开发触觉模态便成为当下数字出版实践持续发力的目标之一。从高校数字出版人才培养来看,与交互编创素养培育相关的课程已经成为当下数字出版人才培养体系中的重要组成部分。[1]例如,以中国传媒大学为代表的高校,在数字出版人才培养体系中加入了多门交互设计类课程,以满足业界对数字出版人才的技能要求。

  当然,对于数字出版物触觉模态的探讨不能仅停留在操作层面的机械反馈上,触觉模态强调互动,更强调如何通过互动调动用户的触觉感官,提升数字出版物的综合阅读体验。例如,在进行点击、翻页、调整背光等操作时的振动反馈,就从触觉模态的维度强化了数字阅读的体验。从文本内部来说,数字出版物经常以振动反馈的形式唤起触觉模态,辅助数字阅读,建构数字化阅读语境,提升数字阅读的交互体验。在应用中体现为根据数字出版物的内容需要进行振动反馈,如遇到紧张的动作情节,可以通过一定频率的振动帮助用户进入阅读节奏和阅读环境。除了振动,技术还有望通过传感器实现压力、作用力、平衡、热量,寒冷/潮湿、电击、疼痛和瘙痒等触觉体验[2],这些不同的触觉模态在未来会给用户带来交互性更强的数字阅读体验。

---

[1] 吴炜华,张守信.面向智能传播的数字出版人才培养定性比较研究[J].现代出版,2020(2):23-31.

[2] OBRIST M,VELASCO C,CHI T V,et al. Touch,taste,& smell User Interfaces:the future of multisensory HCI[R]. New York:2016 CHI Conference Extended Abstracts,2016:3286-3292.

4. 数字出版的前沿嗅觉模态：数字嗅觉信号与辅助阅读

报纸从诞生之日起，就带有一种油墨味。随着印刷技术的提升，如今报纸、书籍很少再有浓重的油墨味。但是，由于纸张、装订方式等原因，传统出版物还是经常出现独特的"书香"。不过，所谓的"书香"只是作为一种出版形态的标识，本身并不意图传递特殊的信息意义。2011年，《洛阳晚报》推出了国内首份"4D"报纸，尝试将气味作为传递信息的模态方式。"4D"报纸在通过3D眼镜观看立体图像的基础上，增加了牡丹的花香气味。牡丹是洛阳市市花，在报纸中引入牡丹气味，对推广牡丹文化，推动牡丹产业发展来说是一个巨大的创新尝试①，是对出版物多模态化的创新。"4D"报纸一经发售便销售一空，一时间"洛阳纸贵"，这说明嗅觉模态在出版物中具有一定的应用价值。也有相关人士倡议，《钱江晚报》可以打造特定的气味版面体现标志性的杭州味道。② 这些均是传统出版物期望将嗅觉模态引入出版物，并通过气味传播特定信息的创新尝试。

随着DSP（Digital Signal Processor）等技术的发展，数字嗅觉开始进入研究视野。数字嗅觉的原理是将气味信号转换为数字信号，再将数字信号转换为气味信号。这一看似难以实现的过程在理论上可通过仿生学方法、数字化方法等实现。数字化后的气味可通过电子路径远距离传输到接收端，在接收端再被还原成气味信号。③ 有学者提出，可通过电子、热感、磁力等数字方式对嗅觉进行刺激，以实现嗅觉模态的感觉交互。④ 但是在技术实践中，现阶段关于数字气味识别、存储、再现等仍存在一定的技术难题。

---

① 洛阳晚报. 洛阳纸贵今再现4D晚报添彩牡丹文化节［EB/OL］.（2011-04-13）[2022-08-29］. http://news.lyd.com.cn/system/2011/04/13/000985144.shtml.

② 浙江在线–钱江晚报. 这份有"味道"的重点提案让"嗅觉经济"走入公众视野［EB/OL］.（2021-11-18）[2022-08-29］. https://zjnews.zjol.com.cn/zjnews/202111/t20211118_23374109.shtml.

③ 许统奎, 吴菊红. 气味艺术的数字化技术探索［J］. 科学技术与工程, 2012, 12（6）: 1334-1338, 1351.

④ 资料来源: RANASINGHE N, KARUNANAYAKA K, CHEOK A D, et al., *Poster abstract*: *Digital taste & smell for remote multisensory interactions*, Proceedings of the 6th International Conference on Body Area Networks, 2011年.

有学者尝试开发融合了包括嗅觉、味觉、触觉等在内的多模态讲故事系统。从用户测试反馈的结果来说，多种模态的运用有效提升了通过数字讲故事的吸引力，并且能有效增强学习动机，改善学习状态。[①] 从理论上说，多种模态协同，不仅可以有效提升数字出版物的意义传达效果，也有助于提升用户数字阅读的感官体验。Aryballe、OW Smell Digital 等公司早已开始探索数字嗅觉在元宇宙领域的应用；在一些日用产品、家用电器、医疗用品、彩妆香水等领域，数字嗅觉甚至数字味觉已经得到了初步应用，但由于现阶段的技术并不是非常成熟，加之研发成本高、使用价格昂贵、支持相关功能的终端设备普及率较低等原因，数字嗅觉尚未被广泛地应用于数字出版。随着媒介技术的不断发展和用户对阅读体验的不断提高，数字嗅觉在未来很可能会像今日的触觉模态一样，作为一种提升阅读体验的扩展模态，流行于某类的数字出版物；随着传感器技术的发展，数字味觉也有望出现在特定种类的数字出版物中。

5. 数字出版的综合全感模态：VR/AR/MR 与场景阅读

VR、AR、MR 等技术尝试打造融合视觉、听觉、触觉等模态在内的文化消费新场景。VR、AR、MR 等技术不仅融合了多种感官的感知模态，还建构了一种跨越虚拟和现实的感知模态。万安伦、王剑飞认为，VR、AR、MR 等技术将冲破现实的阻碍，并重新建构阅读场景。在新技术建构的虚拟阅读场景中，用户得以打破传统阅读的时间空间限制，拥有更高的自主性；用户阅读的姿势不仅可以"坐"或"站"，还可以是"运动"的。[②] VR、AR、MR 等技术在数字出版中的初步应用，为用户提供了一系列文化消费的新场景。

随着虚拟现实技术的发展，近年来已有一批出版社开始尝试将 VR、AR、MR 等技术应用于少儿图书的出版，推出了《恐龙大世界》（AR 版）、《VR 恐

[①] 资料来源：FUCCIO R D, PONTICORVO M, FERRARA F, et al., *Digital and Multisensory Storytelling：Narration with Smell*, *Taste and Touch*, Adaptive and Adaptable Learning：11th European Conference on Technology Enhanced Learning，2016 年。

[②] 万安伦，王剑飞. 虚拟出版：从技术革命到阅读场景的二重变奏[J]. 河北大学学报（哲学社会科学版），2019，44（1）：146-153.

龙世界》、《天工开物——给孩子的中国古代科技百科全书》VR礼盒等具有虚拟性和互动性的出版物，为儿童用户提供集学习和游戏于一体的沉浸式、参与式阅读。VR、AR、MR等技术建构的文化消费和数字阅读场景具有极高的参与性和趣味性，这对少儿出版物的未来发展具有重要意义。2022年2月9日，国内第一家"元宇宙"虚拟杂志 MO Magazine 上线。MO Magazine 的创刊号主题为"曼塔沃斯"，音译自"Metaverse"，并由真实演员井柏然和虚拟人AYAYI共同为创刊号拍摄封面。①MO Magazine 力图通过VR的虚拟现实模态，呈现艺术、技术、商业的创新和趋势，探索VR、AR、MR等技术为重构现实阅读场景，并建构新的虚拟阅读场景带来无限可能。

三、多模态对数字出版实践的重构

以视觉模态（如电子书）、听觉模态（如有声书）呈现的数字出版物可凭借单一模态传递信息意义，一部分以触觉模态（如盲文书）呈现的数字出版物亦然，但是大部分触觉模态和全部的嗅觉模态在数字出版物上的呈现，都是叠加在视觉模态和听觉模态的基础上。况且，视觉模态和听觉模态虽然可以凭借单一模态呈现数字出版的内容，但是二者仍积极尝试融入更多的模态以满足用户的体验需求。随着媒介技术的发展，各种新媒介层出不穷，这些新媒介均尝试对模态进行扩展，如广播媒介在听觉模态的基础上引入视觉模态，VR媒介在视觉模态、听觉模态、触觉模态的基础上开发嗅觉模态等，但是，从动因来看，数字出版多模态化的发展趋势不仅由于媒介技术的外在推进，还有内容创新、感官体验等多方面的内在驱动。

多模态化的数字出版物生产和加工方式不仅对用户个人的信息接收过程产生了前所未有的影响，还对数字出版实践的整体结构进行了重构。与多模态相关的数字出版技术实践、数字出版流程体系、数字出版消费方式等均因

---

① 新浪VR. 国内第一家元宇宙虚拟杂志《MO Magazine》上线［EB/OL］.（2021-02-18）［2022-08-29］. https://baijiahao.baidu.com/s?id=1725091713223030417&wfr=spider&for=pc.

模态的融合扩展发生了重大改变，数字出版实践整体也因此呈现出与传统出版实践存在显著差异的结构和特点。

就目前数字出版实践的发展状况和相关技术的成熟程度来说，当下的数字出版物基本上仍是以视觉模态、听觉模态为主要、基础的阅读模态，以触觉、嗅觉模态为辅助的阅读模态。多模态为数字出版实践带来了新业态，也带来了新挑战。当下，数字出版的多模态化发展仍存在很多技术难题，但是，数字出版多模态化已经成为当下数字出版融合发展的必然趋势。随着媒介技术的不断发展和用户对阅读体验的不断提高，数字出版实践必然要在早期多媒体化的基础上融合升级，走向多模态化发展。因此，发展多模态相关理论和技术在数字出版实践中的应用，是我国数字出版产业积极地应对数字时代的媒介技术挑战、更好地满足当下用户信息需求的重要举措，有助于我国更快地迈向出版强国，使数字出版产业更好地服务于国家数字经济发展。

智能创作、数字出版与伦理危机*

2021 年的《中华人民共和国国民经济和社会发展第十四个五年规划和 2035 年远景目标纲要》指出，我国要"实施文化产业数字化战略，加快发展新型文化企业、文化业态、文化消费模式，壮大数字创意、网络视听、数字出版、数字娱乐、线上演播等产业"。做好数字出版工作，培养数字出版人才，是"十四五"规划中的重要内容，也是健全现代文化产业体系，扩大优质文化产品供给，助力建设社会主义文化强国的战略之需。在媒体融合、大数据应用、元宇宙平台建设、人工智能技术的推动下，数字出版正从规范的"以数字技术将作品编辑加工后，经过复制进行传播的新型出版"[①]走向更为广阔和多模态的立体型、开放型和智能型出版之路，而 ChatGPT 类的自然语言处理工具的诞生，更为数字出版行业的发展提出了新的挑战和要求。

以 ChatGPT 为代表的新型智能化自然语言处理工具是新一代智能传播的里程碑，数字出版则是基于新型信息传播技术的"系统化、智识性的知识生产与传播活动"[②]。二者以"知识"为纽带发生桥接关系[③]，推动数字出版进一步向智能出版的更高阶段演进，这将为数字出版带来何种机遇和挑战？本文

---

* 本文原载于《中国编辑》2023 年第 6 期，与黄珩合作，收入本书时有改动。
① 张新新. 数字出版概念述评与新解——数字出版概念 20 年综述与思考 [J]. 科技与出版，2020（7）：43-56.
② 姜华. 试论出版：一种特定类型知识商品的生产与传播 [J]. 现代出版，2022，142（6）：82-95.
③ 王晓光. 人工智能与出版的未来 [J]. 科技与出版，2017（11）：3-6.

以此为契机,对国内外最新的人工智能技术在数字出版业全流程中的应用展开描述,并对其前景与所蕴藏的危机进行思考。

一、智能编创:出版内容的技术赋能与前景

在人工智能与数字出版产生技术性对话的前 ChatGPT 时代,形形色色的写作机器人创作、智能新闻生产和虚拟主播播报大量出现,智能化信息处理、文字书写和音视频编创不断进步,人工智能以其单向度的服务性(如财经与体育报道等资讯处理、文字与语言纠错等)、娱乐化的工具性(如机器人写诗、AI 绘画等)、数据整合性(如轻量型的学术综述、文案脚本输出、集锦型音视频编辑等)构造出智能编创的美好蓝图。近年来,智能编创已深度嵌入新闻传播、信息服务和数字出版等诸多领域,体现出人工智能在信息整合和数字出版领域的探索性潜力。ChatGPT 则在此前人工智能技术的基础上,能够适配多种文本交互的编辑与传播诉求,涵纳范围不仅包括文娱、学术、办公、新闻报道、编程等信息处理领域,还能够进一步地对用户输入的数据进行学习和模仿,进而创作出更具个性化气质的文字内容,如符合特定媒体风格的文字稿件、特定地区的方言文学等,赋予其深度学习以个性模拟与情感附着的媒介化表征。

ChatGPT 标志着继语音、图像视频识别技术之后最复杂的语言识别技术的突破,也是基于模式识别和深度学习的感知智能技术发展的新跃迁[1],在海量数据、社交邀请和自然语言模拟的多重赋能下,ChatGPT 与随之出现的类模型,如复旦大学自然语言处理实验室发布的国内第一个对话式大型语言模型"MOSS"和百度全新一代知识增强大语言模型、文心大模型家族的新成员"文心一言"等,将人工智能从曾经陌生而神秘的精英化、学科化[2]的科学

---

[1] 张佳欣,刘园园,陈曦,等."顶流"之下,看人工智能喜与忧[N].科技日报,2023-02-16(5).

[2] 罗素,诺维格.人工智能:一种现代的方法[M].殷建平,祝恩,刘越,译.北京:清华大学出版社,2013.

场域，转化为由信息服务、知识搜索和新闻出版行业所引领的一场大众狂欢。ChatGPT 类的人工智能技术能够渗透到信息采集、数据分析、加工整合、甄别审核、选题确定、内容生成和润色、把关分发、产品呈现等各个环节[①]，全面赋能数字出版行业的内容结构与传播格局。

ChatGPT 类的人工智能技术可以激发更具场景性、互动性和机动性的编辑出版流程新形态。传统编辑出版流程中的审核、校对与修改工作，往往面临着文本体量庞大、修改链路冗长、效率延宕等问题，数字出版所面对的海量数据文本的检校与互动效果的技术监督更是冗杂，ChatGPT 类的人工智能技术的深度介入和功能释放在此过程中变得尤为重要：其不仅可在知识纠错、合规性审查等多维度检测分析，有效提升出版行业审校效率，而且能服务于"交互型""对话型"人机协同编辑流程的建设。ChatGPT 可在错误标识和编辑警示的基础上，激发更为复杂、多元、场景化的应用服务模态，将人工智能编校小助手从工具性应用演变为一种多功能交互化与服务型人格化的参与角色。换言之，未来的 ChaptGPT 更像编辑室里真实存在的"员工"或"编辑"，能够深度融入数字出版的不同环节与不同场景。ChatGPT 的自然语言处理功能，能够极为迅速地根据当下场景和现实出版需求，对全出版内容与流程进行检查、修改、润色，实现语法检查、格式校准、标点使用和用词优化等，可以快速完成工作。同时，编辑部门能够依据以往的编辑风格、出版物特征与流程规范对之进行训练，使 ChatGPT 通过深度学习掌握特定出版机构的风格特点，提供更具个性化的工作表现。

ChatGPT 类的人工智能型自然语言处理工具在赋能编辑出版行业的开场中，已然延展出更为多样的技术可能性路径：不仅是交互性、自然语言态的内容生产形态的流程重塑，更将催生视听化、多样态的数字出版产品的范畴重构。其自然语言处理的特征，使其可以迅速嵌入信息检索、知识导览、数据库服务等教育传播与学术出版行业；而其与智能语音的结合，更将促进全

[①] 孟笛，柳静，王雅婧. 颠覆与重塑：人工智能时代的新闻生产 [J]. 中国编辑，2021（4）：21–25.

功能、多场景、交互增强型的无障碍出版的技术性跃升；ChatGPT也将与数字出版的跨媒介、全媒体的发展趋势无缝对接，为"智出版""大出版"和"泛出版"发展态势增添活力。

二、深度融入：出版业态的全面重构与探寻

在智能化背景下，以内容为载体、以大数据为支撑，激活产消关系、探索新兴服务模式是出版业态重构的基本法则[①]。

在交互出版的层面上，ChatGPT可以激发数字出版用户群体的深度参与和智能共建，邀请和激发用户在使用、消费内容的同时，积极参与由ChatGPT引导的情景模拟型的信息交互。交互出版，由此也具有了另一层深刻的含义，"ChatGPT—数字出版物—用户"之间形成多维多层的信息互动模式和自然语态的信息交流，ChatGPT在以链接更为丰富的数字出版内容对用户的问题进行回应的同时，意味着用户与数字出版机构协同完成ChatGPT的应用训练；并且，ChatGPT可以激发出更为个性化、情感标签明确、主题需求具体的知识付费墙应用前景。具体而言，就是以ChatGPT的拟情景对话为基础，对不断变化和更新的用户回馈的海量数据进行精准分析与运用，并迅速在个性化营销、目标用户定位、用户行为追踪、用户画像描绘、付费墙的设置等方面提出建设性建议，为数字出版行业的定制化、分众式、智能化创收模式的构建提供助力。

在虚拟出版的领域中，ChatGPT类的人工智能技术是连接传统出版行业、数字出版与元宇宙出版的功能性应用，将数字出版延伸至一种与现实物理世界互相影响、密不可分，既兼具虚拟与现实又模糊虚拟与现实边界的更高维度的新型社会形态[②]。元宇宙不仅可为出版业提供新的技术支撑、新的内容创

---

① 罗学科, 黄莹. 出版人工智能赋能：内容生态重塑与产消图景互构[J]. 中国编辑, 2022（2）: 27-31.
② 王卓, 刘小荣. 元宇宙：时空再造与虚实相融的社会新形态[J]. 社会科学研究, 2022（5）: 14-24.

作工具、新的内容产品、新的图书交易平台、新的出版人形象、新的组织流程以及新的平台与生态，还将加快出版产业的数字化、平台化转型升级，促进出版业的融合发展。①人工智能与元宇宙有着天然的同盟关系：对人工智能而言，元宇宙是人工智能应用的新赛道和新增长点；对元宇宙而言，人工智能及相关的算力、大数据等技术领域，是其核心的技术底座②。首先，随着虚拟与现实边界的模糊与融合，元宇宙打造出了自然人、虚拟人、机器人三者共融共生的新生态③，在有三种出版主体可供选择的技术背景下，如何让ChatGPT通过三者的相互配合扬长避短、突破限制，实现数字出版的系统性升级，将是ChatGPT类人工智能技术研发和研究的重点。其次，元宇宙有人工智能、区块链等多种先进而强大的数字技术，理论上能够以分布式的算法和去中心化的逻辑实现出版行业全流程中的版权保护、加密传输与知识分享。如何平衡其优势与隐患，利用人类智慧驯服数字智能，将是未来最大化元宇宙出版效益的关键所在。最后，尽管元宇宙概念已经得到海内外研究者和从业者从不同视角出发的充分探索，但鲜有人关注元宇宙与各国本土数字出版语境之间的接合问题。ChatGPT类人工智能技术在各国出版业的元宇宙重构进程中的作用、不同数字出版方在战略高度上对元宇宙新市场的争夺，都是值得整个行业进行思考和探寻的重要问题。

三、伦理危机：AI 浪潮的现实隐忧与思辨

ChatGPT席卷全球的这场风暴引发了社会各界的热烈关注，而在技术进步的浪潮之中裹挟着诸多危机与隐忧。有报道称，目前世界多国教育系统及相关从业者已公开抵制ChatGPT，多所大学已宣布计划减少居家评估，增加手写论文和口试，有的学校甚至将恢复使用监考的笔试考试来评估学生。④许

---

① 乔卫兵.元宇宙与出版数字化转型［J］.出版广角，2022（18）：6-11，23.
② 徐晶卉.人工智能与元宇宙是"天生一对"［N］.文汇报，2022-09-01（006）.
③ 黄怡静，赵云泽.元宇宙背景下的新闻业发展趋势研究［J］.新闻爱好者，2022（6）：9-12.
④ 赵安琪.ChatGPT席卷全球人工智能面临"伦理转向"［N］.中国青年报，2023-02-16（009）.

多出版机构同样对这款功能强大的工具执行了严厉的"封杀"和抵制,禁止 ChatGPT 成为合著者,或者禁止它所生产的内容出现在文本中。人工智能领域存在已久的伦理危机正在新一轮技术发展的背景下再次凸显。对于本文所讨论的数字出版领域,ChatGPT 类的人工智能技术引发的伦理危机也令人担忧。

其一,是在数字出版行业中因 ChatGPT 的泛化和过度使用而引发的内容生产创作实践伦理、文化伦理与传播伦理危机。当 ChatGPT 高效能地投入数字内容生产的同时,出版主体发生了一种"伦理移位":人工智能动摇了出版流程中人的主体地位,对传统出版和数字出版原有的工作方式和工作定位产生了巨大的影响。当出版物中掺入了大量来自 ChatGPT 随意而高科技、工整却伪生产、去版权去作者化的内容之时,其著作权的归属将变得前所未有的扑朔迷离——数字出版的主体是名义上的作者,还是为其提供支持的人工智能,抑或开发该人工智能的团队?将 ChatGPT 在对话与聊天时所生成的内容挪用至自己作品的作者,是否构成了人类对机器的抄袭?这种抄袭又该如何进行辨析和认定?这些疑问已经在最关注版权与伦理的学术出版领域掀起了许多争鸣与探讨,牵扯出数据伦理问题、学术创新争议、算法黑箱与偏见问题、引用问题、署名问题等复杂的伦理争议[①]。可以预见的是,在人工智能越发强大且版权意识日益增强的未来,人工智能对数字出版行业的介入将进一步成为困扰智能出版时代从业者的伦理疑云。

其二,是 ChatGPT 在数字出版流程中的深度融入与数字出版人才培养及行业体系之间不可调和的技术伦理、资本伦理与行业伦理危机。ChatGPT 在出版流程中的审查、校对,甚至对付费体系设置和场景扩充等工作的接手,实则是对数字出版行业编辑与出版人力资源的一种摧毁性替代。貌似更高效的技术对人工编辑的替代,最终会导致出版行业人才市场的生态失衡,并在恶性循环中影响数字出版的发展。以人工智能的机器理智简单替代编辑"个

---

① 张萍,张小强. 机器参与论文写作的出版伦理风险与防范对策[J]. 中国科技期刊研究,2022,33(4):439—449.

人品位、鉴别能力、情绪反应、做事的条理性、决断力、投入的热情以及温柔的关爱"①等人类编辑的特质，容易造成看似科学客观，实则风格单一、缺乏创意的审稿模式，会"误杀"诸多更具人文关怀和活力生气的作品。事实上，数字出版人必须承担数字时代的"社会文化信息的传播者、优化净化社会文化信息的把关人、出版传播活动的调节者、联系著译者和读者的桥梁"②的复杂角色——这是ChatGPT类的人工智能技术难以取代的。另外，若完全由人工智能来捕捉数据和设置付费体系，付费墙的建立和用户数据的处理都将彻底隐入算法黑箱，使得优质的出版内容在其"智能理性"与"情感模拟"的技术迷思中让位于更能博得眼球而实质上并不优秀的内容，埋下流量至上、资本至上等隐患。ChatGPT类的人工智能技术与自然语言处理工具已然对数字出版行业生态开始了强势重构，我们应该依循数字乌托邦中的虚拟社会伦理，思考对ChatGPT是持以平等、开放之心，还是持以更为审慎、严谨、抵抗性的立场，以检视数字出版的行业伦理如何更好规范、监督和制约ChatGPT编辑及其与人类协作编辑的职业规范。

出版从业者、研究者和教育者应当重新定位自身、携手探讨，以应对新兴技术的冲击，共同探索ChatGPT所带来的机遇与挑战：第一，建构"人—机"协同的智能创作模式。数字出版行业应充分利用ChatGPT的智能权力和自然语言交互特性及创作力量，推动"双主体"编辑出版新模式的形塑。在协同创作中取长补短，将人工智能的高效处理和人类智慧的灵活机动结合起来。同时，应在智能创作模式中建立相应的规制，以防止协同创作中出现版权纠纷、出版不端等伦理问题。第二，重新定位编辑出版行业的数字人文价值。目前，ChatGPT类的人工智能技术难以承载人类编辑在美感经验、传播价值、文化风格与人文价值层面的不可或缺性。数字出版行业对ChatGPT所具备的交互化、对话型内容审核及风险控制的工作潜力是极为欢迎的，这能够将人工编辑从简单的工作中解放出来，减轻人类主体的知识选择与辨别危

---

① 格罗斯.编辑人的世界[M].齐若兰,译.北京：新星出版社,2014.
② 师曾志.出版传播事业中把关人的地位和要求[J].编辑之友,1997(5):34-35.

机[1]，与此同时，如何凸显具有当地性、本土性、时代性的编辑理念和出版思路，在智能协助中重新定位、唤醒和构建编辑出版行业的人文价值和美学精神，拓展和增强数字出版物的形态维度、传播广度与知识价值显得更为重要。第三，加强ChatGPT类的人工智能技术与数字出版的复合型人才培养。在数字出版、智能出版进入技术发展的深水区后，更加需要出版、计算机、人工智能的跨学科、复合型人才，以彻底打开技术黑箱，"在技术设计阶段就植入伦理规范，赋予人工智能道德判断力"[2]，打造具有伦理干预功能的出版道德智能体，解决人工智能所带来的文化伦理、传播伦理与技术伦理危机。

  人工智能、自然语言处理、机器深度学习与信息传播科学的多样交融、并行发展，将催生全新的数字出版与智能出版的时代场景，孵化出以ChatGPT为代表的新型智能化自然语言处理工具在新闻出版与信息传播领域的应用。本文以ChatGPT在全球范围内的火爆为背景，对ChatGPT类的人工智能技术和自然语言处理工具在数字出版行业中的发展前景与应用情景展开探讨，并对应用背后所蕴藏的危机进行了思考。ChatGPT及其后来者，能够颠覆性地推进数字出版行业的内容生产与形式更迭。ChatGPT的技术迷思体现在对现实隐忧、出版主体所产生的模糊、疑惑、错位与伦理追问上，由此，应深入思考未来的应对策略。ChatGPT不过是数字出版发展潮流中的一个技术标志和时代印记，在建设数字中国，走向数字宇宙的漫漫征途中，数字出版行业还将迎接无穷尽的技术奇点与知识爆炸的盛景。

---

[1] 黄莹.可供性视角下出版人工智能：多重角色与平台架构[J].编辑之友，2022（6）：21-25.
[2] 林凡，林爱珺.打开算法黑箱：建构"人—机协同"的新闻伦理机制——基于行动者网络理论的研究[J].当代传播，2022（1）：51-55.

嵌入与重塑：数字出版的 AI+ 图景与发展进路*

　　AIGC（Artificial Intelligence Generated Content），即人工智能生成内容或生成式人工智能。中国信息通信研究院和京东探索研究院联合发布的《人工智能生成内容（AIGC）白皮书》指出，AIGC 既是从内容生产者视角进行分类的一类内容，又是一种内容生产方式，还是用于内容自动化生成的一类技术集合。AIGC 的出现、发展与普及，是媒介内容的生产模式继专业生成内容、用户生成内容之后又一次革命性的迭代。作为内容生产者的人工智能，以大规模的数据结构、强大的算法运行能力和能够持续自我进化的深度学习机制，深刻重构着出版发行的行业生态，并引发了全社会的广泛探讨和思考。

　　AIGC 是通过大数据结构模型和智能算法对人类知识进行收集、学习和处理，进而完成高效的内容生产与输出的一系列技术过程；出版则是将知识编辑、复制并向公众发行的知识传播过程，在数字技术的赋能下形成了出版内容生产、运作流程、传播载体和消费形态全面数字化的数字出版新形态。AIGC 与数字出版在知识维度上的技术对话，促使 AIGC 强势进入出版行业编、校、印、发的传统流程，催生出大数据出版、融合出版、虚拟出版乃至元宇宙出版等全新概念。基于此，本文将围绕两个问题展开：其一，在技术本质上，AIGC 如何嵌入和重塑数字出版的实践过程和行业生态？其二，数字出版行业应该如何应对 AIGC 浪潮，并形成扎实有效的发展进路？

＊ 本文原载于《中国编辑》2024 年第 5 期，与黄珩合作，收入本书时有改动。

一、深度学习：AIGC 的技术本质与应用基础

AIGC 是以大数据结构为基础、强数据驱动为动力的算法学习和内容生成。更具体地说，AIGC 的技术本质，就是大数据驱动下的深度学习（Deep Learning）。

深度学习是机器学习历经理论革新和技术突破而发展、形成的高阶形态。在人工智能诞生初期，让机器如人类的大脑和神经网络般思考和学习，是人们对这一新生科技领域的目标设定与美好愿景，机器学习因此成为人工智能技术开发一以贯之的核心关切。2006 年，《科学》杂志刊发的一篇文章指出：多隐层的神经网络可以学习到能刻画数据本质属性的特征，深层神经网络在训练上存在的难度则可以借助"逐层初始化"和"反向微调"的策略得到解决[1]，深度学习的雏形由此诞生。随着计算能力的提高与大数据时代的来临，"通过增加网络的层数来让机器自动地从数据中进行学习"[2]的深度学习模式得以实现，在仿生学意义上，对于机器的深层神经网络构建也终于由浪漫的想象成为可应用、可普及的技术现实。历经多年发展，深度学习已经能够"通过组合低层特征形成更加稠密的高层语义抽象，从而自动发现数据的分布式特征表示"[3]，在图像处理、自然语言理解和语音识别等领域取得了突破性的进展，最终构筑了 AIGC 赋能数字出版行业的应用基础。

首先，深度学习赋予了 AIGC 由超强数据模型驱动的认知力。对语言、语音、图像等多种类型数据进行信息捕捉和内容理解是 AIGC 的关键一环。在数据模型的驱动下，任何输入的信息都将成为深度学习的基础素材。海量的信息输入，是深度学习阶段对数据模型的反复训练，也是最终内容生成阶

---

[1] HINTON G E, SALAKHUTDINOV R R. Reducing the dimensionality of data with neural networks. Science [J]. 2006, 313（5786）：504–507.
[2] 焦李成, 杨淑媛, 刘芳, 等. 神经网络七十年：回顾与展望 [J]. 计算机学报, 2016, 39（8）：1697–1717.
[3] 黄立威, 江碧涛, 吕守业, 等. 基于深度学习的推荐系统研究综述 [J]. 计算机学报, 2018, 41（7）：1619–1647.

段的核心语料;而由 AIGC 生产的内容催生出的新一轮反馈,又将持续不断地进入这套"深度学习—内容输出"的数据循环。AIGC 逐渐认知、理解和学习了人类的自然语言、视觉语言等符号系统,继而大幅提升了内容生产的能力,并在循环往复的深度学习过程中逐渐走向完善。ChatGPT 即基于大规模人类自然语言预训练而建构成的智能语言模型,标志着"继语音、图像、视频识别技术之后最复杂的语言识别技术突破,也是基于模式识别和深度学习的感知智能技术发展的新跃迁"。① 任何输入 ChatGPT 的信息都将扩充其知识数据库,并帮助其不断增强信息认知能力、语义理解能力,乃至构建出抽象、归纳的逻辑能力。围绕 ChatGPT 的模型基础,ChatPDF(输入文献的 PDF 即可归纳总结核心要点)、ChatGPT4Youtube(输入链接即可快速归纳平台内的视频摘要)、FinChat(能够根据真实的数据给予上市公司和投资者相关的金融信息)等基于信息认知力功能的 ChatGPT 类衍生产品也纷纷面世并逐渐走向成熟,为 AIGC 在数字出版的复杂场景中的应用提供了诸多参考。

其次,深度学习赋予了 AIGC 适配多模态内容需求的创作力。基于多模态大模型搭建的深度学习模式,能够处理不同媒介形态和感觉模态的数据与信息,以满足媒体融合语境下 AIGC 的创作需求,扩展 AIGC 在数字出版行业的应用广度。近年来,从文字层面的机器人新闻写作、视频层面的 AI 剪辑,到如今几乎零技术门槛的 AI 绘画,AIGC 的多模态创作力不断精进,淬炼出智能化融合创作的能力。以近日在社交媒体非常火热的 AI 绘画为例,只要用户对智能绘图软件输入指令(可以是文字,也可以是图片),AI 便会自动生产出符合用户要求的绘画作品。如今许多 AI 绘画工具正在持续不断地涌现,国际上有基于 Discord 社区的 Midjourney、Stable Diffusion、DreamStudio、DALL·E2、Disco Diffusion 等;中国国内也有许多不同的 AI 绘画工具。这些工具在操作上非常简单,常常被内嵌在短视频平台之中。用户能够用它们轻松生产出形形色色的绘画作品,并能用生成效果较好的作品

---

① 张佳欣,刘园园,陈曦,等."顶流"之下,看人工智能喜与忧[N].科技日报,2023-02-16(5).

进一步"驯化"AI，使其模型在循环往复的深度学习中继续精进和完善。AI绘画甚至形成了特定的文化社群，吸引爱好者们在社群中分享生成特定画作的指令技巧和"驯化教程"，形塑出以智能绘画为核心的亚文化圈层，充分体现着 AIGC 促成不同模态信息间的相互融合、不同模态数据间的相互转化的创作潜力，也将 AIGC 之于数字出版生态的意义延伸向了文化空间。

最后，深度学习赋予了 AIGC 大批量、低成本输出的生产力。在深度学习的培训下，AIGC 可以代替人类完成素材收集、大体量学习、归纳分类等基础阶段的重复性劳动，深度学习的强大动能和创新能力也能显著提高整体内容的生成质量，压缩内容创新的时间和成本。[①] 对于数字出版而言，AIGC 的介入将大大改善海量文本的数据校验、互动效果的技术监督过程中修改链路过于复杂冗长的问题，极大地方便出版流程中的审核、校对与修改工作，使短时间内的大批量生产成为可能。与此同时，AIGC 赋能下的大批量数字出版并不是毫无特色的重复工作。编辑部门可以将出版物的特征、风格以及出版的流程规范转化为可读取、可认知的"数据养料""投喂"给大数据模型，使 AIGC 熟练掌握特定出版机构的风格特点，提供更具个性化的工作服务。相较于传统的人工处理方式，AIGC 的应用能够有效地提高数字出版作品的风格统一性，从而提升它们在数字化传播环境中的可见性与竞争力。

上述技术力量共同组成了 AIGC 的技术基底，完成了对数字出版全过程的多元嵌入。在此过程中，深度学习的技术本质与数字出版的编创、分发与反馈的不同环节形成了耦合，展现出 AIGC 浪潮下数字出版的创新实践图景。

二、多元嵌入：AIGC 与数字出版的全过程耦合

（一）智能编创

AIGC 作为一种内容生成新技术，首先对数字出版的编创过程产生了巨大

---

① 胡正荣，李涵舒. 颠覆与重构：AIGC 的效用危机与媒介生态格局转化［J］. 新闻与写作，2023（8）：48-55.

的影响。编创是对编辑和创作两个工作过程的合称,既包括对已有内容进行校对、整合与编排的编辑工作,也包括对新内容持续不断的创作过程。在传统出版实践中,编辑出版行业曾经摸索出了"由作者和编辑共同对作品的选题、内容、结构等诸方面问题进行协商最终完成作品的团队作业模式"①的"编创一体化"工作机制。在数字出版时代,AIGC 的应用进一步地将编创以智能化的方式组合,对二者产生了重塑作用。

第一,AIGC 的介入改变了数字出版编校环节的"劳动密集型"工作境况②,从多个维度辅助甚至代替了人类编辑的作用,显著提升了编辑流程的工作效率和查漏补缺的能力。在最为基础的格式调整、用词修改和语法检查的维度,AIGC 基于深度学习而获得的多模态语言处理能力能够对文字、图像、视频等复杂文本完成迅速而准确的深度分析,并在短时间内筛查出其中存在的基础性错误,从而自动完成替换、删除与自动排版等优化过程。目前,投入应用的 AIGC 工具已经可以从更为整体性的角度审视文本,自动识别文字段落之间、视觉元素之间、视频片段之间生硬或冗杂重复的部分,并为人类编辑提出修改建议。在内容优化和整体质量提升的维度,AIGC 背后强大的数据模型可以有效地延伸人类编辑的知识范围,跨越语言能力、知识壁垒等重重障碍,协助编辑们完成此前难以胜任的工作。AIGC 将人类编辑轻松地接入了不同专业领域的知识库、语料库和素材库,能够使人类编辑以极高的效率完成对晦涩难懂的专业术语、广博复杂的背景知识,甚至外文作品的编辑与审校。

第二,AIGC 能为内容创作提供极为有力的智能辅助,覆盖了数字出版内容生产的全部创作阶段。在创作之前的选题阶段,以 ChatGPT 为代表的 AIGC 工具能够根据编辑和创作者们输入的关键词,结合数字出版的市场定位,生成创作型内容选题,自动生成作品大纲、创作建议和思路启发,并在谋篇布局上提供建议。在内容创作的阶段,AIGC 发挥着随时可及、即时更新

---

① 张守荣."编创一体化"编辑机制的优劣分析[J].新闻界,2009(1):96-97.
② 万安伦,张小凡,曹培培.ChatGPT 浪潮下的数字出版:模式创新与行业挑战[J].中国编辑,2023(10):14-20.

的素材库和智能搜索引擎的作用。在创作时，AIGC随时都能为创作者提供最新的可用素材，并以一定的逻辑将知识、素材或案例串联起来，大大节省了创作者查找资料、整合知识的时间。另外，今天的AIGC已经拥有了贯通多模态信息，匹配多类型创作需求的能力。根据创作者的要求，AIGC能协助实现不同类型素材的搭配和转化，如为文字内容自动生成配图、为图文内容自动生成释读式的音频、为音视频作品自动生成文字摘要等，使数字出版内容完美适配数字化平台的融合特征。与此同时，AIGC对于出版市场的基础把握，还能够将用户意识前置性地嵌入创作过程，"依据阅读场景与读者的个体需求，生成个性化的文本内容，做到千人千面出版"。①

（二）智慧分发

在作品编创完成后，AIGC将进入分发阶段，助力数字出版向分众化、精细化、定制化的模式发展。有学者认为，"分发"并非数字时代的新鲜事物，其一般意义上的基本模式在传统邮政业务中即已成形：邮件经"邮局"这一中介机构，从"信息中枢"投递到不同用户手中。② 由AIGC参与和重构的智慧分发，即以数据为支撑对上述投递过程进行的精准化升级。

第一，AIGC能够对用户的各种信息数据进行自动捕捉和自动标记，进而在目标用户定位、用户画像描绘、个性化营销、付费墙设置等分发阶段需要考虑的关键方面提出建设性建议。面对浩如烟海的信息数据，包括出版物销量、目标用户的行为模式、数字出版市场的概述性数据等，AIGC以人类编辑望尘莫及的数据分析与整合能力，从中深入挖掘关键的信息锚点，搭建出一整套庞大的用户数据库体系，并以此形成对市场风向和目标用户群体的分析预测和深刻洞察。基于对数据的学习与挖掘，AIGC赋予了数字出版从业者在选题策划、营销发行阶段便提前掌握不同用户需求的能力，以及了解和把

---

① 徐敬宏，张如坤. ChatGPT在编辑出版行业的应用：机遇、挑战与对策［J］. 中国编辑，2023（5）：116-122.
② 常江，狄丰琳. 从智能分发到"审美茧房"：数字时代的文化公共性反思［J］. 中国出版，2023（14）：3-10.

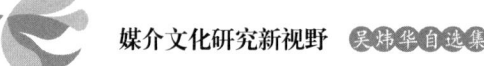

握网络热点话题与热门事件的能力。辅以智能算法,数字出版行业可将相应的个性化内容准确无误地分发给目标用户。与此同时,AIGC 会对这一分发过程的准确性、可靠性进行评估,凭此完成用户数据库的持续更新与动态升级。在 AIGC 介入下的智慧分发由此形成了一个在调试中不断进步的可持续发展模式,以适应数字出版市场日渐复杂的精准分发需求。

第二,围绕 AIGC 形成的智慧分发工作,在数字出版行业催生出了对应的专门化分发机构,相当于在数字出版体系中开辟了一种全新信息实践工种。智慧分发的过程一方面与数字出版内容的最初创作和最终消费相关联,另一方面又紧紧围绕用户的行为数据,日渐与其他出版流程分离,具有相对的工作独立性。数字出版的分发机构有着复杂的市场主体组成,包括传统出版商、平台运营商、终端设备商等。多方主体在数字出版价值链中以 AIGC 为技术工具,分别开拓分发业务网络,竞相争夺数字出版的市场份额,共同推进数字出版的产业革新与行业发展。然而,智慧分发阶段的专门化也隐藏着弊端。例如,单纯依赖用户数据挖掘的智能分析脱离了数字出版内容的创作实践,也与数字出版作品的最终消费相割裂,这可能导致生产的内容不能真正精确地反映用户的需要,或者在过于专门化的智慧分发中导致信息茧房的数字化囚徒困境。这也指向了数字出版实践对于 AIGC 应用的更新要求,即利用大数据模型和深度学习模式,将数字出版的编创、分发与反馈最终整合,实现对信息茧房的超越。

(三)交互反馈

传统出版工作的通用流程往往分为创作与策划、编辑与审校、印刷与发行三个步骤,作品的印刷与发行意味着出版流程的结束,几乎无法获取用户的反馈。但数字平台的交互属性给予了用户对出版作品进行反馈的有效渠道。在此过程中,AIGC 的应用延长了数字出版的实践链路。实用的各种 AIGC 工具将从数字出版行业的生产端,流动至用户的消费端和使用端,成为用户反馈的"感应器"。AIGC 对用户反馈的数据形成了自动捕捉与深度学习,再反向给养智能编创和智慧分发的阶段,构建出闭合的智能循环式的数字出版模式。

第一，AIGC 进入并延伸了数字出版流程的后端，在产品消费、用户研究、售后服务等方面大放异彩。用户在消费数字出版产品时，会留下许多"数字痕迹"，包括页面停留时间、阅读速度、链接接口、内容偏好等。AIGC 能够于无声处捕捉和记录这些用户所留下的痕迹，并将其纳入自身的大数据模型，再以自动且清晰的整合形式反馈给数字出版机构。AIGC 打破了传统出版实践中用户反馈信息难以获取、难以返回编创一线的困局，转而以极低的成本快速挖掘散落于数字平台角落的用户需求，快速理解用户急需解决的问题，以及快速输出更符合用户期待的数字出版作品。数字出版由此形成了以 AIGC 为关键枢纽的智能化循环生产链，极大地提升了出版效率与作品质量。

第二，AIGC 激发数字出版用户群体在出版实践中的信息交互与深度参与。AIGC、数字出版物和用户群体之间形成了层次丰富、维度多元的交互出版形式。在当今的媒介环境中，交互是"一种开放性信息语言的结构理念、一种应用性的工具哲学的体现"[①]，作为一种功能性表达，根本性地颠覆和改变了数字出版过程中出版主体、出版物、AIGC 等技术性工具之间的固有关系。具体而言，用户通过与 AIGC 的情景模拟式沟通，获取了更为精练的信息，也反馈了自身的数据偏好与需求；数字出版主体通过对 AIGC 的训练与应用，捕获了更为全面的用户数据，搭建起了更为完备的智能交互数据库；数字出版物也在 AIGC 的技术性修改与调试中，体现出更多以用户为中心的特征。在诸如此类的关键性出版场景中，用户参与的交互和用户信息的反馈凭借 AIGC 的技术基础融入数字出版的实践，构成了 AIGC、用户群体和数字出版主体协同共创的文化想象。

三、与 AI 共舞：数字出版行业的应对与进路

在 AIGC 与数字出版的全流程耦合下，出版的传统三要素，即编辑、复

---

① 吴炜华. 新媒体传播导论［M］. 北京：中国传媒大学出版社，2021：96.

制和发行，都受到了前所未有的巨大重塑。正如《出版业"十四五"时期发展规划》所指出的，数字出版从业者应"顺应数字时代文化生活移动化、智能化、个性化新趋势"，从出版三要素的改变入手，重新理解 AIGC 和数字出版的深度结合关系，在全新语境中助力更为智能、创新和专业的新型数字出版模态的形成。

（一）编辑阶段：把握人机协同新场景

在编辑阶段，数字出版从业者应深刻意识到 AIGC 对传播环境和出版生态的巨大重塑，重新把握人机协同这一全新的实践场景。前 AIGC 时代的人工智能研究与传播研究沿着两条互不相交的轨迹发展，前者关注机器对人类智能的再现；后者则强调人们如何相互交换信息。① 随着人工智能对技术壁垒的不断突破，对 AIGC 的技术逻辑、传播效能及其背后的哲学反思的关注逐渐走向融合，形成了人机传播（Human-Machine Communication）的学理场域，以多维应用的形式投射于数字出版行业的实践，形成了人机协同的新型编辑场景。

人机协同的编辑新场景标志着出版流程中的机器由曾经的传播介质转变为出版主体，一方面挑战了一个多世纪以来形成的传播理论体系的前提②，以人机共创的出版实践模式打破了长期以来"以人为中心"与"以机器为中心"的二元对立的思维模式，引发对编辑过程中人的定位之重思；另一方面锚定了 AIGC 浪潮下数字出版观念转向的主线路径，人类编辑与机器模型之间不同层面的意义创造不断浮现于数字出版实践的各个环节，并成为新的关注重点：AIGC 介入出版活动的鲜活过程、出版流程中人机传播的体现方式、人类编辑与 AIGC 之间的关系、AIGC 重塑下数字出版对人类自我和人类社会的形构作用、由人机传播带来的出版理论和出版研究之变化，乃至"技术发展中

---

① GUZMAN A L, LEWIS S C. Artificial intelligence and communication: a human-machine communication research agenda [J]. New media & society, 2020, 22 (1): 70-86.

② 董晨宇，丁依然，许莹琪. 2021 年西方传播学研究年度报告 [J]. 新闻记者，2022 (2): 38-57.

的技术追捧或技术恐慌等更宏大的文化问题"①纷纷进入出版工作者和出版研究者的视野。

数字出版编辑阶段对 AIGC 的应用实例,呼应着上述出版场景的嬗变,勾连着出版研究中对"人"与"机"的重新定位与思考。AIGC 在编辑阶段的应用,呈现出媒介与机器从工具性应用到人格化参与的循序渐进的演进模式,人类与机器之间也由"主体—客体"的旧结构逐渐演变为"主体—主体"的新关系。在传统出版时代,出版机构与内容受众之间是一种单向的信息传递模式,而作为出版载体的机器或媒介,仅仅是信息传递的渠道或设施。尽管它们的媒介属性能够以"媒介即讯息"的方式影响出版作品的气质与风格,但对整体的编辑过程并无丰富的介入与参与。随着新媒体时代的到来,数字出版中的出版机构与受众之间的联系成为双向的交流,AIGC 的飞速发展也使机器与媒介产生了人格化的进化,成为数字出版系统中重要的编辑主体。此刻,AIGC 更像是编辑室里真实存在的"员工"或"编辑",激发出更为复杂、多元、场景化的应用服务模态,将人工智能推向了多功能交互化与服务型人格化的参与角色②。

未来,人机协同的新场景可能在数字人、元宇宙等新型技术的推动下围绕 AIGC 产生更为系统性的革新,最终形成虚拟与现实共生、脱域与嵌入并进、人类情智与机器理智交融的数字出版环境。数字出版行业应充分理解人机传播时代的底层逻辑,进一步思考出版机构、人类编辑、目标用户和 AIGC 数据模型如何相互配合、扬长避短,保障人类智慧与数字智能在数字出版系统中的平衡,以适应未来数字出版行业全面应用 AIGC、奔赴数字中国星辰大海的全新常态。

---

① GUZMAN A L. Human-machine communication:rethinking communication, technology, and ourselves[M]. New York:Peter Lang,2018:18.
② 吴炜华,黄珩. 智能创作、深度融入与伦理危机:ChatGPT 在数字出版行业的应用前景新探[J]. 中国编辑,2023(6):40-44.

（二）复制阶段：抵御智能伦理新危机

数字出版从业者在充分应用 AIGC 展开大规模智能复制与产业链升级的同时，应继续坚守传统出版行业经过长期淬炼产生的出版价值观念，以抵御与 AIGC 相伴相生的智能伦理危机。在数字出版的复制阶段，AIGC 的潜在伦理危机主要表征为版权危机和道德危机两种形式。

版权危机在 AIGC 参与的数字出版模式下广泛存在。有学者认为，在法律层面上，AIGC 生产的内容不具有可版权性，其生成物不能满足"作品的作者是自然人"这一基本前提，且将其视作人类创作工具的观点混淆了"人工智能生成的"和"人工智能辅助生成"的内容。[①] AIGC 的大规模自动化复制，以其"伪生产"的既有数据整合、"去作者化"的批量内容输出、"黑箱化"的技术运作机制等特征，形构出扑朔迷离的著作权归属。"数据伦理问题、学术创新争议、算法黑箱与偏见问题、引用问题、署名问题"[②] 等复杂的版权伦理争议在学术出版等领域不断出现，在 AIGC 赋能下越发高效的自动化复制图景的背后，形成了困扰数字出版实践的伦理疑云。数字出版行业应意识到 AIGC 依托大数据模型和既有数据整合的创作逻辑，对其原创性形成客观辩证的认知，促进自身版权意识的觉醒。面对 AIGC 的未来版本迭代与创作能力升级，数字出版行业、数字出版研究、法律界都应当继续探索更为完善的版权保护策略，从"利用区块链技术为版权护航、精准厘清侵权责任主体、扩宽著作权法合理使用范围"[③] 等角度规避 AIGC 所带来的版权危机。

道德危机是隐藏在 AIGC 技术逻辑深处的另一种智能伦理问题，源于人类智慧与机器智能的根本不同。有学者以哲理性的语言归纳道，"人产生出的智能常常是情智（算计），机产生出的往往是理智（计算）"[④]，更具体地说，

---

① 朱鸿军，李辛扬. ChatGPT 生成内容的非版权性及著作权侵权风险［J］. 新闻记者，2023（6）：28-38.

② 张萍，张小强. 机器参与论文写作的出版伦理风险与防范对策［J］. 中国科技期刊研究，2022，33（4）：439-449.

③ 陈钰. 智能时代背景下 AIGC 侵权隐患及数字版权保护策略［J］. 传播与版权，2023（17）：113-116.

④ 陈卫星. 智能传播的认识论挑战［J］. 国际新闻界，2021，43（9）：6-24.

"人类智能形成的知识是有机的、能动的、自主的，甚至在基因里就存在一些知识，而智能机器缺乏最基础的关于现实物理世界的感知能力，它很难学到人类感受和理解的知识"[1]。两种思维模式的本质不同，使得功能强大的AIGC在人文素养、价值观念等层面难以完全替代人类编辑，在数字出版的复制阶段埋下了道德伦理的隐忧。AIGC的数据处理过程具有"黑箱式"的不可见性，在人类编辑的把关范围之外自主地实现数字出版作品的复制过程。AIGC为复制过程实现了降本增效，但也因人类编辑的缺席而出现不同类型的道德危机。例如，AIGC单纯依靠数据的筛查有可能放任部分有违道德、有违正确价值观的内容进入复制环节而流入市场，也有可能因过于机械化的复制风格而忽视或"误伤"出版内容中的美学"灵韵"。与此同时，AIGC提供的虚假数据来源、文献来源在出版实践中时常出现。因此，数字出版从业者应继续坚守、传承传统出版实践的数字人文价值，充分发挥人类编辑在审美经验、出版价值、文化素养与人文积淀等方面的重要作用。

（三）发行阶段：完善出版链条新延展

AIGC浪潮下的出版流程将不再终止于发行，而是在完成了编辑、复制、发行三个经典阶段之后，回到编辑的流程闭合。因此，在发行阶段，数字出版从业者应努力培育数据素养（Data Literacy）的本领，习得出版服务的新意识，以更好地让AIGC满足数字出版与时俱进的行业需求，将数据出版的产业链条向更深入的用户后端进行延展。

数据素养的培养，是数字出版从业者理解和应用AIGC的认知基础。素养（literacy）一词的本义是"关于读和写的能力"，与之相对应的数据素养同样具有双重动力：既包括阅读用户们所刻印数据的能力，也包括操纵与制作这些数据符号的能力。[2]在基础的数据使用层面，数字出版从业者应学会利用

---

[1] 陈昌凤，张梦. 由数据决定？AIGC的价值观和伦理问题[J]. 新闻与写作，2023（4）：15-23.

[2] PANGRAZIO L，SEFTON-GREEN J. The social utility of "data literacy"[J]. Learning, media and technology, 2019, 45（2）: 208-220.

数据培训AIGC，并凭借AIGC的力量读取用户的数据信息，提升出版的工作效率、增进出版作品的传播效果。在更深入的数据思维层面，数字出版从业者应理解和洞察AIGC背后的数据逻辑，并形成一定的数据判断能力，将人类智慧作为AIGC数据模型的补充，解决其算法偏见、价值偏差等智能伦理问题。在数据素养的加持下，AIGC捕捉和整合的数据将成为连接数字出版行业和用户的纽带或界面，为数字出版向更高阶服务平台的转型打下基础。

服务意识的习得，是数字出版实现从内容生产转向数字服务的跃升路径。AIGC使数字出版产品和用户之间的数据反馈和交融共创成为可能，数字出版从业者应充分利用技术带来的变化，进而形成将数字出版视作一种知识服务的新思维与新意识。简单而言，就是以用户为中心，将用户纳入数字出版的流程，借助AIGC工具整合用户的使用习惯和真实意见，由此优化数字出版的精细化服务质量。与此同时，数字出版行业应围绕出版产品推出系列衍生作品，搭建配套服务体系，为AIGC的数据模型提供更多接入用户数据的端口，在"反馈—完善—新的反馈"的动态调整中巩固用户黏性，以取得更好的出版效益。

作为人工智能发展新阶段的代表性技术，AIGC深度嵌入与重塑了数字出版实践的整个流程，催生出以智能化编辑、自动化复制和精细化发行为特征的数字出版场景，并从中建构出前所未有的新型出版文化与协同共创模式。本文结合AIGC的技术逻辑与发展历程，对AIGC在数字出版中的应用展开了梳理，并对数字出版行业的应对进行了思考。AIGC已然对数字出版行业的内容生产、编辑审校、作品分发和用户服务产生了深远的影响，其注定在未来的技术更迭中带来更具系统性和结构性的变革。技术变迁背景下的人文反思始终是新闻传播、编辑出版等学科一以贯之的研究母题，而对于AIGC及其未来形态的理论展望、应用探索和伦理追问，也将是数字出版领域持续探讨和深耕的重点话题。

下 编
青年文化与具身书写

网络视频、青年参与和影像实践[*]

以平等性、开放性、互动性为主要特征的互联网媒介激发了青年群体的主体意识和创作动力，使青年的参与欲望得到了极大的满足。尤其是近年来，随着短视频、直播等网络视频新形态的迅速普及，青年人可以在网络影像空间积极地进行内容创作、意义生产和文化交流，创造出多元、绚丽且极富生命力的互联网文化景观。在此背景下，点赞评论、拍摄创作等参与行为成为青年进行网络文化生产的主要手段，参与品格也成为网络时代青年文化的精神密码。[①]

美国传播学者亨利·詹金斯（Henry Jenkins）在对迷群的研究中指出，迷群形成一种参与式文化（Participatory Culture），将媒介消费的经验转化为新文本乃至新文化和新社群的生产。在中国，不少学者把参与式文化作为研究网络社群、网络文化的主要范式。在詹金斯的论述中，引起公众参与媒介内容的再生产和传播的原因是"当今不断发展的媒介技术"。[②]Clement ChauHenry 在探讨 YouTube 对年轻创作者的动员机制时指出，年轻人成为 YouTube 创作者的过程实质上是参与性文化吸引和激励青年生产者的过程，而技术门槛低、分享方便等因素是用户参与并持续参与的根本原因。[③]学者们

---

* 本文原载于《中国青年社会科学》2021年第3期，与李一凡合作，收入本书时有改动。
① 闫翠娟.新时代青年文化的参与品格及其价值意蕴［J］.江南大学学报（人文社会科学版），2019，18（3）：31-38，126.
② JENKINS H.Quentin tarantino's star wars? Digital cinema, media convergence, and participatory culture［M］.Cambridge：MIT Press，2003，p.20.
③ CLEMENT C.You tube as a participatory culture［J］.New directions for youth development，2010，128（1）：65-74.

也注意到了社会文化因素、心理因素、商业因素等在参与过程中的重要意义。例如,张伟宇和毛成婷在探寻中国在线翻译社区的粉丝进行翻译活动的动机时发现,兴趣是受众参与的主要原因,且他们格外重视"自己动手"的精神以及分享协作的过程。①

以上研究为本文探讨网络时代的青年参与行为提供了理论参照。社会学、传播学和文化研究学者虽然对网民的参与现象颇多关注,但针对青年人参与动机的研究并不系统,以网络视频为观察切口的研究更少。针对这一现状,本文进一步明晰了所要研究的问题:在网络视频空间,什么原因使青年从被动的受众变为积极的"参与者"?中国青年在网络视频中的参与活动遵循什么样的行动逻辑?

一、青年参与的仪式研究

仪式研究一直以来都是人文学科的研究重点,具有丰富的理论资源。早期的人类学家和宗教学家,如泰勒、穆勒、斯宾塞等,把仪式放在宗教和神话的范畴内进行分析。随着研究的深入,一些学者开始将目光投向整个社会视野,从冲突出发研究社会中仪式的发生过程。法国人类学家范·杰内普提出"通过仪式"(the Rites of Passage)来诠释社会仪式,将仪式过程视为"分离""阈限""重组"三个部分。"分离"是从原本的社会处境中脱离的阶段,"阈限"是处于分离阶段之后和仪式完成之前的中间阶段,"重组"是重新进入新的社会处境阶段,意味着仪式的最终完成。英国人类学家维克托·特纳(Victor Turner)沿用冲突论的思路,强调仪式的表演性,提出"社会戏剧"(Social Drama)理论,用以勾勒社会群体使用仪式来处理社会危机的过程。他认为,"社会戏剧"产生于社会冲突,仪式的过程则是解决矛盾、重回秩序的过程。特纳曾重点讨论了仪式的四个可观察阶段,分别是破裂(Breach)、

---

① ZHANG W Y, MAO C T.Fan activism sustained and challenged: participatory culture in chinese online translation communities [J]. Chinese journal of communication, 2013(6): 45-61.

危机（Crisis）、调整行为（Redressive Action）和重新整合（Reintegration）。第一阶段是"破裂"，表现为对规则和受到规范制约的社会关系的违反；第二阶段是"危机"，此时会出现过程性和变迁性的危机感；第三个阶段是最关键的"调整补偿"，群体成员通过表演矫正、修补最初的冲突，以重新调整和建立社会关系；最后一个阶段是"重新整合"。①

从青年与媒介关系的角度看，参与是青年人从被动的媒介受众向媒介使用者和文化生产者的角色转变的一种手段。青年在网络视频空间的参与活动是互联网世界中具有普遍性、不断重复且具有一定程式化的社会行为，具有一定的仪式属性。从这一层面来看，杰内普和特纳关于仪式过程的冲突论视角以及有关仪式阶段性的分析为研究网络视频空间青年参与的形成提供了可行的分析框架。在具体的分析过程中，本文还将引入丹尼斯·鲁克针对仪式维度（ritual dimension）的分析，深入解读仪式过程中各个要素之间的互动本质。鲁克指出，仪式是戏剧性的表演，依赖以下四个基本要素：①仪式道具（Ritual Artifacts），具有一定的符号意义；②仪式剧本（Ritual Script），标识使用哪些道具以及使用的行动程序；③仪式演员（Ritual Performance Roles），即仪式中表演的主体；④仪式观看者（Ritual Audience），即仪式中除了表演者之外的观看者②。对网络视频中的青年参与仪式而言，仪式中的四个基本要素分别对应以下四个方面：①网络视频是仪式道具，具有身份改变和地位提升的隐喻意义；②渐进式的意义生产活动是仪式剧本，规定青年由浅入深地参与实践；③积极的文化生产者是仪式的表演角色，即参与仪式中青年人所扮演的主要角色；④视频平台规则制定者以及网络受众是仪式观看者，他们关注并影响着青年的"表演"。通过对这四个维度的拆解，本文将对青年参与这一仪式实践展开全景式分析。

研究者以"目的性抽样"的方式选取了15名网络视频生产者，对其展开

---

① 特纳.仪式过程：结构与反结构［M］.黄剑波，柳博赟，译.北京：中国人民大学出版社，2006.
② ROOK D W. The ritual dimension of consumer behavior［J］. Journal of consumer research，1985（12）：251-264.

半结构式访谈。访谈对象均为17—35岁的青年网民,他们有长期的视频创作发布以及点赞、转发、评论等网络参与行为。访谈周期从2020年5月持续到2020年7月,每人次访谈时间保持在60分钟左右。因篇幅有限,本文仅选取部分最具代表性的访谈内容进行辅助性展示,并以编号A01—A15进行区分。详情见下表。

表1 深度访谈对象的基本信息

编号	性别	年龄	参与形式	参与频率	所在地	职业
A01	男	25	直播、创作视频	每周一次	南平	学生
A02	女	21	弹幕评论、创作视频	较随意	厦门	学生
A03	男	27	弹幕评论、创作视频	每月几次	上海	程序员
A04	女	30	点赞转发、创作视频	较随意	北京	私企策划
A05	女	20	弹幕评论、创作视频	每周多次	济南	学生
A06	男	25	点赞、创作视频	每周多次	郑州	银行职员
A07	女	23	弹幕评论、创作视频	每周多次	西安	公务员
A08	女	26	弹幕评论、创作视频	两天一次	成都	国企职工
A09	女	20	弹幕评论、创作视频	每月几次	天津	私企运营
A10	男	31	直播、创作视频	每周两次	杭州	创业者
A11	女	25	直播、创作视频	每周一次	郑州	公务员
A12	女	18	弹幕评论、直播	每周两次	南京	学生
A13	男	23	弹幕评论、创作视频	每周多次	北京	学生
A14	男	25	点赞转发、创作视频	每月几次	北京	创业者
A15	女	21	直播、创作视频	较随意	济南	学生

二、网络视频"参与者"的行动逻辑

青年参与的生成和持续是青年群体借助互联网技术摆脱身份焦虑、重塑文化身份的实践过程,呈现出仪式过程中的"破裂与危机""调整补偿"和

"重新整合"的阶段特征。

(一)破裂与危机:青年身份焦虑下的生活场景转移

作为网络视频空间最为活跃的群体,青年群体以参与的方式介入网络视频的传播和创作,将自身的情感偏好、生活习性、生存需求转移到网络虚拟世界,这是他们主动破除身份焦虑、寻求自由表达空间的开端,是参与仪式进程中的"破裂与危机"阶段。

中国社会的急剧转型和媒介环境的变迁给青年群体提供了自由广阔的发展空间,也给他们带来了新一轮的生活压力和心理压力。青年群体的身份焦虑正是由其特殊身份和社会中的不确定因素共同作用引起的,青年群体对自身成长、社交关系、未来发展等问题感到担忧,这是一种普遍的心理状态。从青年自身来看,中国特色社会主义文化赋予青年的角色定位时刻规范着青年的成长发展和文化实践。青年人"从一开始就处于国家与社会的夹缝之间,它的成长空间从某种程度上说是由这两者的此消彼长所赋予的"[①]。青年的自由发展必须以坚持社会主义核心价值观、坚守时代赋予青年的使命为根本前提。基于这一现实,我国的国家机构和媒体往往更加关注对青年的管理和规范,对某些非主流的青年文化总是难以摆脱"问题青年"式的刻板偏见,尤其在互联网媒介普及之前,我国媒介基本上是国家享有,这使青年长期扮演受众的角色,甚至成为被规训的对象,青年人的主体性和创造性颇受制约。从社会结构划分来看,青年群体无论在社会地位、经济地位还是家庭地位方面都明显处于弱势,他们的成长和发展离不开社会、家庭、教育领域等多方力量的支持,这导致青年在整个社会流动中没有足够的资源优势和发展优势,不少青年人"担忧自己当下所处的社会等级过于平庸,无法与社会设定的成功典范保持一致"[②]。

---

① 周晓虹.中国青年的历史蜕变:国家与社会关系的视角[J].江苏社会科学,2015(6):71-78.
② 蒋建国,赵艺颖."夸夸群":身份焦虑、夸赞泛滥与群体伪饰[J].现代传播(中国传媒大学学报),2020,42(2):70-75.

面对来自家庭、学校、社会的多重压力和自由表达空间的缺失，青年群体的表达欲望、认同需求、社交需求等长期难以得到满足，难免滋生出生存发展焦虑、人际关系焦虑、身份认同焦虑、婚姻焦虑等情绪。[①] 诸如风靡一时的"丧文化""杀马特文化"等充满反叛意味的青年亚文化形式，都可视为青年人抒发焦虑情绪、进行自我表达的非主流形式，即使到了互联网时代，青年的身份焦虑依然没有消失。

特纳所阐释的仪式过程中的"破裂和危机"，是指群体对社会既有规则以及受到规则制约的社会关系的分离。网络视频的发展为青年提供了自由表达的线上空间，为其摆脱现实生活中的身份焦虑提供了契机，直接促成了参与仪式的开端，参与呈现出青年群体突破原有生活场景、向网络视频空间延伸的态势。

（1）娱乐方式的转移。网络视频技术大大降低了传播中的反馈成本和创作门槛，青年人因此可以便利地参与其中，行使娱乐的权利。当被问及参与的初衷时，在15位受访者中，有11位明确表示是因为"好玩"。对他们而言，网络视频带来了全新的娱乐方式，这种快乐体验是现实生活中未曾感受过的，青年对网络视频报以强烈好感的现实，恰恰印证了他们在现实社会中自由娱乐空间的缺失。

（2）生活方式的转移。网络影像作为一种视觉文本，拓展甚至替代了文字的部分记录表达功能，成为网民记录生活的特殊词汇。有受访者曾吐露，"拍视频感觉像在做一本回忆储存录"（受访者A09），"我拍视频没什么特别的含义，主要是记录有趣的事儿吧，分享一些东西给朋友看看"（受访者A06）。对于他们，"分享本身就是一件美好的事儿"（受访者A02），借助网络视频的社交功能，还可能带来"获得别人的赞美、交到了一些朋友"（受访者A03）等隐性福利。参与不仅可以满足青年人自我表达的需求，还有助于个人重建社交关系，成为青年群体驱散焦虑、获得归属感、稳固个人社交关系的一条捷径。这种生活方式的改变，无疑是青年对现实社会中固有生活方式和

[①] 张艳丽，司汉武.青年群体的社会焦虑及成因分析[J].青年探索，2010（6）：71–74.

社交方式的主动颠覆。

（3）生存需求的转移。对于部分青年用户而言，参与视频创作不仅能够获得关注、积累粉丝，还可能一夜爆红，赚得盆满钵满。面对经济利益的吸引，大部分受访者表现出了积极的态度，还有人将制作能力和盈利能力联系起来，认为"赚不到钱是因为做得不够好"（受访者A03）。这透露出部分青年人试图借助互联网技术改变自身经济状况，甚至扭转社会地位、实现阶层跃迁的期待。拍视频走红赚钱的模式在青年看来，正是快速破除焦虑、刷新自身身份的一条捷径。

如今，网络视频所催生的全新媒介情境促使"我们身体所处的地方不再决定我们在社会上的位置以及我们是谁"，技术带来的去个人化体验使青年人以全新的身份介入网络交流。在"现实我"到"网络我"的过渡中，参与网络视频创作开始作为一种仪式活动，推进青年的身份转变，网络视频自然成为青年人扮演文化生产者这一角色的关键性仪式道具。根据丹尼斯·鲁克对仪式四重纬度的分析，人们借助仪式道具扮演一定的仪式角色，从而缓解角色转变过程中的压力，"当处于仪式情境下，仪式道具往往具有特定的符号信息，这对总体的经验意义来说是必需的"。上述访谈结果亦可印证，受访者不论是将网络视频视为新型的娱乐方式、生活方式，抑或获取财富的途径，均透露出他们从原本的生活状态、社会角色快速过渡到新的生活状态、社会角色的渴望，而网络视频正好为他们创造了这种全方位转变的可能性，并且这种转变会比现实社会中面临更少的压力。正是由于网络视频与自由表达、身份改变、社会地位提升之间的这种隐喻式关联，促使青年人以网络视频为仪式道具踊跃投身仪式实践，在网络世界中扮演新的角色，从而缓解现实成长中所面临的结构性压力。

（二）调整补偿：青年参与的意义生产实践

青年参与的持续进行需要建构特殊的"意义表达空间"，以满足更深层次的情感需求和文化需求，这是青年经历了"破裂和危机"阶段后采取的心理补偿和身份重塑的主体性行为。

在柯林斯看来，人是"情感的俘虏"，情感能量是互动产生的根本驱动力。在青年参与的过程中，最初的精神满足来源于创作互动中的情感回报。

一方面，创作者与作品之间存在着情感互动，这体现在创作过程以及视频平台的机械反馈中。在访谈中，不少创作者对持续学习、提高创作技能表现出极大的兴趣，"做视频的时间越长，越发现厉害的人太多，想一直去学习提高"（受访者A06）。他们对作品质量和完成度表现出强烈的追求，且这种精益求精的追求会随着他们创作经验和参与时长的增加变得越发强烈。此外，创作者在与视频平台的人机互动中也收获了积极正向的情感回报。对于花费了大量时间、精力的视频创作者而言，"上传完成""等待审核""审核通过"等平台反馈是平台对自己的创作和作品的肯定，也是平台对创作者前期情感投入的一种回报。

另一方面，情感互动存在于创作者与观看者之间，体现在观看、点赞、评论、转发等互动过程中。对于青年创作者而言，创作过程固然快乐，更大的精神鼓励却源自观看者的互动和反馈。"每次做完视频，就很期待大家的反应。点赞量多了会很开心，也会更多地进行钻研"（受访者A01）。随着参与时长的增加，获得更多点赞量、获得更多粉丝关注以及找到趣味相投的朋友等，会成为其更深层次的追求和创作的动力。当作品在网络上得到越来越多的反馈和网友讨论时，创作者感受到了文化生产者"被关注"的快乐和社区的热情氛围，这些情感体验最终赋予了创作活动更大的意义和价值，这就是参与作为青年群体情感劳动的价值。

身份认同的确立是青年参与活动并逐步深入的产物。当被问及自己在创作上的优势时，受访者更在意创作是否走心、作品质量、作品内涵以及创意等问题，表现出了某种精英主义的身份认同。这些青年创作者通过对自己的受关注度和专业能力进行自我评判，呈现出了两种典型的身份认同模式。

一种青年创作者认为自己是影响力尚小、能力有待提升，倾向于将自身划归为"文化生产者"。在访谈中，他们不约而同地对"蹭热点"和"网红"问题表现出不同程度的不屑甚至鄙夷。相比这类赚取流量的捷径，他们更看重兴趣、价值观的传播和创作是否走心。"虽然蹭热点可能会有很高的浏览量，但是我不喜欢，我只想做喜欢的事，发出我自己的声音"（受访者 A05）。这类人是朝"大 V"之路行进的普通创作者，有着强烈的身份优越感，在"文化生产者"的身份认同之下，他们把做视频视为一种情感和价值观的寄托与表达。

另一种青年创作者认为自己有一定影响力且创作能力尚可，倾向于"专业内容生产者"的身份认同。这类创作者无论是在创作内容、发布时间上，还是在发布频次的把控上都更有规划，他们不仅通过持续创作满足粉丝的需求，还将专业性和影响力作为自我提升的目标之一。专业内容生产者的身份优越感使这类创作者将自己和普通网络用户做出"区隔"。他们加倍努力地产出优质内容、提高专业技能，以强化自己的专业身份属性。

（三）重新整合："凝视"下的积极文化生产者

在经历了破除冲突和补偿性的意义生产实践之后，青年人开始以"积极的文化生产者"这一全新身份持续参与网络视频生产和传播活动，这一阶段伴随着"通过仪式"的完成，危机已暂时解除，新的身份正式确立，他们在网络视频空间形成了新的社会关系和结构。

到了仪式过程的"重新整合"阶段，主体意识觉醒的青年积极投身于网络文化生产，表达他们的兴趣偏好、价值观念和文化倾向。然而，参与者也被无数双隐形的眼睛所"凝视"，在参与仪式上不仅涵纳表演者/群，更延伸出复杂多变的仪式观看者、行动间的路人。仪式的既定观看者与偶然乱入的旁观者会对主体展演做出反应，影响仪式角色的表演，从而对整个仪式过程形成一定的压力或动力。青年群体在网络视频参与的仪式实践中，"仪式观看者"不仅涉及网络视频平台的规则制定者，也包括散布在互联网空间的每一个网络受众，他们在对青年的参与活动进行"凝视"的同时，无形中对其自身形成激励，促使青年在参与过程中不断调整自己的行为，发挥自身更强的积极性和创造性。

一方面，作为"仪式观看者"的平台规则制定者，依照平台的等级体系和推荐逻辑对青年的参与行为形成约束和引导。青年要时刻以视频平台的标准化管理机制为前提,不仅最大限度地使用权利、表达自我,而且主动调整创作策略以适应平台的审核推送逻辑,获取更多的参与权限和"走红"机会。另一方面,网络视频空间的开放性使平台上以及平台之外的每一个观看者都是观看青年人表演的"仪式观看者",观看者的反馈将直接影响创作者的创作实践。对他们而言,"做视频的时候要考虑受众的喜好,这样做出来的视频才会有人看,才会有继续创作的动力"(受访者A06)。

从"演员"和"观看者"的互动中我们可以发现,青年的自我规训并非对"凝视"力量的屈服,而是对网络视频空间既有规则的运用。在互联网这个虚拟空间中,"权利基本上是围绕着文化代码和信息内容的生产和传播进行的"。青年虽然在现实社会结构中处于弱势地位,但可以借助互联网技术实现个体赋权,以积极的互联网参与行动对社会结构和社会关系产生作用。当然,时刻被"仪式观看者"所"凝视"的"演员"们也随时面临着新的压力和冲突,不少受访者流露出长时间不受关注的失落,"我觉得自己的视频不错,就是不怎么涨粉,有时候就觉得没动力"(受访者A11);"很怕有一天创意会枯竭,想转型但又很难"(受访者A13)。渴望流量而不得、渴望爆款而难遇的现状难免使青年群体在网络空间再次受挫。在这样的现状之下,他们唯有不断投身创作,积极捕捉受众偏好、"驯服"算法、参悟平台的生存逻辑,以持续的参与缓解新一轮冲突所带来的焦虑和压力,在实践中巩固自身作为积极的文化生产者的全新身份。

互联网极大地激发了青年群体的参与欲望和主体意识,使参与成为网络时代的典型文化现象。从仪式研究的理论视角对本研究的对象进行分析,我们大致可以描摹出网络视频空间中青年群体进行参与的动因以及基本的行动逻辑。

首先,从源头来看,中国青年所处的时代背景、社会规则、教育环境等结构性因素,使青年一代在成长过程中时刻受制于现实社会结构,由此产生身份焦虑并滋生出对个体认同、社交关系、文化表达等方面的深深担忧。恰在此时,网络视频这一互联网技术赋能之下的影像应用为青年群体建构了全新的线上生活场景,他们试图通过网络视频创作、传播、互动,将自身的个人情感、生活习性、生存需求转移至网络空间，以摆脱现实世界中的种种束缚，缓解焦虑情绪。以此为契机，青年开始调动自身的主体意识，以"弥补性仪式"——网络视频参与来修正"冲突"——身份焦虑的意义生产实践。

其次，作为一种破除身份焦虑、弥补冲突的措施，青年群体可以在网络视频参与中获得情感能量、实现身份认同，并完成互联网共享精神的发扬与传承。在参与的过程中，青年群体暂时脱离了现实社会的文化结构，个体不再受到现实中角色、关系和规则的束缚，而是以作品质量、受众反馈以及流量回报作为个人创作的价值标尺；他们开始以自由平等的创作和互动重塑自我身份、重构人际关系，在网络世界中描绘全新的自我生活图景，而这一时期新的"冲突"也不断上演。

最后，中国网络视频空间的青年参与实践最终改写了青年群体在网络社会中的身份角色，使其以积极的文化生产者这一全新角色站在了社会文化发展的时代大潮之中。随着参与实践的持续进行，青年的身心暂时远离了现实生活中的焦虑和负面感觉，重新回到了理想的平衡状态。在"仪式观看者"的"凝视"下，他们通过持续且更具主体性的文化实践，巩固自身作为文化生产者的身份，建构并融入新的社会秩序和文化结构，从而改变整个社会对网络时代青年的角色期待。

以上研究发现无疑吻合了特纳关于仪式过程的分析，即社会生活中的对立是不可避免的，平等与不平等、结构与反结构致使社会难以保持永恒的平衡，而仪式正是这个暂时消除不平等、重建新结构的机制。从15位青年视频创作者的访谈内容中我们可以看到，新一代中国青年尝试通过网络视频内容生产和传播来解决现实社会中的种种冲突，从而完成文化身份的转换，甚至实现财富积累和阶层跃迁，改变自身在社会结构中的地位。也就是说，他们把网络视频中的参与实践视为破除现实生活矛盾冲突的有效机制。细观当下的网络视频平台，许多崛起的内容创作者们获得了在现实生活中难以企及的高光回报，他们以自身行动验证了这一路径的可行性。从结果来看，正如特纳对地位提升仪式的描述一样，作为"仪式的主体"，处于现实社会结构束缚中的青年一代通过网络视频空间的参与实践，不再受制于现实中的阶层与文化结构，可以由地发挥创作想象，投身互联网文化生产。"积极的文化生产者"这一新身份使青年群体的审美旨趣、文化品位不再为主流社会所鄙夷，而是日益成为商业文化竞相追捧的潮流风向标，甚至越来越多地被社会主流文化所吸纳和挪用。由此，人们对青年的角色期待发生变化，全新的结构关系也将被重新建构。

尽管如此，稳定的结构也并非永恒存在，"社会似乎是一种过程——一种辩证的过程，它包含着结构与交融（Communitas）之间交互更替的阶段"。[①] 对于青年一代而言，参与作为一种仪式，无疑建构并巩固了新的结构，为其塑造了新的身份，但随之而来的是全新的社会期待和新一轮的冲突。恰如当下的网络视频平台，流量焦虑、时间焦虑开始弥散在网络视频创作者之中，一方面，青年群体为摆脱现实社会压抑而投入网络文化生产；另一方面，青年群体在网络空间的地位提升之后又忧心于如何持续进行有质量的文化生产，以稳固其地位，从而再度陷入新一轮的结构"陷阱"和冲突。

毋庸置疑，青年的参与实践对我国网络空间治理以及青年文化工作提出了新的课题。在自由与限制同在、梦想与焦虑共存的网络视频创作中，如何合理平衡青年文化表达与网络空间治理，如何有效联结现实社会实践与互联网文化实践，促进青年文化健康、有序、蓬勃发展，成为习近平新时代中国特色社会主义文化建设中的重要命题。出于研究的需要，也囿于资料的限制，本文探讨的议题着重关注青年参与网络视频生产的动因与行动机制，对参与带来的后果和影响并未过多展开讨论，这将是后续研究的重点。仅从行动者本身来看，青年群体在网络视频空间的参与活动无疑建构了当下青年文化独特的意义表达空间，这一仪式化的文化生产实践也恰好体现了青年时常被忽视的主体性的一面。

---

① 王铭铭.村落视野中的文化与权力：闽台三村五论［M］.北京：生活、读书、新知三联书店，1997：388-389.

三、文化共享与精神传递

在对一些相对资深的视频创作者的访谈中可以发现，他们之所以对内容创作饱含热情，深层原因在于他们对某种文化或价值观的强烈认同和分享诉求。

一方面，他们完美地演绎着文本盗猎者与影像盗猎的角色身份，通过对文化符号与通俗叙事的敏感把握和追逐，不断借用新的文本符号建构身份、表达文化主张。在访谈中，不少青年创作者表示，自己创作视频的目的或动力是分享自己所钟情的文化。"我很喜欢二次元文化，做视频的目的就是想传播二次元文化"（受访者A09）。在以往的研究中，青年文化具有表演性这一观点已成为学者的共识。在互联网出现之前，青年文化的表演性多借助服饰、发型、行为举止、文字等形式体现。如今，网络视频成为青年进行"表演"的新道具，青年熟练地使用视频工具进行文本的生产和再创造，将现实生活中难以自由表达的"另类"文化主张在网络视频建构的虚拟世界中尽情释放。

另一方面，作为互联网原住民的青年一代深谙网络文化的参与之道，在参与的表象之下包裹的是文化共享的精神内核。亨利·詹金斯用"集体智慧"描述互联网参与式文化的协作共享精神，在网络视频空间，这种文化共享、知识共享的精神始终贯穿在青年的参与过程中。例如，在视频剪辑圈有一群热衷于"砍柴"的创作者，他们整理大量的影视素材，再将这些"砍好的柴"无偿分享给他人，"圈内的人很无私，都是靠共享的心态在做，一毛钱都不挣"（受访者A05）。仅从这一点来看，参与已不再是一项单纯的内容生产活动，而是一种互联网文化精神的践行和传承。

从最初创作层面的情感鼓励到创作者身份认同的建立，再到精神层面的共享文化的传承，不难发现，青年人在网络视频参与的仪式表演中，是依照层层推进的基本逻辑渐进展开的，这样有节奏且遵循一定章法的参与实践正好吻合"仪式剧本"对仪式过程的程式化规定。作为遵照"仪式剧本"进行表演的演员，青年人在由浅到深的参与过程中逐渐获得越来越多的情感回馈和精神满足,他们扮演着内容生产者、文化生产者的"仪式角色",在创作和交流中强化身份认同、重获优越感,也就是说,网络视频参与成为青年重塑身份、实现价值认同的重要途径。网络世界的价值标尺不再是地位、阶级、年龄,而是作品质量、用户反馈以及流量回报,青年人以"蹭热点"的方式对传统的文化权力关系展开进阶路径的反叛,并实现对现实生活中固有秩序的主动颠覆。冲突本身的目的就是释放和发泄紧张情绪,故有学者借用科塞和齐美尔的"安全阀"形容"阈限"阶段的特征,认为它为敌对情绪提供了发泄通道,避免了原有关系的破裂。青年人正是借助网络视频参与实现了与现实社会规则的尝试性叛逆,进而缓解并释放消极情绪,与自己达成和解。

女友迷群、具身参与和情感展演*

在娱乐场景中，某艺人在微博公布女友信息之后粉丝的过激反应引发后续网络暴力事件，美国 ITUNE 音乐排行榜单因某歌手粉丝的应援刷榜出现数据混淆现象，以及电视台曝光某艺人微博转发量上亿，追责流量造假及虚假营销等问题，引起广泛的争议。在多起流量明星的粉丝行动的余波中，粉丝经济不可见之手由幕后走向台前，以男性艺人的"女友""老婆""妈妈"等标识为符号性"亲密关系"的粉丝迷群也由"饭圈"（Circle of Fans）走向大众，从亚文化、青年文化的自娱话语进入大众传播与网络文化研究的批判视野。"爱豆"（Idol）粉丝运营、粉丝造星、流量水军等现象已不足为奇，以"女友迷群""爱豆"为代表的粉丝、艺人关系互动与亲密关系想象更值得我们深思。

考虑到访谈和写作的文体流畅问题，本文将尽量援引"饭圈"词汇。"饭圈"，特指娱乐明星的粉丝圈层，也被称为"粉圈"。"爱豆"，也被称为演员、偶像，是粉丝行动中崇拜与想象（心理）、消费与应援（身体）、欲望与关系（虚拟）的投射、反应与建构的客体；"爱豆"一词，以音译的方式，重构了粉丝迷群对所爱慕、追逐、遥望的"偶像"的符号光晕，"爱"与"豆"二字之上所附着的亲密想象与日常生活的情境意指，不仅摆脱了"追星""偶像崇拜"等词汇中冰冷和技术性的色彩，也为今日之"粉圈"塑造全新的语言符号系统奠定了基础，如食物类，"玉米""小汤圆""小螃蟹""笋丝"；物品类，"芦苇""羽毛""千纸鹤"等。

---

* 本文原载于《华东理工大学学报（社会科学版）》，2020 年第 3 期，收入本书时有改动。

一、具身实践的粉丝与迷群

饭圈迷群,有学者将之宽泛地界定为痴迷爱好运动类、商品类和娱乐活动,或沉迷、爱慕和崇敬电影演员、运动员等人群①。本文所指涉的"女友迷群",主要是指娱乐演员(主要是男性演员)女性粉丝迷群中较为特殊的群体,其表征为在线上的网络社区及线下的追星应援中,自我表述为男性演员的"女友";"女友迷群"的相似亚族群包括"老婆粉""逆苏粉""妈妈粉"等迷群,是粉丝文化中社会性别模式凸显、虚拟亲密关系表征强烈的一个亚族群。在本文中,"女友迷群"作为文化学和传播学研究视域下的独特概念,是标识中国当下娱乐、文化和新媒体场域中一种亚文化态的粉丝族群;"女友粉"与"女友迷群"的概念在文中会交错出现,分别指代个体与族群。

艾漫数据与微博数据中心联合发布的《2018粉丝白皮书》称,微博是娱乐粉丝迷群聚集的主战场。2017年,关注娱乐演员微博的粉丝总人次为128亿,而在2018"中国偶像元年"之时,这一数据已达到167亿人次。女性粉丝迷群(61.1%)与男性粉丝迷群(38.9%)合力驱动了中国粉丝身份与文化行为的多元化发展,女性粉丝持续增多;唯粉(59.8%)、理智粉(57.7%)、妈妈粉(49.1%)、老婆/女友粉(42.5%)、颜值粉(35.3%)与事业粉(27.1%)等粉丝迷群②属性与身份标签,在概念分化明显的趋势上,呈现出重叠(94.2%)和流动③趋势。在年龄层面,20—29岁(71.2%)及30—39岁(20.2%)的中青年是粉丝迷群的主体,20岁以下的青少年和40—50岁及

---

① 詹金斯.文本盗猎者:电视粉丝与参与式文化[M].郑熙青,译.北京:北京大学出版社.2017:12-16.
② 唯粉指只喜欢一位偶像的粉丝;理智粉指较为成熟冷静、较少参与网络论战的粉丝;妈妈粉是指养成型偶像的粉丝中以"妈妈"自称的群体;颜值粉与事业粉分别表示粉丝族群的喜爱与关注范畴。
③ 此处的"流动"特指在粉丝文化中,粉丝们对偶像"爱豆"的短暂迷恋和喜爱,"爬墙"一词被用来形容这一现象。《2018粉丝白皮书》的调查显示,一年不到就爬墙的粉丝占60%以上,只有1%的粉丝能坚持5年。

以上（3.8%）的中老年人群是粉丝迷群中的"弱势"族群与"边缘"族群。"中国粉丝文化也进入了'野蛮生长'的阶段。与旧时的追星族不同，新时代的粉丝需要在偶像身上找到荷尔蒙投射、情感归属和自我成长的感受。在自由、开放、包容的微博平台上，粉丝不仅拥有了更多与偶像互动的机会，还借助各类产品功能，挖掘自身潜能，为'爱豆'发挥出最大力量。从散兵游勇到各司其职，从单打独斗到团队作战，微博帮助粉丝在追星过程中逐渐占据主导地位，达到自我炫耀以及自我价值实现的满足。"①

自 2005 年以来，由"超女"热潮而出现并广受批评的"非理性"中国本土粉丝迷群，在过去 13 年的发展中，充分利用新型信息与通信技术平台，不断"创新"追星方式和技巧。从超女时代的手机短信转发到粉丝网、BBS/偶像吧的建立；从自制海报、"爱豆"照片到定制户外大屏、地铁广告的出现；直至今日的 QQ、微博、微信、抖音短视频等跨媒介、跨国际追星应援模式，粉丝文化逐渐由个体、松散、自发、小群体式单向度的偶像消费文化发展为亚文化态的一种媒介行动、网络民族志场景中的有机体表征、文化资本生产逻辑中的双向传播行为。追光而去的饭圈迷群"跨越媒介平台寻找偶像，依靠网络发挥集体力量与主流媒介抗衡，改变着中国媒介环境中受众与媒介不平等的权力结构"②，形成了一种全新的"草根化和全球化"③的交往模式。饭圈迷群及其文化身份与表现、粉丝经济的生产与传播模式的研究和探讨逐渐成为教育学、社会学、青年研究、文化研究，甚至文化产业研究中的课题。有研究从青年亚文化、文化身份等视角切入粉丝群体，并认为饭圈迷群的群体展演与文化互动是一种"流行文化与青年亚文化的符号象征"④，彰显出"青年人消费文化的符号嬗变、青年自我寻求社会认可的颠覆映射及青年发展中

---

① 资料来源：艾漫数据 & 微博《2018 粉丝白皮书》，http://www.199it.com/archives/811475.html。
② 张嫱.我迷故我在——探讨中国粉丝文化特色[J].中国图书评论，2011（1）：8-11.
③ 蔡骐.网络与粉丝文化的发展[J].国际新闻界，2009（7）：86-90.
④ 郑欣.当平民遭遇"皇后"："粉丝"及其偶像崇拜行为研究——以后选秀时代的"玉米"粉丝为例[J].青年研究，2007（3）：15-20.

的后现代主义成分"①。对粉丝迷群的批判研究取向是:"将粉丝视为非理性的病态人群,或是赞扬粉丝通过主动性和创造力抵抗主流意识形态。"②教育学者从偶像崇拜与榜样学习的传统对立与现代耦合中,试图探索青少年粉丝行为的引导性策略;新闻传播学者则从传播行为与消费关系等视角,解读"改革初期社会单向传播中的受众粉丝文化,生产方式变革影响下的消费化粉丝文化,数字化背景下由受众粉丝向互动粉丝的转变"③所形成的中国粉丝文化的嬗变。中国娱乐文化的发展见证了粉丝迷群从"消费主义的牺牲者"渐进演化为具有文本的"抵抗与生产能力"④的小历史。有研究以此探讨粉丝文化与性别研究的关系,认为近年来,"以女性为主体的粉丝文化","在一定程度上反抗男性凝视主导之下的性别权力结构"⑤,"颠覆女性在历史上的'被看'身份,女性也由被动受众转而成为主动寻找玫瑰梦的原创动力"⑥。

本文尝试突破"粉丝消费""亚文化"的饭圈迷群与粉丝行为的固有描述,深入探寻在"女友迷群"的角色形成、身份认同与迷群狂欢的过程中,所彰显的身体迷思与虚拟的亲密关系的想象架构,并展开对其制造、生成与传播机制的讨论。

通过参与式观察、在线聊天、线上与线下参与等形式综合运用,本文对2018—2019年活跃于新媒体场域中积极应援的19位(以下用GF01—GF019代替)"女友迷群"的参与行动者进行了个体与"迷群"生命历程的访谈。

本文所描绘的"女友迷群",其成员年龄19—27岁,均为大专学历以上,女性,粉龄为3—8年不等,是新生代饭圈迷群的实力担当;她们出生在1990

---

① 沈杨.网络虚拟偶像粉丝现象的逻辑窥探及其引导路径——以二次元唱见"洛天依"为例[J].青年发展论坛,2018,28(6):86-92.
② 胡岑岑.网络社区、狂热消费与免费劳动——近期粉丝文化研究的趋势[J].中国青年研究,2018(6):4-12,77.
③ 姜明.改革开放后粉丝文化的三次"历史转型"[J].文艺争鸣,2018(1):191-194.
④ 胡谱忠,孙佳山,何瑶,等.小镇青年、粉丝文化——当下文化消费中的焦点问题[J].文艺理论与批评,2016(4):36-44.
⑤ 严晶晔,何天平.制造偶像:反思粉丝参与时代的结构性屈从与抵抗——对SNH48组合及其粉丝社群的一项考察[J].新闻春秋,2018(2):76-84.
⑥ 鲍震培.媒介粉丝文化与女性主义[J].南开学报(哲学社会科学版),2013(6):120-129.

年后，大多在小学时期就开始使用电脑、接触互联网，熟识社交媒体，能运用文本及图片、视频编辑软件；自主性强、有一定的经济自理能力；对"爱豆"的选择与迷恋有自己的想法，能将自己对"青春""成就""梦想"等理解与粉丝行为链接，也能相对理智地认识到追星是一场心理、身体、智慧与情感多重交战的战场。

（一）青春"理想的嫁接"

通过考察被访的"女友迷群"由路人转粉、入饭圈并逐渐确定自身身份的粉丝生命史发现，"饭圈"的浮现与泛化、美型偶像的出现与青少年粉丝的投诚催生了"女友迷群"诞生的文化土壤。"小哥哥"与"小鲜肉"式的造星运动和偶像养成类真人秀节目近年来的大肆泛滥，霸屏中国传统媒体与社交媒体，并成功入侵了"女友迷群"的在线青春和性别展演的文化场景。有研究指出，娱乐类真人秀节目通过仪式性的流程设定、竞争机制的符号化表达，形成美好、快乐、性感、勇气的"青春镜像"[1]，也产制出一种参与仪式观与集体记忆[2]。青春镜像的产制模式，在偶像养成类、歌舞真人秀节目中尤其明显，它不仅呼唤着观看者的情感共振与青春体验的投射[3]，也为现实中青春主体的迷惘、抗争与自我实现的不完美打开了一个可供安放的移情文本。

多位被访者提到了年少时心动的瞬间，源于"初中无聊看电视的时候"（GF 01）；"初三入圈，那时候选秀挺多的"（GF02）；"看选秀节目""从此zqsg（饭圈术语，意为真情实感）"（GF06）；在女友迷群的集体记忆里，初中、高中时代是灰色暗淡的，"生活太沉闷"、自己也处处"和同学不同"、因为"偶尔电视上看到刚出道的'爱豆'，就觉得笑起来很治愈，被秒杀了，从此走上不归路"（GF11），自己的人生也从此因为喜欢上了"帅""甜""可

---

[1] 韩东梅.青春镜像——真人秀节目《花儿与少年》的文化意义解读[J].电影评介，2014（10）：78-80.

[2] 彭亚辉.基于"仪式观"的视角解析电视真人秀节目对"集体记忆"的建构——以《真正男子汉》为例[J].传播与版权，2015（9）：72-73.

[3] WU W H，WANG X Y. Cultural performance and the ethnography of Ku in China[J]. Positions East Asia cultures critique，2008，16（2）：409-433.

爱""会唱""跳得好"的"爱豆"而焕发光彩。

"爱豆"由此成为其青春期里的"理想的嫁接"（GF11）；"女友迷群""觉得他浑身上下都是好的，哪都好看"（GF01）；对"爱豆""充满了仰慕"（GF02）；"爱豆"成为粉丝们的"梦想机器"（GF17）；"喜欢他，是因为现实中没有啥值得喜欢的（男人）"（GF01）；希望"爱豆"可以"既当榜样又当男朋友"；激情退却之后，还"会以他来做自己的择偶标准"（GF11）。屏幕上的初遇，遥远的凝视，最终完成虚拟亲密关系中"男—女"朋友的想象性建构，或许是每一位"女友迷群"中的个体由路人转粉，并决定以"爱豆"为青春中的"性别觉醒"的标志开场。

（二）"亲密想象"的距离美感

在"路人/观看者（听众）—女友迷群"的角色转换中，我们可以清晰地窥见广受嘲讽与批评的"女友迷群"脆弱而又结构性的"爱豆"意向的构建。"爱豆"，是"女友迷群"青春叙事的开篇主角，舞台与屏幕赋予其一种符号化的、鲜艳的主角光晕，遥远地引领着视听文本的消费者性别意识的萌芽、虚构与美化。在采访中，多位被访者都提及了"女友迷群"和"爱豆"之间那美好、微妙、隔空互撩的距离美感，"女友迷群"和跟踪、偷窥、无底线跟拍的"私生饭"是截然不同的。"爱豆"，更准确地说是一种视听化、屏幕化、美型化的青春符号，在"女友迷群"的想象性解读中，他们的制造、传播与"若远似近"的关系意义的敷衍，浪漫化地建构出中国新时代青少年群体对青春以及成名的最初想象。

"女友迷群"是由典型的中国新时代青少年群体中的普通人构成的。她们受到互联网、移动通信、智能应用、社交媒体的技术影响深刻，在全民媒体、泛娱乐文化恣肆的 2000 年之后遭遇青春期里第一次对"小哥哥"的"心动"（GF18）。在她们的成长过程中，个体对异性"爱豆"的"亲密想象"与新媒体赋权下的虚拟关系的互动，复杂而又结构性地交织在一起，共同形塑了"女友迷群"这一独特的亚文化符号与媒介化的身份标识。

在时间线上，"女友迷群"是与中国偶像养成节目、社交网络与偶像文化的技术性共谋同时出现的；在空间线上，"女友迷群"的形成，横跨中国电视屏幕与网络视频两个媒介，在贴吧、论坛、微博等虚拟空间中首先完成自我转型与身份认同，并实现线下行动与日常实践。"女友迷群"文化认同与日常经验中的行为特点，也在此时空线的交织中浮现，即显化的"自我女友化""被女友化"的身份追逐，以"男—女"友的异性恋常态化赋予自身的迷恋与行动以意义；在此身份中，"我爱你""娶我吧""要给你生猴子"等成为被访问的"女友粉"们最常态的三段式自我表达。粉丝类型的差异性标记在"女友迷群"的语言表达、身份认同与行动参与中尤其明显，"女友粉不是私生饭""女友粉不是亲妈粉"，但"女友粉可以是唯粉"的表达在采访中屡屡可见。"你要有强大的心脏才可以承认自己的'女友粉'身份，好像身边的同学和朋友都觉得你脑残，但你还是想坚持下去，其实挺难的。读书时还好，一实习就要躲起来用小号来粉了。"（GF18）每一个"女友粉"个体的形成都在努力排除他者化的自我怀疑，以完成"自我"身份的肯定。

二、身体迷思与虚拟关系

"爱豆"，是"女友迷群"在探寻自身性别身份、消费性别符号的大众文化产制过程中的最初客体。"爱豆"的容貌、身体、表演成为"女友迷群"性别符号消费活动中的驱动性能指，由此能指所建构的"爱豆—男性（也偶有女性）"以及"女友迷群—女性（也偶有男性）"的关系预设，诡谲地契合在二元化的异性恋模式框架中，却又散发着浓烈的娱乐至上的"男色消费"[①]倾向。

（一）合谋制造新型男性气质

"女友迷群"所关注的"爱豆"，时常与近年中国电视屏幕与网络文化中喷涌而出的"小鲜肉""小哥哥"交织在一起。"小鲜肉"与"爱豆"形象，

---

① 王一潘.娱乐时代的男色消费："小鲜肉"批判[J].上海艺术评论，2017（3）：56-60.

也形成了一种视觉修辞上的互文性，二者相互参照、互为解释，折射出粉丝亚文化中情欲想象的意义互动。"小鲜肉"奠基了"爱豆"意义的最底层结构，以其鲜明、独特、世俗性的语词组合特征，指涉着温和浪漫的"男—女"朋友想象关系中身体迷思的浮现，粗暴地撕破了"小鲜肉/爱豆"的身体展演与"女友迷群"那含蓄的情欲想象之间的象征性互动——"小鲜肉/爱豆"的颜值与身体展演是爱与追逐的起源、是青春迷狂与粉丝行动的力量。懵懂觉醒的"小鲜肉/爱豆"的身体是视觉化的、物化的，更是被理想化的——在此身体迷思的意义流动中，被观看的男性（个体）与凝视中的女性（群体）轮番上阵，合作完成中国新时代男性气质与女性气质的重新界定。

近年来，有研究指出多元化男性气质的浮现和呈现，正在逐步改变和解构中国社会的性别/权力秩序[1]。这一趋势映射在"小鲜肉/爱豆—女友迷群"的性别/权力场域中，更凸显出中国性别文化的时代性变迁。"小"所指代的"未成熟的""青春期式"的年龄特征，"鲜"所标注的"未经世事""年轻懵懂"的颜值与心理意向，"肉"所指向的"污名化"的"身体"与"情欲"的想象——两者的组合，完成了一个独特的青春期/后青春期的身体符号的生产。有研究批评，"一些男性（尤其是年轻男性偶像）……为自己塑造出'小鲜肉'的形象，主动去迎合他人对于'小鲜肉'的定义和期待，这些男性开始自觉地成为审美的客体，开始有种被凝视的自觉性"[2]。我们发现，"小鲜肉"的形象实则是符号生产、娱乐产业与青年文化的三者合谋。正如"爱豆"难以被"爱豆"自我生产，"小鲜肉"也不能被"年轻偶像男性"自我塑造——"小鲜肉"虽然是对处于流动中的男性气质和男性身体展演的解读，但在近年，已然成为形容"年轻偶像男性"的身体影像与物化的一个世俗化名词。

---

[1] 皮兴灿，王曦影. 多元视野下的中国男性气质研究[J]. 青年研究，2017，17（2）：85-93.
[2] 詹俊峰. 从小鲜肉现象看男性身体的表征与物化[J]. 湖南工业大学学报（社会科学版），2016，21（5）：47-52.

（二）虚拟亲密关系的契约绑定

"爱豆"并不止于"小鲜肉"，在颜值与身体展演之外，"爱豆"附着着更为复杂、精致、完美的虚拟男友人设光晕。"完美的理想男友，又帅又有才"（GF02）；"花痴一般"，对他"各方面动态都很关心"（GF04）；"会选择无条件地相信他"（GF06）；最美丽的幻想是"面对面听他说情话"（GF01）；梦想能"偶遇他，然后（他）爱上（我）"（GF17）。"爱豆"的虚拟男友人设，隐藏着"女友迷群"对变迁中的"男性气质"的希冀与接受，它可以是柔和的、小绵羊式的，甚至是中性的；也可以是性感的、帅气的、肆意的。虚拟男友人设的绝对性和纯粹性，仿佛为"女友迷群"构建了一个爱与情欲想象的水晶宫殿，透明而脆弱，精致而易碎。其中，"女友迷群"对"爱豆"的无条件心理迷恋与成名之路上的仪式性供养，"爱豆"对"女友迷群"一视同仁的符号性回馈——微博上的虚拟互动，"老婆""比心""爱你们"（GF18）；以及"粉丝见面会"上的真实互动，"见到真人，不是更爱就是脱粉，我是前者，觉得他比屏幕上更帅啦"（GF14）；"照片、视频完全拍不出他的万分之一好看！真人真的超级好看，又有气质"（GF06）。

虚拟男友人设，也在"爱豆—女友迷群"之间树立起了一道不可僭越的水晶之幕，为"女友迷群"之间相对理性地处理"嫉妒""独占欲"奠定了基础，以便"女友迷群"的个体之间组成暂时性、随机性的行动者同盟，妥协性地解构了现实空间中的"男—女"朋友关系中的排他性。"感觉应该是情敌，但其实吧，都是战友。不管线上线下，粉丝关系特别好，因为喜欢同一个'爱豆'，大家都当亲姐妹一样看待。每次迅速就能跟大家聊起来，相信我，她们只跟'爱豆'的女朋友是情敌"（GF14）。"女友迷群"之间是塑料姐妹花，其资源互换与关系维护大多是在线进行的；即使在网络与社交媒体所构筑的"女友迷群"空间中，"女友迷群"也态度鲜明地排斥"爱豆"现实空间中的绯闻、恋情与爱人。"女友迷群"与"爱豆"之间，完成的是虚拟男友人设基础上的虚拟亲密关系的契约性绑定。"爱豆"需要对"女友迷群"保持其符号性、虚拟性、展演性的忠诚、唯一。

在"爱豆"的身体符号与虚拟人设的共同构建中，"女友迷群"最终完成了一则关于观看与凝视，消费与认同，身体与欲望，个体参与和族群狂欢的文化寓言。其中，性别/权力的关系模式，男性气质/女性气质都在经历着意义的重组与发现。

三、准社会交往、性别展演与主体行动

20世纪50年代，美国心理学家霍顿和沃尔从电视收视情境的研究中，提出"准社会交往"（Para-social Interaction）的概念，以形容在大众传播环境中观看者与屏幕影像之间的一种拟人际传播的互动模式[1]。该概念近年在网络文化研究、粉丝研究中屡被引用，更有研究从"青少年的偏执追星"[2]中的准社会交往行为出发，试图解答由此引发的青少年身心成长中"出现不同程度的病理性特征"[3]。我们发现，基于电视的有限的、单向度的"准社会交往"模式经由网络传播和社交媒体平台被重置和改写了。

（一）被养成的客体与内容生产的主体

在"爱豆—女友迷群"的准社会交往情境中，性别展演成为最重要的主题。被访者们自认为的"疯狂""情绪化""忠诚""自信""专一""痴迷""肯花钱""肯付出"的"女友迷群"的参与行动，通过对"爱豆"的身体消费与虚拟人设消费，形塑了全新的主客体关系。"爱豆"成为被养成、被爱与被保护的男性客体，"女友迷群"成为令路人侧目的"网络暴力分子""非理性消费""内容生产"的女性主体。"女友粉"必须"战力超强，能打"（GF02）；她们不再纠结"偏执追星"的责难，主动学习、掌握"女友迷群"的群体技能，需要"做数据、反黑、逛超话、八组、兔区"（GF09）；"文案能力强，（会）吹彩虹屁"（GF04）；做好心理建设，敢于"不要脸"

---

[1] HORTON D，WOHL R R. Mass communication and para-social interaction: observations on intimacy at a distance [J]. Psychiatry, 1956, 19 (3): 215-229.
[2] 方建移.受众准社会交往的心理学解读 [J].国际新闻界, 2009 (4): 50-53.
[3] 章洁.准社会交往中青少年明星崇拜的研究 [J].当代传播, 2009 (1): 27-29.

(GF12)；经济独立，能挣能花，"舍得花钱、舍得出力"（GF04）。在"女友迷群"热情外露甚至暴力化的主体行动中，粉丝文化的偏执型追星与单向度模式悄然改变，散发着鲜明性别展演特征的双向造星模式已然成型。

偶像数据的生产、舆论监控、人设管理成为行动派"女友迷群"日常生活中充满戏剧性的生命历程场景。数据是流量娱乐产业中，评估演员商业价值以及市场的标准之一，在这一点上微博首当其冲，成为目前最重要的一块数据阵地。经营微博数据、跟踪娱乐打榜排名、通过日常性和某些非常态的"灰色"冲榜，实现"爱豆"的网络数据排名领先，是能否成为合格粉丝的量化衡量指标；"反黑"则更为策略化和主观化，特指粉丝文化中有组织和建制性的"舆情监控"行为，包括监督、举报、删除负面评论或微博留言，对微博留言和评论进行优先级控制，挤掉差评或灌水等无聊评论，俗称"控评"，粉丝通过"反黑"来完成对"爱豆"的网络形象和"人设"的保护。

受访者 GF09 所提及的微博超话、广场、八组、兔区是饭圈迷群聚集、"交战"气氛极为紧张的社交空间。逛超话现象则由"微博超话"的社交媒体机制驱动。"微博超话"是新浪微博超级话题的简称，是指在新浪微博页面中出现的兴趣内容互动社区，是一种话题模式和社区属性相结合的附生产品。超话格式为"#话题内容#"，根据热度排名出现的"超话榜"就成为粉丝衡量所崇拜的偶像的人气、社会评价的重要阵地。八组，即"享誉饭圈"的豆瓣八组，或称为"豆瓣八卦小组"。八组成员们自称八组 er，被戏称为八组鹅。由此，豆瓣八组正式更名为"豆瓣鹅组"，成为豆瓣平台集聚粉丝与演员八卦的信息分享空间。"八组 er"网络化生存的终极理想就是聚集于此，交流、窥探、讨论、深扒各类黑料。由于八组讨论时常延伸至娱乐圈外，关注社会文化热点现象，因此吸引了大量的非粉丝网友前来吃瓜。兔区是晋江论坛所开设的网友交流区和网友留言区，兔区的匿名留言和游客评论机制，使其成为粉丝文化中集中呈现无理性辱骂、粉丝互相攻击与偶像谣言现象的聚集区。

在纷繁复杂、积极与负面、爱与暴力交错存在的新媒介化的"饭圈行动"中，"女友迷群"积极行动，需要发挥战斗力、体力、财力——与其他"饭圈迷群"进行虚拟比拼,从花式吹捧,即 GF04 所说的"彩虹屁"到 GF09 所描绘的"反黑",继而上升为"能打"(GF02),"女友迷群"贡献了迷文化与饭圈"信仰"的行动综合体,在各类型的社交平台和信息分享平台,如微博、网络论坛、网络留言区完美彰显了其女性的魅力与"战力"。

(二)参与的浪漫契约

"女友迷群"通过内容生产与现实应用,弱化和消除"准社会交往"中的被动身份及自我迷失感。在采访中,当采访者问及坚持独行"女友迷群"不归路的原因时,被访者纷纷表示,"闺蜜推荐"(GF01);"和好朋友一起粉挺好的"(GF19);"互相换'老公'的信息",突然觉得"自己也不是那么寂寞和脑残了"(GF18)。在此基础上,"女友迷群"进一步强化了原有的社交关系,建立了不同的微信、QQ 讨论群等。基于对同一"爱豆"的共同喜爱,使"女友迷群"在追逐虚拟男友的路上,集体参与,相互扶持,抱团取暖。

在 GF14 记忆里,她和另一位闺蜜在一天一夜的等待之后,因为买不起"高价黄牛票",只能刷微博里其他人放的图和小视频。对"爱豆"的追逐、迷狂交织在他人异样眼光的审视下和迷途不知返的误解中,成为"女友迷群"最为常态化的一种生命历程,即使短暂,也呈现出一种仅存于想象中的熠熠闪光感和存在价值,而其中所折射出的青少年(尤其是女性)"饭圈迷群"对女性的自我牺牲、幸福感的理解、成就感的体验,在"爱豆"现身、表演、见面会的现实场景中达到巅峰。"那就像一个造梦的世界,所有人都在尖叫"(GF16)。

在现代娱乐产业和造星运动构筑的"造梦的世界"中,"爱豆"与"女友迷群"的准社会交往成为娱乐资本生存和发展最重要的产能,"女友迷群"以其独特的性别符号标识自身的粉丝身份,在消费"爱豆"与其虚拟关系的同时,以谦卑的、供养的方式制造"爱豆"。

不出钱,不出力,不应援的粉丝被斥为"白嫖"(饭圈术语),GF18 也曾经经历过一段年少清贫的"用爱发电"(饭圈术语)的"白嫖"时光,当时和 GF14 一样靠着其他"女友迷群"的姐妹们分享"爱豆"的资源。"成功的'女友粉'首先得经济独立,理性消费"(GF18)。在采访中,经济自主、为"爱豆"花钱的"女友迷群"自觉意识不断浮现在这场虚拟关系的准社会交往中。

无论是微博之战,打榜冲榜,还是线下应援,都必须实现跨媒体、跨空间应援,履行忠诚的"供养型"女友的角色与责任,"爱豆"的成功与C位出道是建立在"成功的男人背后"默默无闻的"女友迷群"的贡献值之上的,并由此完成"女友迷群"的存在感与自我价值的实现。

有被访者认为,置身于"女友迷群"之中的自我想象与媒介行动更需要一种"自我牺牲"。只有通过"遥远的呼喊""忠诚与疯狂的"(GF18)迷恋和实际的"宛如献身"一般的网络行动与线下应援,"女友迷群"才能实现一种在现实爱情与两性关系中难以实现的浪漫契约。

生活在娱乐至上的社交媒体环境中的"女友迷群",在日常的学习和生活中仍挣扎于自我实现的漫漫青春之路,与"爱豆"的虚拟亲密关系的建立与互动应援行动的完成,使其获得了一种自我肯定与相对的自主性。"女友迷群"的出现,是中国当下娱乐产业与文化语境碰撞的奇妙产物。与"被男友化"的"爱豆"屏幕形象和媒介符号展开日常互动,是"女友迷群"的使命召唤。她们是由无数个性独特、青春飞扬的年轻人组成的,却在粉丝文化中诡谲地形成了一种单向度的、刻板化的性别符码与想象投射;她们激情洋溢地消解着娱乐产业物化偶像与物化粉丝的宏大目标,将对"爱豆"的遥远之爱,转化为女性自我牺牲与情欲化"想象"消费的混合文本,艰难跻身于流量驱动与网络参与的双重压力下。她们屈从于社会性别常态下"男—女"朋友关系的旧有模式,以一种更为激烈、暴力化,甚至是主体性自毁的表达方式经营着"女友迷群"的性别资本与娱乐场域的对决。

在此对决中,"爱豆"逐渐成名、爆红、过气,"女友迷群"中的年轻人逐渐成长、爬墙、变心。这是一段在中国社会与社交网络共同滋养的文化语境中交错演进的生命历程。"爱豆"为"女友迷群"提供了一种通过女性的支持与牺牲而成就的符号化、完美"男性"的成名想象。这一想象,虽然与"女友迷群"对于社会性别和性别身份的屈从认同,抗争性及妥协性共存;但在娱乐资本逻辑下形塑的完美"男性爱豆"也成为"女友迷群"对青春的不完美、生命中之未完成之事的"他者化"投射。

　　本文是在纷繁多变的粉丝研究和青年研究的学术语境中对中国粉丝文化中独特的"女友迷群"现象进行解读与认识的一次写作。从电视屏幕上的一见倾心，到网络与社交媒体中的虚拟互动，再到现实中的现场应援与购买，"女友迷群"的出现、存在、转变映射着中国青少年族群积极介入娱乐资本的流动以及重塑偶像文化与粉丝文化意义的主体动力。在本文中，独特且强势的中国"女友迷群"完成了从性别角色的浮现，虚拟关系的架构，身体消费与情欲想象的自我平衡，并以一种社会性别视角重新界定了"爱豆—女友迷群"的准社会交往行为，从身份认同、性别展演及虚拟关系互动等维度向我们展示了网络时代的中国青少年在当下的文化语境中的主体参与和意义生产。

网络欺凌、越轨习得与身份异化[*]

2019年10月14日,韩国演员崔某自杀离世,韩媒认为不堪网络暴力(恶评跟帖)是其自杀的主要原因[①]。10月17日晚间,中国艺人那某在个人微博发表长文:"我想对躲在网络背后操纵暴力的人说,你们妄想可以永远躲在阴暗的角落里,用这些恶意论调来破坏别人的幸福;你们妄想以这些歪风邪气挑战公众的智慧以及判断;你们妄想可以让遭受霸凌的受害者们默不作声。"[②] 当今社会,因网络暴力引发的案件比比皆是,例如,2019年6月,网友"西西269"在微博吐槽,称其乘坐某航空时未能要到毛毯:"气死我了,第一次坐飞机坐得这么憋屈。"该微博被"民航小报报姐"公众号挂出,并标以"大家快去给这位旅客发条毛毯",短短数小时,该网友的微博被网民攻陷,毛毯之怨蔓延成一起群体性的全网欺凌事件。[③]

网络欺凌伴随互联网和移动通信、社交媒体的普及而出现,是个人或群体通过电脑、移动终端等信息通信技术对受害者实施的有目的性、重复性、暴力性且恶意、在客观上造成伤害的行为。社交媒体、在线直播、短视频平

---

[*] 本文原载于《南京邮电大学学报(社会科学版)》2021年第1期,与姜俣合作,收入本书时有改动。

[①] 刘晨,严一笑,陈尚文.网络暴力格外突出,从艺人自杀悲剧看"韩流"另一面[EB/OL].(2019-10-22)[2020-03-01].https://world.huanqiu.com/article/9CaKrnKnmzT.

[②] 李东尧,温家越.那英、炎亚纶与宋茜等众明星向"网络暴力"宣战:这些文字与"刀枪剑毒"无异[EB/OL].(2019-10-18)[2020-02-03].https://world.huanqiu.com/article/9CaKrn Knj1n.

[③] 一条飞机毛毯引起的网络暴力[EB/OL].(2019-06-28)[2020-03-01].http://www.thecover.cn/news/2158029.

台上的匿名参与、短评点赞以及情感激发的模式，在促进虚拟情感互动和在线交流的同时，为网络欺凌孵化了情绪极化和群体介入的温床，其激发的频率、场景和形态不断演化升级——从曾经小圈层的熟人网络蔓延到开放社交媒体环境中的群体性欺凌；从校园欺凌和职场欺凌的在线化发展成陌生人网络中的旁观—参与式欺凌——逐渐形成高频度、全球性的媒介和社会现象——之所以是媒介现象，是因为网络欺凌的网络化、数字化的依附与表现形式；但其现实性和社会性也是不争的事实。虽然网络欺凌并未完全复制现实欺凌模式，但其对欺凌权力的媒介化放大、对受欺凌者的群体性污名却是存在的，如言语欺凌（恶意取笑、威胁）、关系欺凌（社会排斥、散布谣言）、"恃强凌弱（或以多欺寡）、持续伤害"以及"群体或个人"的"多对一"或"一对一"的欺凌模式、"重复实施"[1]"攻击性"和"故意伤害"[2]等行为特征。

2019年10月21日，《人民日报》在微博上主持"网络言行请三思"话题，并微评道："从贴标签，到放箭，再到恶意中伤……宣泄畸形快感，喷发心理毒素，一些网络言行，夹枪带棒，让人不寒而栗，更带给受害者永久的心灵创伤。一旦放任，人人都是受害者！心存善意，拒绝充满暴力的网络言行，别让沟通的工具，变成伤人的凶器！"[3]

网络欺凌是传统欺凌借助互联网技术实现的自我继承与异化，是网络与社交媒体环境中越轨行为的虚拟投影，呈现为在线、媒介化和社交化的发展态势，更具有虚拟化、去具身性和网络中介化的暴力表现，其对被欺凌者造成的身心伤害，对网络清朗空间以及网络社会治理的破坏是惊人的。本文由此出发，尝试在媒介社会学的理论框架中，探索群体性网络欺凌的衍生机制、

---

[1] 网络欺凌中的重复性不仅包括个体或群体恶意行为的重复性，也包括个体短时、即兴、随机聚结，单一恶意行为因集聚而对被欺凌者形成伤害的重复性。

[2] LONJE R，MTTH P K. Cyberbullying：another main type of bullying？[J]. Scandinavian journal of psychology，2008（2）：147-154.

[3] 人民微评：拥抱阳光，#网络言行请三思[EB/OL].（2019-10-21）[2020-02-203]. https://weibo.com/2803301701/Icz3nxYJ1.

触发动力；以及过程中介入的欺凌者，即在互联网中以"恶评党""黑粉"与"键盘侠"标识的青少年网络族群，是如何理解、诠释、认知自己所遭遇、旁观与参与的网络欺凌的；他们是如何在欺凌者的虚拟身份建构中，实现对虚拟暴力的越轨习得与共舞的。"恶评党""黑粉"与"键盘侠"等网络族群，是隐藏在网络中、社会与人种特征极为模糊的虚拟族群，在本研究中，因被访者的屡次提及而显化。此三个族群虽有明显的在线交往的差异，但拥有极为相似的行为特征和交流模式，常被用以描述社交媒体中负面、攻击性信息的散布群体。"恶评党"以恶意、偏激、侮辱性的评论为标识；"黑粉"具有持续性诋毁、中伤的常态性行为模式。"键盘侠"虽以"正义"标榜自身，但其行为的"恶评模式"明显，常用社会公义为自我解释，进行人肉搜索、他人信息暴露及网络情绪鼓动，引发网络暴力舆情。

2019 年 9 月至 11 月，我们通过参与观察、在线聊天与线下访谈，完成了基于北京（5）和江苏（3）、四川（2）、河南（2）、广东（1）、黑龙江（2）、上海（6）、重庆（4）等省市共 25 人次的数据收集。本文中的 25 位被访者年龄跨度为 16 岁至 24 岁，14 位女性，11 位男性，被访期间均居住在城市（其中 4 位父母仍在村镇，为农村户口）；每天接触互联网时长在 1 小时至 3 小时不等，以手机接入互联网为主。使用诉求以刷朋友圈、阅读网文、追实时热点、超话打榜、玩游戏、看视频、网购等为主。被访者使用的有社交媒体，如微博、微信；社交型音视频媒体，如 B 站、抖音、快手等；网络小说阅读网站，如晋江、纵横等；知识分享，如知乎、豆瓣等；游戏社区，如游民星空等。

被访者均被问及"你是否在网络上主动发过、转发过攻击性（负面的、嘲讽性、辱骂的）信息、图片或视频"以及"你觉得，你有没有遭遇过网络欺凌（欺凌他人或被欺凌）"。在访谈中，有 21 位被访者表示自己曾在社交媒体留言区、视频弹幕区及游戏聊天区以直接或隐晦的语言发布过攻击性言论或信息；11 位被访者谈到自己曾主动或被动参与网络论战；15 位被访者转发过嘲讽性的恶搞图片及鬼畜视频；4 位被访者承认自己是粉圈"黑粉"，"感觉太油腻了，看到他的黑料会去点赞一下"（L，女，18）。"很虚伪，欺骗老公，

连主持人都说她是最有欺骗性的,我觉得她只有黑粉了吧。看到新闻就跟风骂两句"(M,男,21)。12位被访者均提及自己转发过熟人的表情包。被访者们均认为自己曾经历网络欺凌。可以说,本文中的被访者,正是中国网络欺凌现象中非常典型的陌生人—路人族群,他们对网络暴力和欺凌有粗糙的辨识和理解,但偶然会以一种主动或盲从的方式卷入群体性网络欺凌事件。本文希望能在网络欺凌的常态研究中寻找非常态的"欺凌"主体——作为偶然性、随机性的欺凌行为制造者,在中国互联网与社交媒体中,是如何被隐藏与显化的;他们又如何在生产、转发、评论所催生的群体动力中被裹挟卷入,越轨习得,从一种原本为"恶评""黑粉"与"键盘侠"的旁观者角色转化成为网络欺凌的参与者。

一、媒介社会学视野下的网络欺凌

网络欺凌(Cyberbullying)是21世纪互联网研究、新媒体社会学研究中的新现象与新问题。网络欺凌是传统欺凌(Traditional Bullying)在互联网环境的粗暴延伸与异变,依托于网络的实时、匿名、社交属性正呈现跨时空、跨媒体、跨圈层不断泛滥的全球趋势,表现出迥异于传统欺凌行为(校园欺凌、社区欺凌、职场欺凌等)的新特征,传统欺凌研究所辨识的权力三角"欺凌者、旁观者、被欺凌者"也在网络欺凌中呈现出更为混乱的组合关系。

以往的研究对于网络欺凌的科学界定与分类多有分歧。网络互骂论战、人肉搜索和鬼畜恶搞是否属于网络欺凌?只有威胁到被欺凌者身心安全的行为,才是网络欺凌?网络欺凌并生于现实欺凌,还是网络欺凌仅存于网络之中,这二种形态又有何不同?在中国的社会科学语境中,网络暴力与网络欺凌又是何种关系,二者为一体或各有差异[①]?上述问题为网络欺凌研究受争议之处。究其原因,网络上所呈现的(语言与行为)欺凌和暴力表现形态各

[①] 本文将网络暴力归置于媒介暴力的理论框架中,包含网络中的暴力交互(如网络欺凌的种种类型)与暴力文本的传播(如暴力游戏中的设定与场景、视频中的暴力血腥画面),因此,网络欺凌隶属于网络暴力,但网络暴力的研究区域更为宽泛。

异,不仅因欺凌行为发生中的国家、地区、种族、社会、文化、信仰等差异而各有不同,也会因信息通信技术的平台、应用的技术、媒介参与的差异而各有所别,更受到欺凌双方的年龄、性别、族群差异而不同。

通过分解网络欺凌行为模式,对其属性与类型进行描述,是当前普遍对网络欺凌进行界定的方式。例如,Taskin Tanrikulu 将网络欺凌行为分为以下 10 个类型:①网络论战(Flaming):用愤怒和粗俗等负面情绪的文字信息,试图挑衅或攻击某个人或群体;②网络骚扰(Harassment):重复发送侮辱性或诬蔑性的信息;③诋毁诽谤(Denigration):对他人进行毁谤,使其名誉受损或身陷流言;④冒充假扮(Impersonation):利用虚假账号模仿他人发送具有侮辱性与伤害性的信息,使受害者在朋友关系或所处的社交环境中陷入尴尬困境;⑤在线揭露(Outing):未经允许分享他人的照片和视频,包括揭露他人的隐私信息,如"人肉搜索";⑥网络欺诈(Trickery):通过示好获取其信任,诱导其行为以套取个人信息;⑦在线排斥(Exclusion):故意将个体持续排斥在集体之外阻止其加入;⑧网络跟踪(Cyber-stalking):利用电子通信设备对他人进行盯梢,进行强迫性的关系入侵[①],骚扰他人并令他人感到疲倦、厌烦;⑨在线凌辱(Humiliating):利用各种信息传播工具记录侮辱性的状况或人身攻击的过程,并在网络媒体上进行传播,如恶意鬼畜;⑩色情信息(Sexting):向个人或群体发送色情内容[②]。

有研究发现,演员与公众人物更易成为群体性网络欺凌的对象。[③] 但近年来,群体性网络欺凌的无差别攻击也使普通人深受其苦。其中,因网络亚文化、游戏及粉丝圈层的文化误解与圈层对立将青少年也拽入网络欺凌的深渊,不仅会对青少年的身心健康产生极大的影响,也在客观上助长了网络中肆意

[①] PITZBERG B H, HOOBLER G.Cyberstalking and the technologies of interpersonal terrorism [J]. New media & society, 2001, 4 (1): 71-92.

[②] TANRIKULU T. Cyberbullying and basic needs: a predictive study within the framework of choice theory [J]. The anthropologist, 2017, 20 (3): 573-583.

[③] WHITTAKER E, KOWALSKI R M. Cyberbullying via social media [J]. Journal of school violence, 2014, 14 (1): 11-29.

流动的敌意情绪、暴力言论与恶意论战。

2000年以来，国内研究开始关注群体性网络欺凌现象。2006年，国内某网络论坛先后出现"虐猫事件"和"铜须门事件"两起大规模群体性网络欺凌事件，事件主人公均被人肉搜索，自此引发了公众、媒体与学界对于这类带有群体欺凌性质的网络暴力的广泛关注和探讨。《人民日报》对网络暴力在线上和线下两个层面的常见行为进行了归纳：线上层面，指通过恶意搜索、传播他人隐私，煽动和纠集人群以暴力语言进行群体围攻；线下层面，指从道德制裁和审判出发，恶意干涉当事人的现实生活，使其遭受严重伤害，并对其产生实质性的威慑①。

2010年之后，网络欺凌凸显于社交媒体②，国内外针对微博或Facebook、Twitter等社交媒体中网络欺凌问题的研究不断增多。社交媒体所激发的网络欺凌呈现出情绪极化、陌生人参与和群体聚集的行为特点，并迅速激发由爆转引发的网络围观效应，和非理性、匿名攻击模式。群体性网络欺凌形成一种非理性的群体行动模式，欺凌者对道德制高点和攻击性的评价语态进行自我建设，并随机形成一种虚妄的群体欺凌联合体，实现思想、观念、情感的互相影响③。由社交媒体驱动的群体性网络欺凌，过程更为公开、更为公众可见；被欺凌者的随机性以及欺凌关系的间接性也极为明显。

2018年，益普索运用访谈法对网络欺凌现象展开了一项全球性调查。对于网络欺凌的来源问题，访谈结果显示，在中国，网络欺凌行为大多数来源于陌生人。（见表1）

---

① 吴炜华，丁浩. 媒介化的暴力、网络霸凌与青少年：研究回顾和中国视角[J]. 中国新闻传播研究，2016（1）：3-13.
② WHITTAKER E, KOWALSKI R M. Cyberbullying via social media [J]. Journal of school violence, 2014, 14 (1): 11-29.
③ 苏一芳. 人肉搜索与网络集合行为[J]. 中国青年研究，2009（11）：86-90.

表 1　各国网络欺凌行为的来源比重①

	总计	阿根廷	巴西	加拿大	中国	英国（大不列颠）	印度	马来西亚	墨西哥	秘鲁	沙特阿拉伯	南非	土耳其	美国
同学	51%	40%	53%	68%	48%	74%	42%	53%	53%	43%	25%	67%	22%	62%
陌生的未成年人	30%	34%	29%	20%	56%	17%	35%	39%	36%	18%	26%	29%	41%	32%
认识的成年人	16%	15%	10%	9%	28%	9%	32%	29%	12%	14%	30%	15%	5%	26%
陌生的成年人	28%	38%	14%	15%	49%	12%	47%	36%	27%	45%	43%	14%	35%	18%
不清楚身份	10%	7%	10%	14%	2%	9%	8%	8%	7%	5%	11%	11%	16%	9%
不愿回答	2%	2%	4%	0%	1%	1%	2%	3%	2%	0%	3%	3%	3%	0%

注：以上统计结果由访谈问题"据你所知，实施网络暴力的人是……"得出，问题仅询问自己的孩子经历过网络欺凌或知道所在社区中有其他孩子经历过网络欺凌的父母。

在中国，陌生的未成年人和陌生的成年人成为网络欺凌中的行为主体，比重分别为56%和49%，高于同学（48%）和认识的成年人（28%）。从各国的横向比较来看，由陌生人实施的网络欺凌在中国所占的比重明显高于其他国家。群体性网络欺凌中的"陌生人现象"极为明显。有学者以"群氓"标识这一现象，也有研究认为"群体性迷失"导致理性离场，制造出群体性

---

① NEWALL M. Cyberbullying: a global advisor survey.[EB/OL].(2018-09-01)[2020-03-01]. https://www.ipsos.com/sites/default/files/ct/news/documents/2018-06/cyberbullying_june2018.pdf.

欺凌不断重演的混乱现场。①

二、群体动力与越轨习得

网络传播中的圈层化行为趋同与文化认同，被呈现在群体性的网络欺凌场景中，催生了一种越轨习得的群体动力。2020年，以辱骂和侮辱为基本交流模式、"出口成脏"的"祖安文化"出圈，向中国青少年揭示了互联网暴力交往的一种隐秘的常态模式。"祖安"源于某游戏直播平台的主播与玩家当众对骂，该主播的粉丝以弹幕评论主播的骂技，"这就是祖安人打招呼的方式"。"祖安"随后在互联网中泛滥成灾，成为脏话和对骂的暴力场景符号，为应对网络脏词过滤与监控，"祖安人"必须寻找"如何以儒雅、随和的方式表达愤怒与讥讽，成为众多'祖安人'发挥奇思妙想的动力，并发展出了一套以英文字母、各地方言、人体器官、历史典故等要素混合而成的'祖安'语录"。②"祖安文化"也逐渐演化为以持续性语言侮辱、人肉（被称为"爆破"）搜索、互相诅咒为行为特征的欺凌游戏，存在于各类型封闭和隐秘的社交媒体和青少年亚文化圈层中。在祖安的欺凌场景中，欺凌者与被欺凌者身份是混淆的、相互的。这一特征也表现在非祖安的、开放型社交和社区环境中。

网络欺凌中的"欺凌者"是虚拟的、异质而流动的。他们是中国网络文化中所存在的独特的虚拟族群，但却是欺凌主体。一方面，他们似乎无所不在，却不具有现实的存在性；另一方面，他们所表现出非理性的攻击、聚集欺凌行为与网友戏谑对抗的纷争场景交织在一起，投射出残酷青春的网络镜像。在研究中最初浮现的是被访者们对欺凌的"陌生人"的描述。在网络欺凌发生的虚拟现场中，陌生人的路过与停留，可以瞬间转化为欺凌者。

"很奇怪，我平时不这样的。好像在网上容易被影响。""也就是看着大家

---

① 彭兰.群氓的智慧还是群体性迷失：互联网群体互动效果的两面观察[J].当代传播，2014（2）：4-7.
② 李凯旋，孙庆玲.祖安文化：网络语言中的"隐秘角落"[EB/OL].(2020-09-14)[2021-02-01].http://youxi.youth.cn/yw/202009/t20200914_12493053.htm.

都在喷,跟着喷一句。"(L,男,18)

"云村里一首新翻唱的歌,大家就骂得刀光剑影。当然也会跟上去骂一句。你总得站个队吧。"(Z,男,21)

圈层生态里的亚文化风格模仿与情绪趋同,形成了群体性网络欺凌的最初动力;而更为常态型暴力的"喷子"现象,如祖安文化,却更为泛化。在研究中,我们不断邂逅被媒体和青少年所描述的"网暴"中的隐形的、陌生的"喷子""恶评党""黑粉"和"键盘侠"。

"上网的时候你是不是越来越羡慕网上的喷子?不羡慕?那么想象一下,你说的东西别人听都没听说过,几乎和现实脱节,在你普及这个概念的时候,逻辑和理智等一切因素都无法阻挡你。想象你踏进的互联网空间里,你可以讨厌这里的每一个人,但是没人能阻挡你。(论坛帖"上游民涨姿势:如何成为一个无人能敌的喷子"——泡面)

在"互联网空间"中,"无人能敌的喷子"被被访者们屡屡提及。

"会遇到。无脑喷子。看文指手画脚,不按照她们的路线走剧情,作者会被黑得很惨。"(W,女,20)

"到处乱喷乱咬的喷子,素质太低。"(L,男,18)

"喷子"们散逸、隐藏在网络之中,以一种流动的欺凌身份,随机地实施攻击。欺凌对其而言,更像是一种表达其无目的的愤怒和不满的日常展演,并随之带来一种诡异的言论失范与越轨愉悦。

游戏资讯网站"游民星空"聚集了很多热衷网游和手游的青少年网民,其论坛经常因非理性、无意义的网络论战而备受批评。

自20世纪90年代以来,群体极化理论在网络传播与社会心理学、政治学的交叉研究中愈加凸显,解释了在社会主体与虚拟族群的在线互动中所形成的心理极化、意见极化和情绪极化现象。研究认为,"选择性信息接触和社会背书"在"新媒体特别是社交媒体的技术属性"的物质性支持下,形成了一种非理性的甚至可能失控的发展态势,群体极化转化"公众极化"[1]。群体

---

[1] 夏倩芳,原永涛.从群体极化到公众极化:极化研究的进路与转向[J].新闻与传播研究,2017,24(6):5-32.

极化理论与研究中所认为的"意见主导"向"情绪主导"的发展观点，在以"喷子"现象为代表的群体性网络欺凌中有所体现。

对被访者而言，网络中言语失范的越轨习得是一种生存策略。他们曾经是旁观者，曾经试图阻止辱骂、攻击，尝试辩解和理性地解释，但最终或遭遇更为暴力的攻击，或迅速站队，在盲目与对抗中成为新的欺凌者。

"因为一评论就被游民喷，我就特别学习攻略了一下喷子圣经。""游民我觉得都是流民，你不做流民都不敢上去。"（H，男，22）

有被访者将"游民"解释为"流民"，以此来描述作为游戏玩家和评论者跻身于"游民星空"中的"无序""失控"的状态。"游民"也从一个网站名称的前缀被刻意地借用，以表达网络中的欺凌者。"喷子圣经"是该网站论坛中时有发出的"喷子"养成型帖子，是网友以反讽的笔法来揭露网络欺凌的现象。

新媒介的高密度使用、数字鸿沟的消弭、信息技术的可及，极大提升了新时代中国互联网用户，尤其是青少年用户的新媒介素养和技术能力。在此过程中，他们不断接触、直面、抗争与妥协中旁观（或参与）网络欺凌，也因网络族群行为的趋同和极化，深刻地受到异化和暴力化的群体的影响，从陌生的、具有主体能动性的抗争者，沦陷为网络欺凌施暴者。

三、认识重建与道德推脱

20世纪中叶以来，传播学者多用涵化理论对媒介化（如电视、电影）的越轨与暴力内容和社会现实与个体的暴力行为展开关联性研究[1]，研究者尤为关注对暴力内容，尤其是视听化的暴力内容接触[2]、浸润[3]对青少年身心产生

---

[1] SMITH A. Influence of TV crime programs on children's health [J]. Journal of the American medical association, 1952（1）: 37.

[2] 资料来源：PEARL D, BOUTHILET L, LAZAR J, *Television and behavior: ten years of scientific progress and Implications for the Eighties*, Rockville, 1982年。

[3] HOGAN M J. Adolescents and media violence: six crucial issues for practitioners [J]. Adolescent medicine clinics, 2005（2）: 249-268.

的影响。①涵化理论近年来也被用于新媒介研究，研究者探访游戏视频、游戏及弹幕②中的暴力场景，并试图解读暴力接触与攻击行为的关系。

网络欺凌习得，受到网络圈层文化的影响，如因游戏中的媒介暴力浸润而得到放大，或因网络空间言论失范的越轨愉悦而被模仿，或因网络族群的情绪极化所形成的螺旋形吸聚效应则愈加明显。有研究从社会认知理论视角出发，运用道德推脱（Moral Disengagement）概念来理解欺凌者在实施伤害行为时不会对自己产生消极评判的原因，并通过自我角色的弱化，忽视和弱化欺凌伤害，习惯地责备和构陷被欺凌者来完成自我的认知重构③。

"小破战，游民（星空）。那真是什么鸟都有，很多看视频都不看简介直接上去就喷。那天论坛里说，游民喷子，网易喷子，微博喷子哪个战斗力不强过B站小学生。B战的杠精真的太多了，你要幸存，也得成杠精。比起那些大神，我差远了。"（Z，男，21）

"有时会去××的超话，跟着去洗广场做反黑控评。她们战斗力太强，我也跟着，慢慢学习，非常精分，非常凶猛。"（Z，女，19）

"论坛上有人很多骂喷子的，骂的时候想想自己。有个帖子给我印象深刻……很多人都觉得喷子的存在是祸害，是毫无用处的垃圾。其实喷子们都是十分可爱的人，他们在现实中大多是屌丝，一事无成，对前途比较迷茫，心中有怨气，又因为诸多原因无法发泄，于是只能跑到网络上来发点谩骂之词来发泄心中淤积之气，他们如此坦诚，如此奔放，如此袒露心声，比起那些口蜜腹剑之徒、阴险狡诈之辈，不知道要好上多少倍呢，起码他们是在真诚地表达自己的想法，是真正的小人而非伪君子。"（H，男，22）

小破站是中国互联网用户对弹幕网站B站的爱称，逛超话、洗广场与

---

① YBARRA M L, DIERNER-WEST M, MARKOW D, et al. Linkages between Internet and other media violence with seriously violent behavior by youth [J]. Pediatrics, 2008（5）: 929-937.
② 李君贤. 网络直播中弹幕语言暴力机制的形成与消解 [J]. 西部学刊（新闻与传播），2016（10）: 59-60.
③ 资料来源：BAUMAN S, *Cyberbullying: what counselors need to know*, 2011 年。

"反黑"是粉圈女孩的日常。上述被访者是网络圈层文化的积极参与者，对网络空间中最典型的言语失范、跟踪伪装和网络论战等欺凌行为，有一定的认识，但他们的共同认知是，在游戏、弹幕、网文、国漫以及粉丝社群中想要生存下去，是打得起也要有被打的准备。

"我也不觉得这要上升到欺凌，就是动动口而已，又不是真的，关掉就行。虽然有时半夜爆肝更火爆。"（Z，男，21）

"说实在的，每次看到喷子连内容都对不上就在那喷，我就想改行去当喷子，利润一定很好，毕竟这么不负责任的工作态度都可以混下来。"（Z，男，21）

"人肉与扒皮，大家都会随手做一做，现在网络这么发达。转发也是分享快乐。"（L，女，22）

对于网络身份的虚拟性和多面性，中国青少年网民早已深知其游戏法则。在表明"好网民""好青年"身份的同时，偶尔、随机地参与到网络欺凌行为中，并以"游戏"化"幼稚"化来推脱"欺凌者"身份，成为中国青少年网民在实践网络欺凌行为中的一种常态。

"不是网络欺凌。就是大家都这么搞，说是很幼稚无脑吧，但你就是一个小人物，多你一个不多，少你一个不少。骂得凶的时候，是特别没素质。上大学以后好一些，以前比较中二。你没看到我室友，那叫一个凶猛，网暴起来特惊悚。""中学时，怼天怼地，追文，听歌，也不能做啥别的啊，就上线评两句。那时不觉得自己多幼稚，现在想想，还是挺那个的……追文的时候，经常骂作者。骂完了就换一篇。那时小，也没觉得有啥。就想，受不了作者肯定删，但后来还真的在网文评论区看到作者求助，吓坏了，没想到还真有很多无聊的读者跟着喷，作者都快崩溃了。"（F，女，22）

在前期的采访中，仅有4位被访者承认他们会偶然扮演一下"黑粉"角色，其余被访者都表示自己曾是网络欺凌的旁观者，或认为自己曾遭遇网络暴力与欺凌，承认自己曾使用过"过激""刻薄""侮辱性的语言""转发过表情包和鬼畜视频"，但否认自己曾经参与过群体性欺凌行为。网络上暴力的自我，在青少年自我认知的重构中，仿佛成为青少年亚文化族群的欺凌—对抗事件中的一个微小分子，无意识地扮演了一个微不足道、努力适应以生存的小角色——他们曾经只是网络暴力与欺凌事件中的局外人和旁观者——认知重建与道德推脱为新形成的、偶然出现的欺凌群体建构了一个自我适应的安全港。

研究发现，在旁观者对欺凌行为进行干扰的校园欺凌案例中，虽然仅有25%的旁观者会选择受害者方进行干预，但仍有57%的干预产生积极效果[①]。在网络欺凌中，网络环境的虚拟性与媒介性会削弱旁观者的责任感，令其茫然于自我意识的减弱，少部分旁观者甚至表示会支持欺凌行为，认为被欺凌者是罪有应得。[②③]

"黑粉的存在，是有理由的。"（H，女，24）

"她为什么被全网黑？我觉得她就是招黑体质。没理由，说不清。"（W，女，16）

"特别讨厌XX流量演员，微博上职业hf（黑粉）、扒皮很多，看到就会跟个帖。——苍蝇不叮无缝的蛋。"（M，男，21）

"最恶心的是在微博下怼人的，总有发挥不好的，非要把人怼到忧郁症吗？不过打输（英雄联盟职业电竞）比赛那次，自己也跟着上去转了。"（T，男，17）

"起点（网站）上的'职业杠精''专业喷子'也太多了，有时看看，糟心，但也有意思，了解一下网文界的重重黑幕。"（G，男，18）

Suler在2004年提出在线去抑制效应，即网络的匿名性、异步性、去权威化等特征，使人们在网络空间可以做在面对面世界中通常不会做的事[④]。Patchin和Hinduja研究发现，37%的青少年曾通过移动数字通信发表过他们

---

① 资料来源：BAUMAN S, *Cyberbullying*: *what counselors need to know*，2011年。
② HINDUJA S，PATCHIN J W. Cyberbullying prevention and response expert perspectives[M].New York：Routledge，2012.
③ PATTERSON L J，ALLAN A，CROSS D. Adolescent perceptions of bystanders' responses to cyberbullying [J]. New media & society，2016，19（3）：366-383.
④ SULER J. The online disinhibition effect [J]. Cyberpsychology & behavior，2004，7（3）：321-326.

不会在现实生活中发布的言论①。

"特别好的朋友聚会时,才会八卦一下。谁会像在网上那样,分分钟吃火药?"(L,女,22)

"比较宅,不大会和人正面刚。网上不一样。"(H,女,24)

欺凌场景中的暴力自我与滤镜下的美颜自我共同存在,这一双重身份为"恶评党""黑粉""键盘侠"构建了游走在双重网络空间中的双重自我。

Z 是某 211 大学三年级的学生,学校辩论队副队长,在大学二年级时攒钱买了全新的游戏本,现为某游戏论坛版主。

"我觉得大一时特抑郁。游戏中被羞辱、被骂,太常见,憋屈的事太多。游戏,也许是对抗性的,可能就能刺激坏情绪,但论坛实在不懂,游民比较魔性,经常莫名其妙就飙脏话。"(L,男,21)

游戏本以及游戏中的装备与皮肤购置,一方面是 Z 努力提升游戏技能,享受游戏体验;另一方面,Z 希望能借助"设备",摆脱在游戏中被欺凌嘲弄"手残党""小学生"的境况。在其网络消费、在线互动行为与欺凌—对抗的心理激发过程中,迷恋着新媒体技术的文化赋能,也迷恋着技术使用中虚拟权力的膨胀。

"技术好,装备好,脾气也大了。好像不知不觉就发现自己真的比较凶残——仅限于网络,仅限于网络!!"(L,男,21)

对 1094 条分享网络欺凌经历的博客评论进行内容分析后我们发现,65%的分享者认为技术在网络欺凌中发挥的是明显的消极作用②。在技术决定论的美好愿景和泛媒体化的社会进程中,网络欺凌与媒介暴力、仇恨言论的网络表达经常相互纠缠,对日益暴露和沉浸在互联网与移动媒体中的青少年产生着日趋明显的负面影响。有学者认为,经济社会脱序式发展、社会认同分化加剧、社会情绪的郁积、商业化运作模式共同推动了非理性网络舆论的发展;网民年轻化结构特点及其泛道德化的文化心理,形成了群体性网络欺凌的社

---

① 资料来源:BAUMAN S, *Cyberbullying: what counselors need to know*,2011 年。
② DAVIS K, RANDALL D P, AMBROSE A, et al. "I was bullied too": stories of bullying and coping in an online community [J]. Information, communication & society, 2014, 18 (4): 357-375.

会因素①。

　　本研究通过网络民族志和访谈的方法，探寻了中国互联网中可见又不可见的网络欺凌的参与者，是如何以一种双重自我和双重身份，参演并体验着网络欺凌的现实场景的。本文基于网络欺凌的概念、类型与文献重读，进而揭示中国互联网用户日常网络经验中所遭遇、习得和对抗的言语失范、越轨表达与欺凌情境。

　　本研究中所观察的以青少年为主的中国互联网用户，对网络暴力、网络负面情绪的影响有所了解，对自己所遭遇的网络恶搞和嘲讽、网络谣言及辱骂较为敏感，对网络欺凌所产生的伤害性、严重性和社会分化，并不能清晰地认知，并危险地将其误解为网络化生存的新常态，面对欺凌时，抗争与解决更欠缺理解、辨识和正确的处理能力。同时他们会以一种随机的、非现实常态的参与模式介入对他人的群体性网络欺凌行为。

　　以传统的欺凌研究中的旁观者效应来呼吁缺乏网络欺凌认知的旁观者对抗欺凌，是不安全和不现实的，网络欺凌是一种基于传播技术与社交媒体的欺凌行为，它诞生以来就带有强烈的媒介化扩散与匿名旁观的技术邀请。因此，警示旁观者不要冲动行事，避免卷入欺凌事件（无论是对抗还是支持欺凌者），警惕发生角色转化；而对被欺凌者而言，应培养其运用举报、留证、发起社会呼吁、寻求法律援助、心理辅导求助等多种积极行动来保护自己。在欺凌者—被欺凌者的对抗模式中，中国互联网用户建构出复杂的欺凌—对抗的身份认同，以一种迫切而直接的方式、失范的言语与态度、混沌又盲从的情绪表达，为我们揭示了网络欺凌的越轨习得与动力异化的关系。

　　本文仅揭示了网络欺凌研究的一个切面，其研究方法与发现也有所缺陷，但希望由此出发，为更为丰富和深入的青少年网络欺凌研究的未来发展贡献微薄的力量。事实上，从社会生态理论的视角出发，为应对网络欺凌，政府、平台、家庭、学校都应发挥各自的作用。② 2020 年，教育部等六部门印发了

---

① 姜方炳."网络暴力"：概念、根源及其应对：基于风险社会的分析视角［J］.浙江学刊，2011（6）：181-187.
② 资料来源：BAUMAN S, *Cyberbullying:what counselors need to know*，2011 年。

《关于联合开展未成年人网络环境专项治理行动的通知》,特别指出,"整治不良网络社交行为。加大对'饭圈''黑界''祖安文化'等涉及未成年人不良网络社交行为和现象的治理力度,对涉及未成年人网络社交中出现的侮辱谩骂、人身攻击、恶意举报等网络欺凌和暴力行为,以及敲诈勒索、非法获取个人隐私等违法活动予以查处。对相关QQ账号、群组等通报相关企业,依法依规采取关闭群组、关闭账号等处置措施"。在政府层面,应积极推动网络欺凌相关法令的完善与实施;在平台层面,应运用多种手段进行欺凌预警和过滤;在家庭层面,应细致地观察青少年变化以判断其是否遭受欺凌、有效处置网络欺凌并预防青少年欺凌别人;在学校层面,应成立校园欺凌预防和处置工作小组,加强法治教育、安全教育和心理健康教育,有效化解矛盾[1];综合各方面力量,为青少年健康使用网络和抵抗网络欺凌的负面影响提供良好条件。如何从青少年主体的视角深入网络欺凌的触发场景与动力根源,也许更值得我们深思。

---

[1] 上海市教育委员会.预防中小学生网络欺凌指南30条[EB/OL].(2017-10-10)[2020-03-04]. https://www.shanghai.gov.cn/nw12344/20200814/0001-12344_53795.html.

银发网红、在线生存与主体追寻*

近年来,银发网红在各大视频社交平台的走红形成了一道亮眼的网络文化景观。例如,快手账号"小顽童爷爷"记录了一对农村老年夫妻的趣味日常生活,74岁爷爷和71岁奶奶的可爱手势舞和温馨互动获得了网友的广泛喜爱;在B站UP主"英国蝴蝶奶奶日记"发布的视频中,住在西班牙的英国奶奶蝴蝶与中国网友分享其旅行见闻、社交生活以及中国文化体验,展现了来自不同文化背景的老年生活方式;在拥有299.6万粉丝的抖音账号"时尚奶奶团"中,一群优雅的银发奶奶身着旗袍行走在全国乃至世界各地的优美景色里,留下老年女性的魅力影像。当老年人群整体面临着与年龄相关的衰退话语以及与人口统计学体量并不对称的媒介呈现时,银发网红在新媒体技术的赋权下主动进行自我呈现与表达,依托互联网实现社会资本的积累与公众影响力的形成,构建了积极而活跃的老年主体性探寻与一种被数字赋能的再青春化的文化生态。

根据国际上对于老龄化社会的划分标准,当一个国家或地区60岁以上人口占人口总数的10%,或65岁以上老年人口占人口总数的7%,则说明该国家或地区进入了老龄化社会。自1999年、2000年中国跨入老龄化社会,即达到轻度老龄化门槛后,中国人口老龄化速度与规模持续扩张,在2019年底,60周岁及以上老年人口达到2.54亿,预计2025年将突破3亿,2033年将突破4亿,2053年将达到4.87亿的峰值,① 逐步向中度老龄化向重度甚至深度老

---

* 本文原载于《新闻与写作》2021年第3期,与姜俣合作,收入本书时有改动。
① 资料来源:郑功成《实施积极应对人口老龄化的国家战略》,https://doi.org/10.16619/j.cnki.rmltxsqy。

龄化迈进①。2020年11月，党的十九届五中全会审议通过的《中共中央关于制定国民经济和社会发展第十四个五年规划和二〇三五年远景目标的建议》，首次提出实施积极应对人口老龄化的国家战略②。作为社会生产力发展和社会进步最具综合意义的指标，人口老龄化实质上是人类社会发展进程中不以人的主观意志为转移的客观规律③。伴随着老龄化进程的深入，老年人群、老年福祉和老年问题逐渐成为与社会发展及个体生命历程深度勾连的显著议题。

　　传播技术的发展迭代与媒介影响力的持续延展不断推动"媒介化生存"作为现代社会普遍趋势的深化，"在媒介化的世界中变老意味着什么"成为老年研究与传播研究均无法回避的问题。Friedrich Krotz将媒介化与全球化、个人化、商业化并称为当前影响民主、社会、文化、政治以及其他生活环境的四大"元过程"，对于微观层面的人类行动与意义生产，中观层面的机构与组织活动、宏观层面的文化与社会的形态和内容都具有重要意义④。Sonia Livingstone将媒介化定义为"日常实践与社会关系日益为中介技术与媒介组织所形塑"⑤的过程，其作用机制主要体现在如下维度：在媒介使用的维度上，一方面，持续增长的媒体数量与内容供给调整了人们对于媒介的兴趣以及投入的时间；另一方面，多样化的媒体功能构成细密的中介化传播媒介网络，延伸至生活的各个角落⑥；在文化表征维度上，媒介化包含"各种媒体采用不同规则与格式生产并传递的文本、叙事或话语结构"，形塑人们关于世界的知

---

① 甄炳亮.围绕积极应对人口老龄化国家战略助力我国养老服务发展［N］.中国社会报，2020-12-14.
② 郭社荣.实施应对人口老龄化国家战略扎实推进养老服务高质量发展［N］.中国社会报，2020-12-22.
③ 资料来源：郑功成《实施积极应对人口老龄化的国家战略》，https://doi.org/10.16619/j.cnki.rmltxsqy.
④ KROTZ F. The meta-process of "mediatization" as a conceptual frame［J］. Global media & communication，2007，3（3）：256-260.
⑤ LIVINGSTONE S. On the mediation of everything：ICA presidential address 2008［J］. Journal of communication，2009，59（1）：1-18.
⑥ KROTZ F. The meta-process of "mediatization" as a conceptual frame［J］. Global media & communication，2007，3（3）：256-260.

识以及对日常生活意义的理解；从传播政治经济学视角出发，社会生活的中介机制或渠道是媒介产业和体制中的政治经济逻辑[1]；从技术动量的视角出发，媒介的逻辑渗透于日常生活，媒介技术体系"构成了第二自然，它不仅将人们囊括其中，而且勾勒出了技术体系所建构的社会形态"[2]，同时在社会实践中重构自身。当媒介化成为显著的社会整体运行机制时，关注老年议题的传播与媒介面向，一是对老年日常生活、情感、文化需求与主体性的再发现；二是对老年的身份政治与文化权力的再审视；三是对老年、媒介技术、社会文化三者张力关系的探索与考察。银发网红身处上述三大问题的交汇点，作为媒介化世界中老年人群最具活力的一支，为理解媒介化、数字化转型中的老年人群提供了全新的视角与入口。

目前，国内外学界对于"老年传播"这一议题的相关研究主要集中于以下五个方面。一是老年人群对于媒介技术与内容的接受、使用与互动研究，如老年用户的社交媒体使用[3]、健康信息采纳[4]等。值得关注的是，当大众文化与新兴媒介现象的研究目光广泛聚焦于青少年与青年人群时，有学者敏锐地捕捉到了老年参与者的行动与意义，在 C.Lee.Harrington 等学者主编的《老化、媒介与文化》(*Aging, Media and Culture*)一书中，多位学者关注了老年名人文化、迷文化及其在电影、流行音乐、网络游戏中的参与模式，不断延展学界对于老年人群作为活跃文化参与主体的想象力。二是老年人群与数字鸿沟研究。从数字鸿沟的层级来看，包含对接入沟、使用沟、素养沟、动力沟以及互动沟的探索，从主体差异来看，老年数字鸿沟问题与代际支持、城乡、性别等因素紧密相连。三是对老年形象的媒介再现研究，包括对报纸、电视、视频网站和新闻、综艺节目、纪录片、广告、电视剧等各类媒介形态

---

[1] 潘忠党."玩转我的 iPhone，搞掂我的世界！"探讨新传媒技术应用中的"中介化"和"驯化"[J].苏州大学学报(哲学社会科学版)，2014(4)：153-162.
[2] 延森.媒介融合：网络传播、大众传播和人际传播的三重维度[M].刘君，译.上海：复旦大学出版社，2014：84.
[3] DOYLE C, GOLDINGAY S.The rise of the "silver surfer": Online social networking and social inclusion for older adults [J]. Journal of social inclusion.2012, 3(2)：40-54.
[4] 王蔚.微信老年用户的健康信息采纳行为研究[J].国际新闻界，2020(3)：91-107.

及其内容中老年形象的历史梳理与现状描绘。四是对老年媒体产品与内容服务研究,如吴翠萍对老年微信公众平台订阅号的传播特点研究①、王志昭对于当前全媒体时代老年信息传播的现状研究②等。五是针对老年传播问题的理论建构。学者师曾志等从老龄化社会中的交流沟通出发,将生命传播作为理论视域,强调交流互动中生命的自我觉知与觉醒,关注心灵、自我、社会等的相互关系,对交感、交流、交往形式的反思与理解以及交流、交往的权力结构对个体产生的影响③。

银发网红作为老年传播领域中面向丰富的现象之一,其相关研究数量却略显单薄。饶浩芸等④、吴晓东等⑤、赵隆华等⑥学者主要从发展现状、传播特点、现象探因、前进路径几个方面描绘了银发网红现象的概貌。

银发网红是以互联网为主渠道获得公众注意力的老年个人⑦,但却是更为主动和具有表演性的 UP 主,他们积极拥抱网络,努力消弭二次元、国风文化与传统老年文化的认知代沟。银发网红与老年 UP 主的出现,不仅意味着一种新型的、对抗老年刻板印象的媒介文本与文化表征的出现,与多重老年话语的竞争与互动紧密相连,还与广泛的媒介化社会实践进行着双向影响与形塑。本文将尝试借助霍尔、福柯以及费尔克拉夫等学者发展与完善的话语分析方法深入解读银发网红现象。"话语是一组陈述,这组陈述为谈论或表征有关某一历史时刻的特有话题提供一种语言或方法。所有的社会实践都包含

---

① 吴翠萍.老年微信公众平台订阅号的传播特征与社会功能——基于 12 家老年微信公众号的研究》[J].中国出版,2018(11):39–42.
② 王志昭.全媒体时代老年信息传播的短板与应对策略[J].新闻爱好者,2019(12):74–76.
③ 师曾志,仁增卓玛.生命传播与老龄化社会健康认知[J].现代传播(中国传媒大学学报),2019(2):20–24.
④ 饶浩芸,尹露.网红生力军:中老年群体网络圈粉现象解读[J].新闻知识,2020(11):31–40.
⑤ 吴晓东,王准.引爆点理论视域下老年网红潮的成因与问题[J].青年记者,2020(3):41–42.
⑥ 赵隆华,刘俊冉."银发网红"的传播特点与发展路径构建[J].青年记者,2020(12):48–49.
⑦ 朱春阳,曾培伦.圈层下的"新网红经济":演化路径、价值逻辑与运行风险[J].编辑之友,2019(12):5–10.

有意义,而意义塑造和影响我们的所作所为,所以所有的实践都有一个话语的方面。"[1] 话语分析由文本分析发展而来,在关注文本层面的表征运作的基础上,关注表征的后果与影响,同时强调历史具体性,即表征的各种实践在各种具体的历史境遇中,在现实的实践活动中的运作方式[2]。费尔克拉夫提出了话语分析的三个向度:一是文本向度,关注文本的语言以及符号形态分析;二是"话语实践"向度,关注文本生产过程和解释过程的性质,如什么类型的话语被利用了,它们又是怎样得到结合的;三是"社会实践"向度,倾向于关注社会分析方面的问题,如话语事件的机构和组织环境,话语事件如何构成话语实践的本质,如何构成话语的建设性或建构性效果等[3]。

本文在话语分析方法与思路的指导下,收集和梳理已有对于老年形象研究的相关成果、近年来银发网红的典型视频文本以及相关报道,通过对老年媒介形象特征与演变的动态分析,结合社会历史语境,在液态而多面的老年话语中考察银发网红的文化影像与身份协商策略,并探索这种文化蓬勃兴起的生成机制与社会建构,理解银发网红现象的多重意义与影响,由此洞见老年人群、老年 UP 主族群、媒介技术与社会文化三者的互动关系。

一、液态的老年话语:互联网中的老年媒介表征

年龄的意义并非与生理进程的本质化简单对应,更是与一系列社会文化因素互动以及话语建构的结果。与老年相关的话语为人们规定了谈论老年的规则与框架,影响着人们如何看待老年人的身份和位置、如何理解老化的意义,同时建构着老年人群的行为规范以及社会和自我期待。在话语形成与作用的过程中,大众媒介(Popular Media)扮演着至关重要的角色。有学者认为,大众媒介将非媒介化的生活转化为媒介化的生活,全面介入了生命历程中的各个过程与变迁,重新定义代际差异,提供了基于年龄的规范性表征与

---

[1] 霍尔.表征:文化表象与意指实践[M].徐亮,陆兴华,译.北京:商务印书馆,2003:44.
[2] 霍尔.表征:文化表象与意指实践[M].徐亮,陆兴华,译.北京:商务印书馆,2003:6.
[3] 费尔克拉夫.话语与社会变迁[M].殷晓蓉,译.北京:华夏出版社,2003:4.

活动,并赋予生活结构和意义①。

近年来,伴随着媒介化进程的深入,老年人群的媒介表征与形象问题在社会老年学领域逐渐从边缘位置走向中心地带②。把握媒介表征的重要意义可从以下三个方面进行佐证。一是从实证结果来看,有许多学者在实验中发现了积极或消极的老年媒介呈现对于被试者的相关观念(如对于改变外貌的意愿、对于老化的看法)、心理状态(如心情)甚至生理机能(如记忆能力)的影响。二是从影响机制来看,格伯纳在电视媒介效果的考察中提出的培养理论认为,电视作为具有公共影响的故事讲述者,在多样化的公众中培养了对于现实的共同看法③,在此过程中,刻板印象在电视有限的内容中被不断强化从而使得电视能够迅速引起观看者的情感认同④。班杜拉的社会学习与社会认知理论也认为,人们会仿效其在社会环境中观察到的内容来塑造自己的行为。由此可见,老年人群的媒介呈现以及刻板印象产生的影响具有支撑其运行的技术与认知机制。三是从指示功能出发,有学者运用人类语言学生命力理论(Ethnolinguistic Vitality Theory)阐释了分析媒介表征的重要价值。这一理论基于某一人群的地位(Status)、人口统计学(demographics)以及机构支持(Institutional Support)状况来评估其在社会中的重要性⑤。也就是说,对于老

---

① HARRINGTON C,BIELBY D. A life course perspective on handom[C]// HARRINGTON C,BIELBY D,BARDO A,et al. Aging,media,and culture. Lanham,Mayland:Lexington Books,2014:124-125.

② FEATHERSTONE M,HEPWORTH M. Images of ageing:cultural representations of later life[C]// BENGTSON V,COLEMAN P,KIRKWOOD T,et al.The cambridge handbook of age and ageing. Cambridge:Cambridge University Press,2005:354-362.

③ BARRETT A,RAPHAEL A,GUNDERSON J. Reflections of old age,constructions of aging selves:drawing links between media images and views of aging[C]// HARRINGTON C,BIELBY D,BARDO A,et al. Aging,media,and culture. Lanham,Mayland:Lexington Books,2014:43-46.

④ HARRINGTON C,BIELBY D,BARDO A. New areas of inquiry in aging,media,and culture[C]// HARRINGTON C,BIELBY D,BARDO A,et al. Aging,media,and culture. Lanham,Mayland:Lexington Books,2014:5.

⑤ PRIELER M,IVANOV A,HAGIWARA S. The representation of older people in east asian television advertisements[J]. The international journal of aging and human development,2017,85(1):67-89.

年人群的媒介呈现的把握能够在一定程度上透视其在社会中的真实地位状况。

（一）从缺席到返场：银发网红与媒介能见度

老年人群的媒介能见度（Visibility）是衡量老人能否被看见、被注意并积累一定注意力规模的重要表征[①]。媒介能见度的高低源自个体或族群的社会地位差异，反映社会阶层划分，关乎媒体消费机会的贫富、获得媒体关注的机会的贫富、获得不同类型媒体服务的贫富以及利用媒体表达族群利益和意愿的机会的贫富。[②]

然而，视觉文化与消费主义生活方式的流行带来人们对于理想化的青春、健康与美丽身体的崇拜，加之商业逻辑正以不同的程度嵌入各类媒体，被认为缺乏吸引力、商业价值与社会关注度的老年人群普遍面临着媒介能见度不足的问题。

老年人群的媒介能见度不足主要体现为以下两个方面。一是媒体整体的呈现缺失以及族群内部的分布不均。学者陈勃等对黄金时段播放的电视剧中人物进行了内容分析，结果发现，60周岁以上老年人物在所记录人物中所占比例远低于当时现实生活中老年人口在总人口中所占的比例，老年人物在剧中的角色大多为配角或边缘角色，同时，老年角色的代表性不够充分，城市的、家庭经济条件好的、受教育水平中等或以上的、社会阶层较高或身体偏健康的老年人物占大多数，对相对处于弱势的老年人群缺乏关注[③]。李成波等学者在对老年人相关新闻报道的内容分析中发现，媒体对老年男性（61%）的呈现远多于老年女性（39%），而参照当时的人口数据，老年女性人口数量明显多于老年男性人口[④]。二是媒体对老年形象建构与呈现的苍白与单一，使

[①] 郭小平，秦艺轩. "积极老龄化"的电视话语：新社会风险、可见性与老人形象建构［J］. 中国新闻传播研究, 2019（4）：126-137.

[②] 潘忠党. 作为一种资源的"社会能见度"［J］. 郑州大学学报（哲学社会科学版），2003（4）12-14.

[③] 陈勃，郭晶星，王倩，等. 黄金时段电视剧老年人物的内容分析［J］. 新闻与传播研究，2005（2）：64-96.

[④] 李成波，陈子祎. 我国老年人媒介形象的建构及存在的问题［J］. 青年记者，2019（3）：42-43.

其无法得到立体化展现，桎梏于刻板印象甚至污名化。例如，在家庭剧中，老年女性经常表现出脾气暴躁、蛮横顽固、情绪失控等消极形象特征[①]。如李瑛等学者在对纸媒的内容分析中发现，涉及老年人的新闻很少出现在重要版面，如在潮流时尚、投资理财、体育科技等版面从未出现，涉及老年人的新闻的传播仍然被圈定在固定的范围内，如医疗、保健、养生等[②]。

面对这一问题，近年来许多媒体机构已做出积极努力扭转话语方式，老年人群的文化价值和意义被重新挖掘和声明。例如，《花样爷爷》《忘不了餐厅》《我们的师父》等银发综艺的热播为已有的老年媒介形象注入了全新的阐释。

银发网红现象的勃兴与发展，则是上述过程更为主动而显著的体现。在新媒体技术的赋权下，银发网红不再完全依赖和寄居于专业媒体机构的议程设置和有限的表达空间，依托入口开放、影响力广泛的互联网内容平台这一全新场域，老年人从相对被动的传播客体与被建构者，转型为充分进行自我呈现的主动传播者和积极行动者。一大批各具特色的银发网红在各大视频平台中成功开辟了广阔的能见度空间。

目前，银发网红实现在互联网环境中的自我表达与能见度突围主要通过以下三个途径：一是通过自身努力积极学习策划、拍摄、直播、剪辑、上传等新媒体传播技术掌控表达渠道，如凭借广场舞走红的"龙姑姑"就在其个人抖音账号中上传自己的跳舞和自拍视频；二是借助他人的技术支持进行自我展示与呈现，其中以从家人处获得代际支持为主，如"蔡昀恩"的账号主体就是其所记录的百岁奶奶喻泽琴的孙女，可见新媒体赋权下代际支持对于老年人群媒介能见度的重要意义；三是由专业 MCN 机构对于银发网红的发掘、包装与运营，如"淘气陈奶奶""时尚奶奶团""末那大叔"等制作精良的网红视频，都是专业化团队运营的结果。总结来看，无论通过哪一种途径，银发网红们都在互联网空间中达成了传播技术与渠道可及，成为参与式文化中的行动者，作为银发族群的文化权利争取与协商的先导，实现了老年人群数

---

① 邓秀军, 申哲. 家庭剧中老年女性的形象呈现与话语建构[J]. 中国电视, 2020 (6): 54–57.
② 李瑛, 郭丽娟. 新媒体环境下纸媒推动"积极老龄化"的策略[J]. 新闻爱好者, 2016 (3): 39–44.

字媒介能见度的突围。这种突围具有双向性，不仅包括在互联网民间舆论场收获关注度与影响力的过程，还包括对官方媒体议程的渗透和参与，如 CGTN 报道了 90 岁老年 UP 主江敏慈拍摄制作视频向年轻一代分享人生经历的故事，"龙姑姑""时尚奶奶团"等银发网红也被邀请至各大卫视的节目舞台，推动了老年人群媒介能见度的进一步提升。（见表 1）

表 1　部分银发网红典型案例

用户名	身份标签	活动平台	粉丝数	主要内容
末那大叔	精致儒雅的北海爷爷	抖音	1388.7 万	精致老年生活与穿搭
爷爷和孙子	会做饭的农村老爷爷	快手	153.4 万	老人做饭过程与吃播
蔡昀恩	可爱的百岁奶奶	抖音	694.8 万	美食吃播与家庭互动
陕西老乔	善于烹饪的退休大叔	抖音 / 快手	1162.5 万 /587.5 万	家常美食做法分享
只穿高跟鞋的汪奶奶	80 岁的美丽奶奶	抖音 / 快手	1593.1 万 /676.5 万	精致穿搭与人生哲学
时尚奶奶团	穿旗袍的中国奶奶	快手 / 抖音 /B 站	388.8 万 /302.7 万 /9.3 万	旗袍走秀与穿搭 / 青年文化体验
小顽童爷爷	活泼恩爱的农村老年夫妇	抖音 / 快手	689.8 万 /443.2 万	手势舞与恩爱夫妻日常
康奶奶说	注重健康的 80 岁奶奶	抖音	40.9 万	养生知识科普
罗姑婆	四川农村霸气姑婆	抖音 / 快手	660.6 万 /321 万	人生哲学的搞笑演绎
敏慈不老	90 岁退休铁路工程师	B 站	37.7 万	人生经历讲述
英国蝴蝶奶奶日记	住在西班牙的英国退休奶奶	B 站	25.8 万	日常生活展示

（二）拼贴式文化影像：多元话语策略下的老年身份协商

银发网红在互联网空间中正呈现出丰富而多元的文化镜像，这些文化镜像与老年刻板印象（既包括积极的和消极的）之间既存在延续，也存在博弈。在身份表征层面，以"时尚奶奶团"为例，其既包含对老年 UP 主族群的典型身份表征的展示（如银发、使用"奶奶"作为昵称等），也包含对于青春审美与时尚潮流的靠拢（如服饰、妆容以及对于美好身材的展示等）。在情境设置层面，既有视频聚焦于老年 UP 主族群的家庭属性，着重展示家庭成员互动，也有视频集中表现老人的社会关系与社会价值。在表达方式层面，质朴的纪实性与活泼的表演性风格并存，既有人能够展现长者智慧与年轻人分享其学识积累与人生体验，又有人能够主动拥抱和融入青年文化，积极采用年轻化语态与活泼的表达方式进行自我呈现。总结来看，银发网红所勾勒出的互联网文化镜像整体呈现出拼贴式的风格。

拼贴是亚文化研究中的重要概念，意味着一套与主流文化截然不同的"逻辑"，仔细而精确地将丰富多彩的物质世界的一分一毫加以整理、分类和定位，这种拼贴会反映、表达族群生活的各个方面，并让它们产生共鸣，这种文化中的成员可以借此看到自己的核心价值得到保持和反映[1]，传达拼贴者对一些重要话语形式的改写、颠覆和延伸，是传统与现实的杂烩以及多元文化的呈现[2]。银发网红对于积极话语的延伸、衰退话语的抵抗以及对青年话语的借用共同构成液态融合的话语策略，共同塑造了当下银发网红文化的多元版图。

老年 UP 主族群的积极话语主要体现为以下两个方面：一是与中华优秀传统文化密切相连的对于尊老、孝道的强调以及对其正面形象的刻画；二是积极老龄化语境中对于老年 UP 主族群生活质量、社会参与和社会贡献的关注，提倡"老有所乐、老有所学、老有所为"。有研究发现，中国传统思想一向对老年人持正面的看法，认为老年人经过长期的历练，应是最有人生智慧

---

[1] 赫伯迪格. 亚文化风格的意义[M]. 胡疆锋, 陆道夫, 译. 北京：北京大学出版社, 2009：129, 145.

[2] 周怡. "大家在一起"：上海广场舞群体的"亚文化"实践：表意、拼贴与同构[J]. 社会学研究, 2018（5）：40-65, 24.

和道德修养的一群人，也是最值得尊敬的一群人，儒家思想认为，老年人的美德和智慧常常体现于对年轻人的帮助和指导，而非仅仅追求个人成就，这种帮助首先体现在家庭内部而不限于家庭内部[①]。积极话语既为银发网红与年轻人的沟通交流提供了动力，也为公众对于银发网红的接受与认可提供了土壤。"济公爷爷游本昌"就是延伸这一话语的中银发网红的典型代表，在其发布的视频内容中，游本昌总以"亲爱的娃娃们"开场，亲切和蔼地与粉丝分享"（三十）而已而立都不在年龄，关键是人有志则立"等人生哲学，传播温暖的"正能量"。这些视频已在抖音获赞1.1亿，在用户评论中，多为表达对爷爷的喜爱、鼓励与问候。

老年人的衰退话语催生了银发网红对于老年消极刻板印象的抵抗与协商，刷新了公众关于老年的固有认知。衰退话语一方面体现在个体层面的身体叙事中，认为变老意味着生理机能与外表吸引力的下降，在强调"自由、快乐、享受和移动能力"的消费文化以及以形象为中心、以青春为衡量标准的视觉文化中尤为如此[②]；另一方面体现为老年人群在社会意义上的衰退，在社会价值层面，现代社会科学文化的飞速发展使老年人群从社会中心退居到了边缘[③]。在社会评价层面，老年人群在负面新闻中常被认为孤单寂寞、晚景凄凉、蛮横无理、易受欺骗、被技术与时代抛弃等，使其受到年龄偏见的影响，个体经历的多样性被忽视[④]。作为对于衰退话语的回应，抖音中"只穿高跟鞋的汪奶奶"将个人简介设置为"年龄只是数字，我的精彩人生才刚刚开始，关注我，告诉你我的冻龄秘诀"。在其发布的视频作品中，汪奶奶或穿着时装与

[①] 冯涛，顾明栋. 莫道桑榆晚，人间重晚情：中西思想和文学中的老年主体性建构[J]. 学术研究，2019（9）：166-176，178.

[②] SANDVOSS C. Afterword：a view from media studies[C]//HARRINGTON C，BIELBY D，BARDO A，et al.Aging，media，and culture. Lanham，Mayland：Lexington Books，2014：206.

[③] 师曾志，仁增卓玛. 生命传播与老龄化社会健康认知[J]. 现代传播（中国传媒大学学报），2019（2）：20-24.

[④] FEATHERSTONE M，HEPWORTH M. Images of ageing：cultural representations of later life[C]// BENGTSON V，COLEMAN P，KIRKWOOD T，et al.The Cambridge handbook of age and ageing. Cambridge：Cambridge University Press，2005：354-362.

高跟鞋进行自身年轻优雅形象的展现，或展示高难度的舞蹈动作，或在与年轻人的交谈中温柔地给予人生建议，这些视频体现了汪奶奶对现有消极老年刻板印象的挑战，也揭示了其对于消费文化意识形态既内化妥协又协商对抗的微妙张力。

银发网红的媒介呈现还伴随着对于青年话语资源与流行文化元素的借用。例如，"淘气陈奶奶"以翻跳视频平台中流行的"网红舞"为主要传播内容；"罗姑婆"则以拍摄表演性的土味搞笑小短片为主，如穿上白大褂表演"渣男鉴别大师"，戴上墨镜与项链模仿"嘻哈导师"，或与"慕容铁蛋"和"黄埔铁牛"展开一场难以抉择的"偶像剧"式的爱情故事；时尚奶奶团则在B站推出《66岁白发奶奶挑战年轻人的100种生活方式》的系列视频；"小华奶奶"在视频中体验"穿JK制服过一天""观看网红视频不心动挑战"等，在对于青年文化的借用中获得广泛的关注与共鸣，实现了老年人的自我呈现与观点表达。

二、生成机制：银发网红兴起的原因

（一）媒介可供性：个体需求的技术赋能

银发网红现象的崛起反映着老年UP主族群自我表达、自我实现以及社会资本积累的需求。个体进入生命历程中的老年期，往往需要经历从生产型角色向闲暇型角色转换以及从社会中心与核心社会关系中的退场，同时，伴随着家庭结构的改变，老年人在晚年时期普遍面临着大量的空闲时间和社会互动与社会资本的压抑。老年学中的社会活动理论认为，老年人具有和青年人大致相同的活动愿望，社会生活有助于帮助老年人重新认识自我，社会网络和社会资本能够有效弥补老人在社会参与中的弱势地位[1][2]。银发网红与老年UP主们通过视频社交软件进行自我表达与自我呈现，既在社会支持与社

---

[1] 王彦斌，许卫高.老龄化、社会资本与积极老龄化[J].江苏行政学院学报，2014（3）：60-66.
[2] 李文静，杨琳.老年过程观：对积极老龄化的回应[J].学术交流，2014（6）：144-148.

会认同中满足了自身的情感需求，也在与粉丝的互动中实现了社会角色与社会关系的延展。例如，"龙姑姑"多次在发布的视频中表达其通过社交媒体平台结识新朋友以及获得粉丝鼓励的快乐。此外，部分银发网红积极进行自我呈现的动因不仅在于满足基本的社交需求，还在于其作为主动的文化参与者，依托互联网平台实现了自身的再社会化。例如，喜爱表演的"淘气陈奶奶"，从机电技术员的岗位上退休后，被网红运营与孵化公司挖掘，"网红"成为老人的第二份工作[1]。

媒介技术的可供性为老年UP主族群的需求实现提供了可能。"可供性"概念由美国心理学家詹姆斯·吉布森提出，一方面指与人类有关的以及人类赖以生存的自然资源的性质，另一方面这种性质只有通过特定的生命体相互关联才能实现[2]。在银发网红传播实践中的媒介可供性，一方面体现为现有媒介，尤其是短视频社交平台为老年UP主族群实现自我呈现所提供的基础设施资源，另一方面体现为这些资源对于老年UP主族群的特殊意义。有学者将新媒体的可供性划分为生产可供性、社交可供性与移动可供性[3]。在生产可供性层面，老年UP主族群在短视频社交平台中实现了技术接入，掌握了自我表达与形象建构的主动权。入口的开放为在大众传播时代媒介可见度不足的老年人群提供了新的机遇，同时短视频内容体量小、拍摄与制作简便的特点降低了老年UP主族群的参与传播的技术门槛。在社交可供性层面，短视频社交平台一方面可以实现银发网红的表意传递，同时可以实现银发网红与粉丝族群的连接与互动，在算法推荐以及平台间的关联机制中，银发网红所生产的优质内容能够实现影响力的延展与内容变现。在移动可供性层面，移动智能手机使银发网红的自我呈现能够深入各类生活场景，既能实现内容制作后上传的异步传输，也能实现直播等同步传输，为网红族群的自我表达与

---

[1] 眼光工作室.签约艺人"淘气陈奶奶"："被年轻"的烦恼 | 老年网红图鉴[EB/OL].(2019-10-09)[2020-12-02]. https://www.thepaper.cn/newsDetail_forward_4624304.

[2] 延森.媒介融合：网络传播，大众传播和人际传播的三重维度[M].刘君，译.上海：复旦大学出版社，2012：79.

[3] 景义新，沈静.新媒体可供性概念的引入与拓展[J].当代传播，2019（1）：92-95.

形象建构提供了自由度与丰富性。

（二）社会建构：老年关切作为文化投射

银发网红的崛起与当下的社会文化紧密相连，体现着特定时代背景下公众的内容需求与文化心理。

银发网红在同质化严重的青年语态文化信息流中，为公众提供了全新的审美选择。艾瑞咨询发布的《2018年中国网红经济发展研究报告》显示，2018年中国网红年龄分布多集中在80后，80前网红仅占网红人数的7.6%[①]。网红族群年龄结构整体偏向年轻化，意味着青春文化气质在短视频平台中的主导性地位；而银发网红们以其真诚、质朴、积极、洒脱的圈层气质，或者通过对刻板印象的颠覆，或者以老年人的身份与年轻人进行情感交流，为粉丝带来了独特的文化体验。

银发网红获得广泛关注是公众中的普遍情感需求以及文化心理投射的结果。个体在家庭关系中与祖辈间的亲密体验以及中华优秀传统文化中"老吾老以及人之老"的观念传统，使老年UP主族群极易激发粉丝的情感投入，而情感往往是社交媒体中最为关键的传播动能。许多粉丝在银发网红的留言区评论表示，银发网红使其联想到了自己的老年亲人。此外，银发网红作为当下理想化老年形象缺失现状的应对方案，成为年轻人自身的心理投射。例如，"只穿高跟鞋的汪奶奶"表现出的美好体态，"小顽童爷爷"表现出的美满爱情，以及银发网红整体表现出的长寿、健康、积极、快乐的状态，都反映了当下人们的普遍愿望。

此外，还有学者试图用消费文化[②]的流行解释多元化老年媒介呈现的出现。消费文化对于个人选择的强调动摇了关于老年的负面刻板印象，即个体

[①] 艾瑞咨询, 微博. 2018年中国网红经济发展研究报告[EB/OL]. (2018-06-19)[2020-12-02]. http://report.iresearch.cn/report_pdf.aspx?id=3231.

[②] FEATHERSTONE M, HEPWORTH M. Images of ageing: cultural representations of later life [C]// BENGTSON V, COLEMAN P, KIRKWOOD T, et al.The Cambridge handbook of age and ageing. Cambridge: Cambridge University Press, 2005: 354-362.

可以通过对自身的调整（但这种调整往往是通过消费行为），收获自己想要的晚年生活。现有的银发网红在一定程度上顺应了这一文化心理。然而，网红族群作为消费文化的体现时，消费文化所遮蔽的深层次因素（如健康、阶级、社会关系等）也应当得到我们的考量和反思。

（三）产业生态：银发网红培育成为成熟价值链条

银发网红作为全新的流量增长点，兴起于成熟的短视频产业生态与网红经济的价值链条。短视频产业以及网红经济的蓬勃发展，为银发网红提供了完善的基础设施、坚实的市场基础、完备的运营手段以及可持续的发展动力与前景。

从短视频产业发展来看，截至 2020 年 6 月，我国短视频用户规模达到 8.2 亿[1]，对于短视频内容的消费逐渐成为互联网用户的生活习惯，也成为银发网红的潜在市场。同时，短视频平台的平台属性不断延展，短视频浏览、视频直播、商品展示、支付购买等操作都能够在平台中实现功能复合与简易连接，短视频+植入广告、直播+带货逐渐成为用户习惯和熟知的消费模式，为银发网红的内容变现提供了基础设施支持与用户习惯培养。此外，面对短视频行业的激烈竞争以及内容同质化困境，银发网红作为有效的应对方案，成为新的流量引擎。

从网红产业发展来看，银发网红崛起于 2018—2019 年，目前正值网红经济发展的规模上升期与模式成熟期。在市场规模层面，网红人数与粉丝规模持续保持双增长，网红经济市场规模以及变现能力随之增强，为产业链发展和完善提供了强大动力[2]。在产业链条层面，网红经济已逐步形成成熟稳定的运营与变现模式，链条之中的媒体平台、MCN 机构、电商、广告方、内容制作方等各机构的分工、连接与配合不断完善。作为网红经济核心的 MCN 机

---

[1] CNNIC. 第46次中国互联网络发展状况统计报告［EB/OL］.（2020-09-29）［2020-12-02］. http://www.cnnic.net.cn/hlwfzyj/hlwxzbg/hlwtjbg/202009/P020200929546215182514.pdf.

[2] 艾瑞咨询，微博. 2018年中国网红经济发展研究报告［EB/OL］.（2018-06-19）［2020-12-02］. http://report.iresearch.cn/report_pdf.aspx?id=3231.

构迅猛成长。MCN是具有内容制作能力、网红孵化能力、流量获取能力以及内容变现能力的组织。当作为新内容增长点的银发网红在传播过程中展现出强大的商业价值与市场认可度时,自然会吸引更多的资本与力量投入银发网红的打造。

三、意义追问:新图景的号角与新遮蔽的警钟

在宏观层面,银发网红的媒介突围是寻路代际融合文化图景的重要探索。CNNIC(中国互联网络信息中心)在2020年发布的两次《中国互联网络发展状况统计报告》显示,2020年3月—2020年6月期间,60岁及以上网民占比由6.7%上升至10.3%。伴随着互联网向老年人群的加速渗透,老年人群的媒体融入以及代际交流逐渐成为显著议题。银发网红在社交媒体平台中进行自我呈现,使社交媒体场域中的代际主体及其文化镜像不断丰富,为代际间的相互认知与沟通创造了机遇和范本。

在中观层面,银发网红激活了银发产业经济蓝海,部分个体展现出巨大的市场带动能力与商业价值。以分享家常菜做法为主要传播内容的"陕西老乔",既多次参与扶贫带货直播,也在电商平台中出售相关美食类商品,单品最高销量已超过20000件。"爱穿高跟鞋的汪奶奶"的直播带货成绩也很可观,其中一场的单场商品成交额突破了500万元。银发网红现象成为积极老龄化理念的典型体现。《中华人民共和国老年人权益保障法》第六十六条规定,国家和社会应当重视、珍惜老年人的知识、技能、经验和优良品德,发挥老年人的专长和作用,保障老年人参与经济、政治、文化和社会生活。银发网红的成功案例为重新思考老年人群的社会价值打开了全新的视角。

在微观层面,银发网红的崛起是老年人群对其主体性与媒介形象进行重构的先导性尝试,是对于老年文化能动性的再发现。主体性是社会构建的自我,老年主体性包含由语言、文化、意识形态、人际关系和社会评价等外在

因素所形成的老年人的自我意识和社会身份[①]。银发网红面对媒介呈现不足与偏颇的困境，依托互联网空间主动进行自我表达，通过对积极话语中美好老年形象的维护与延伸，对于衰退话语中消极刻板印象的协商和抵抗，并借用青年话语资源实现形象更新、自我表达以及影响力的延展，完成了一场颇具声量的能见度突围与身份宣示。在这一过程中，银发网红收获了社交需求的满足、社会资本的积累以及社会角色与身份的重构，同时建构出了丰富的可选择的老年形象，重新书写与阐释了变老的意义。

值得注意的是，当银发网红的崛起吹响了媒介文化新图景的号角，呈现出蓬勃的发展态势之时，其现象背后所遮蔽的问题仍然值得我们深思。

从技术批判的维度出发，一方面，不同的社交媒体平台拥有不同的内容偏向与算法推荐机制，银发网红的活动平台不同、所拍摄的视频内容不同、美学风格不同、所处社会情境不同，极易因平台差异而导致圈层区隔，从而造成对于银发网红认知的"回声室"，这种区隔在城乡差异维度中尤为突出；另一方面，当算法推荐成为平台内容分发的主导方式，成熟的头部网红将成为流量与注意力的主要获得者时，中腰部及以下网红或普通用户很难得到关注。此外，因低技术门槛而成为银发网红自我呈现主渠道的短视频平台，往往具有强娱乐属性与内容轻量化的特点，因此其是否能够成为老年人群进行深度自我表达的有效渠道仍然值得考量。

当老年UP主族群成为产业价值链中的环节和商业包装的结果时，其商业性与主体性之间的平衡以及媒介呈现的意义必定会发生相应变化。此外，目前出现在公众视野中的银发网红仍然是少量有能力跨越数字鸿沟和进行自我表达的"先锋队"。对于不可见的大多数老年人群，导致其在媒介呈现中"隐身"的境况需要我们持久关注。

---

① 冯涛，顾明栋. 莫道桑榆晚，人间重晚情：中西思想和文学中的老年主体性建构[J]. 学术研究，2019（9）：166-176，178.

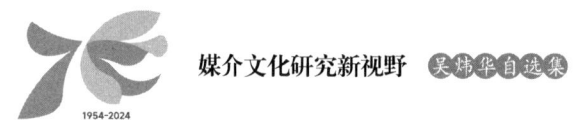

无声围墙、数字青春与知识共享[*]

随着移动互联网的日渐普及和低价智能手机的广泛使用，日渐丰富多样的中国数字文化消费与智能应用成为听障青年日常生活的新常态，深刻影响并颠覆性地改变了他们在认知世界、自我学习、媒介消费、和人际传播的方方面面。20世纪80年代以来，网络与计算机技术可及、信息公平、数字鸿沟和基于新型信息与传播技术的技术可及与知识获得等议题渐显于残疾研究和传播研究的跨学科交叉地带，如何利用新型信息与传播技术优化听障群体的媒体使用，提升技术与信息素养逐渐受到关注，并推动了信息无障碍实务与研究的展开。

本文尝试从数字素养的研究视角，通过对北京地区听障青年群体的新型信息与传播技术使用——主要是基于智能手机（以及电脑与平板）的使用惯习、倾向和状态的调研，来观察和了解在此寂静却信息喧嚣的无声围墙中，听障青年人群的信息可及（Information Accessibility）和知识获得（Knowledge Acquisition）的变迁。

一、无声围墙中的青年群体

世界卫生组织的数据显示，全球约有4.66亿人存在残疾性听力损失，占世界总人口的5%，大部分集中在中等收入与低收入国家，其中约3400万人

---

[*] 本文原载于《教育学报》2023年第4期，与王念、张艺开合作，收入本书时有改动。

为儿童。我国是世界上听力残疾人最多的国家，根据2007年（第二次）全国残疾人抽样调查数据①的推算，全国各类听力残疾患者达2780万人。其中单纯听力残疾2004万，多重残疾中有听力残疾的人数为776万人，在2780万人听力残疾人中，一级和二级听力残疾分别占15.57%和11.01%，两者合计为26.58%。据此推算，约有739万人听力完全丧失②。这意味着在我国，每100个人中就会出现1~2个听障者。

根据中华人民共和国残疾标准，听力残疾的定义为"各种原因导致双耳不同程度的永久性听力障碍，听不到或听不清周围环境声及言语声，以致影响其日常生活和社会参与"。根据残疾程度分级标准，本文中的听障定义为"听觉系统的结构和功能中度损伤以上，较好耳平均听力损失大于41dB HL，在理解和交流等活动上达到中度以上受限，在参与社会生活方面存在中度以上障碍"。但"听障者"不完全等同于"完全听不到声音的人"，我国听障残疾人包括部分弱听、重听、老化听障群等。听障青年因听力损失等级的不同而在学习和生活中呈现出差异，表现出与健听青年在媒体使用、信息消费、技术可及的能力与数字素养提升等方面明显的族群差异。听障青年虽然不是医学残疾模式界定下的"非健听"者，但其外表、行为与健听人无异，行动自如，且心智健全，其生理的听觉信息传播障碍可诉求视觉代偿，具有独立于一般声音（口语）表达方式的视觉（手语）表达方式。在自然、政治、社会、文化等因素的共同建构下，他们形成了独特的信息使用与技术文化的亚族群。听障青年，是新时代中国青年的重要组成，也是消除数字鸿沟、推进"线下"及"线上"教育公平的主体对象；他们成长于高速发展的互联网时代，对新技术和网络充满好奇，努力融入中国飞速发展的网络化生活、教育与学习的时代洪流，但却每每困于信息无障碍技术应用的现实性盲区、技

---

① 2006年全国第二次残疾人抽样调查的数据是距今最近的官方数据，被广为引用。2018年第十九个全国爱耳日的报道仍引用2006年的听障残疾人数据。
② 第二次全国残疾人抽样调查领导小组，中华人民共和国国家统计局. 2006年第二次全国残疾人抽样调查主要数据公报［EB/OL］.（2008-04-07）［2020-03-01］. http://www.cdpf.org.cn/special/dlzt/cydc/sjfb-1.htm.

术性障碍和文化性区隔而困难前行。他们中的部分已经成为"从封闭走向融合"①的特殊教育的受益者，但绝大多数仍在艰难探寻着适合自身的文化与社会参与机会，日常性地面对着"被边缘化为信息中下阶层"②的风险与歧视。

在传统教育和媒体环境中，听障青年的信息获取与交流渠道非常受限，信息无障碍难以在广播中得到通用推广，电视媒体中的"后期字幕"和"手语翻译"也因普及度较低、地域习惯手语的多样态存在等原因而多受诟病。但新型信息与传播技术却为其带来了一种学习延伸和信息可及性无穷延展的可能，拓展与延伸了服务于残疾人群的知识获取模式。

信息可及与知识获得，是数字素养研究框架中的核心概念，表征的是现代社会中的文化主体对信息"获取、分析、辨识以及创造与传播的能力"③；它们也每每呈现在数字鸿沟的研究视域中，成为评估信息社会、族群与个体数字鸿沟症状的等级与状态④。在本研究中，听障青年的信息可及与知识获得能力，将通过他们对网络与智能手机的使用予以呈现。信息可及与知识获得的日常经验与能力素养，也往往与政治环境、经济能力、社会阶层、文化身份、技术水平、受教育条件等密切关联。基于数字素养"可及—使用—创造"的能力建构框架，本文结合信息无障碍研究、青年研究和网络社会学研究的视角，尝试了解听障青年的信息可及与知识获取的日常状态、使用情境与信息交往模式。他们是否会因为生理性的听力缺失，而遭遇隐性的技术歧视？他们所身处的现实中的无声围墙，是否已延伸向新媒体，形成了事实上的"残疾信息茧房"？如是，他们又如何对抗被显化的"数字鸿沟"，积极地书写与交流其青春经验，以打破知识与信息圈层封闭的困境？上述这些问题，成为本文的研究动力，也促使着研究者在完成调查问卷之后，开始以质

---

① 李泽慧.聋校义务教育沟通与交往课程标准解读［J］.现代特殊教育，2017（7）：40-44.
② 康坤.新媒体环境下听障青年社会参与：问题及专业反思［J］.中国社会工作，2018（25）：26-27.
③ RUBIN A M. Media literacy［J］. Journal of communication, 1998, 48（1）: 3-4.
④ DEWAN S, RIGGINS F. The digital divide: current and future research directions［J］. Journal of the association for information systems, 2005, 6（12）: 1.

性研究的视角，展开深度访谈与观察，走进听障青年所狂欢的无声围墙之中，以期发现他们对自我、社会、文化、信息呈现、媒介隔阂与融合的全新界定。

本文选取北京作为调研地区。北京市有听力残疾22.7万人，样本分布密集且总量相对较大；移动网络覆盖完善，有着完备的残疾人教育、就业机会和社会生活便利，是我国无障碍城市未来发展的典范；为聚焦本研究的目标人群，调研地点设计为北京市健翔学校（初中和高中）及北京联合大学特殊教育学院（大学及以上）。

在本研究的前期研究中，我们采用自编"听障青年群体信息与传播技术使用情况问卷"，以便于使用抽样法展开问卷调研，希望能了解目标调研学校听障青年互联网以及智能手机日常使用的基本情况。智能手机已经成为城市听障青年日常生活不可或缺的信息获取手段，而搭载智能手机终端的移动应用是他们使用移动服务、场景消费、娱乐游戏和社会交往的主要的媒介化渠道。前期调研共收回问卷145份，男性样本占43.4%，女性样本占56.6%，高中及高中以上学历的样本占比超过80%，年龄跨度为14~35岁。其中，听力损失程度在中度及以上的样本占比超过90%。该问卷由"接触使用模式""信息可及"与"知识获取情况"等几个部分组成。

在研究后期，研究者以开放式半结构访谈，在助理研究员的手语翻译和协助下，分前后两次对17位听力障碍等级在二级以上的听障青年进行一对一访谈（各2.5个小时及以上）。问题聚焦于听障青年互联网和手机使用情况，以及信息可及与知识获得的日常经验。受访者有特殊教育学校学生、咖啡师、平面设计师、大学生、听障实验室助教及工作人员、手语网红老师，无声餐厅服务员以及自媒体网红等。这17位被访者存在一定的年龄跨度并且身处不同的文化社交圈，具备各自的独特性，能够较为全面地反映听障青年群体的新媒体使用情况。在线访谈通过视频手语和屏幕打字两种方式完成。（见表1）

表1 人口属性样本分布（n=145）

性别	N	百分比/%
男	63	43.4
女	82	56.6
年龄段		
14~19岁	43	29.7
19~24岁	90	62.1
24~29岁	11	7.6
29~35岁	1	0.7
最高学历		
小学	2	1.4
初中	24	16.6
高中	48	33.1
大学及以上	71	49.0
听力障碍等级		
轻度（听力损失程度在26~40db HL）	12	8.3
中度（听力损失程度在41~60db HL）	25	17.2
重度（听力损失程度在61~80db HL）	65	44.8
极重度（听力损失程度在≥81db HL）	43	29.7
是否和听人（健听人）共同生活		
是	86	59.3
否	59	40.7

听障青年的信息可及与知识获得，与提升信息公平与残疾人群的传播权利密切相关。它虽然仅代表残疾人数字素养研究中听障人群的情况，却是评估和衡量信息无障碍技术开发、机制建设、规范管理、公共服务、教育应用与政策倡导之效果的重要指标之一。长期以来，国际组织和我国政府高度重视促进残疾人的信息公平与传播权利的提升。1981年，第34届联合国大会宣

布,1977年9月16日海伦·凯勒世界会议所通过的《聋盲者权利宣言》正式印发。宣言第七条呼吁:"聋盲者有权以他们所能吸收的媒介和方式获得新闻资料、读物和教育材料。同时,对聋盲者应提供可以达到这一目的的技术设备,并鼓励进行这方面的研究。"2006年联合国大会通过《残疾人权利公约》再次强调了残疾人"表达意见的自由和获得信息的机会",并指出:"敦促向公众提供服务,包括通过因特网提供服务的私营实体,以无障碍和残疾人可以使用的模式提供信息和服务""鼓励包括因特网信息提供商在内的大众媒体向残疾人提供无障碍服务"等。2008年4月,《中华人民共和国残疾人保障法》出台,规定"国家要采取措施,为残疾人信息交流无障碍创造条件。各级人民政府和有关部门应当采取措施,为残疾人获取公共信息提供便利。国家和社会要研制、开发适合残疾人使用的信息交流技术和产品"。信息无障碍建设在国际社会和我国政府的合力推动下逐步开展。

2016年,《国务院关于印发"十三五"加快残疾人小康进程规划纲要的通知》明确提出,要"提升残疾人基本公共服务水平",并要求"大力推进互联网和移动互联网信息服务无障碍,鼓励支持服务残疾人的电子产品、移动应用软件(App)等开发应用"。关于如何通过新媒体、互联网与移动终端助力残疾人群的媒体使用、信息获得与民生权益的提升,已成为中国残疾人事业发展中的时代新课题。《2018年残疾人事业发展统计公报》显示,2018年,全国约有1549个残疾人康复机构提供听力言语残疾康复服务,66.1万持证听力残疾人得到康复服务;全国102个特殊教育普通高中班(部)收录聋生5554人[①];在专业性的康复治疗、医疗健康与教育领域探索性地使用新型信息与传播技术,正逐渐形成常态。但在日常性的生活、学习与娱乐场景中,面向听障群体的信息可及与知识获得仍然面临着媒介渠道阻塞、社交通道固化、信息接收效率低和质量差等问题,相关研究仍然十分有限。

新型信息与传播平台,是听障青年融入信息社会的技术通道与文化链接。虽然听障青年比起健听青年,"分辨信息的能力,有效利用媒体"的手段相对

[①] 中国残疾人联合会.2018年残疾人事业发展统计公报[R].北京:中国残疾人联合会,2019.

有限，但研究发现，听障青年能借助新型信息与传播技术的文化赋能，探索提升数字素养，"自我完善，并有效参与社会活动"[1]的新方法与新方向。通过社交媒体互动、网络文化创造、博客分享与社群讨论，听障青年积极实践崭新的信息空间与朋辈互助形式[2]，开拓听障族群的虚拟社交圈，展现圈层化的文化认同与互助，形塑属于自己的网络文化形态[3]，建构起更为开放媒介参与形式以分享个体经验[4]，推动基于网络与社交平台的残疾文化平权倡导[5]。新型信息与传播技术的使用，能够在一定程度上提升听障青年自觉学习能力，拓展其知识获得的可能性，提升了基于技术平台的教育公平[6]，但残疾数字鸿沟的客观性存在及其事实上的不可消除性[7]，使听障青年族群在探索互联网与使用移动应用，建构网络族群文化的同时，彰显出主体能动性与文化自主性的挣扎。[8]

虽然数字素养的能力提升与教育倡导已然成为国际残疾人研究的新热点，但国内目前面向残疾青年的数字技术可及、消弭数字鸿沟以及基于新媒体的

---

[1] 耿益群，阮艳. 我国网络素养研究现状及特点分析[J]. 现代传播：中国传媒大学学报，2013：122-126.

[2] ZDRODOWSKA M. Social media and deaf empowerment：the Polish deaf communities' online fight for representation [C]//MIKE K，KATIE E. Disability and social media：global perspectives. Abingdon：Routledge，2016.

[3] HAMILL A C，CATHERINE H S. Culture and empowerment in the deaf community：an analysis of internet weblogs [J]. Journal of community & applied social psychology，2011，21（5）：388-406.

[4] CHOUDHURY M，ZOË D，FICHERA E. The utilization of social media in the hearing aid community [J]. American journal of audiology，2017，26（1）：1-9.

[5] FRIEDNER M，KUSTERS A. It's a small world：international deaf spaces and encounters [M]. Washington，DC：Gallaudet University Press，2015.

[6] FICHTEN C S，JENNISON V. Access to educational and instructional computer technologies for post-secondary students with disabilities：lessons from three empirical studies [J]. Journal of educational media. 2000，25（3）：179-201.

[7] DOBRANSKY K，HARGITTAI E. Unrealized potential：exploring the digital disability divide [J]. Poetics，2016（58）：18-28.

[8] ILKBAŞARAN D. Social media practices of deaf youth in Turkey：emerging mobilities and language choice [C]// FRIEDNER M，KUSTERS A. It's a small world：international deaf spaces and encounters，2015：112-126.

信息无障碍应用与推广相对较少，2018 年出版的《国家无障碍战略研究与应用丛书》对此略有观照，但大多数研究仍以信息无障碍的技术研发与应用分析、经验分享、观点陈述为主。基于残疾人研究视野下的信息助残研究中偶有提及面向听力障碍人群的技术研发，且多以技术决定论框架来理解"信息技术惠及残疾人，消除了信息鸿沟"，使"残疾人特别是边远地区的残疾人也能感受到信息技术的魅力"[①]的助残愿景，而针对听障青年的数字技术与媒介使用模式、日常经验、文化心理与社会融入的研究较为缺失。

二、数字鸿沟的青春对抗与自我探寻

"数字移民""信息中下层"等概念被用以描述互联网时代的"被"滞后者，其因经济、阶层、性别、年龄等原因而在信息可及、互联网信息和知识获得等方面而发展缓慢，成为数字鸿沟另一端的族群。听障青年更要面对因听力障碍而带来的文化鸿沟、社会参与鸿沟与教育鸿沟的阻碍。他们虽然滞留于"信息中下层"，但仍然努力抗争。在新技术和新媒体的汹涌浪潮中，技术使用中的努力与信息获取中挣扎已然成为他们的日常生活场景。输入法学习成为城市听障青年在特殊教育学校中获得的重要能力，是帮助他们最先挣脱"信息中下层"困境的一种可能出路。（见表 2）

表 2　听障青年打字输入法使用情况（ $n=145$ ）

输入法	N	百分比 /%
拼音	137	94.5
笔画	2	1.4
手写	6	4.1

本研究所接触到的北京听障青年，在特殊教育学校中，通过学习逐渐掌握和熟记大多数汉字的拼音。虽然拼音学习对他们来说，难度很大，但他们

---

① 蒋建荣. 论现代信息技术对残疾人士的影响［J］. 中国教育技术装备，2009（7）：9.

依然青睐拼音输入。"更快"（D）。"快，可总是有回说看不懂。一开始挺难受"（M）。打字输入能力的掌握，对听障青年而言，是带领他们重回电脑时代的一种数字素养能力。"会打字，电脑才有用"（M）。"有时微信聊天，回（信息）说你手速怎么这么快"（Z）。"不会打字，电脑基本很难用。手写，不行，老爷爷速度"（D）。打字输入能力是信息与传播技术下出现的数字化文字读写能力，对其掌握，意味着电脑使用、信息搜索和查找的主体能动性获得。他们虽是手机前的刷屏一代，但也在掌握输入法后，成为电脑的使用者，从而挣脱出"信息中下层"的被动困境。

当智能手机成为对听障青年生活中最常态的基础性的一种信息获取工具，手机功能的自我开发与探索便成为听障青年最重要的融入信息社会的新方法，相比电脑，智能手机的便携性和移动性、娱乐、社交和生活应用的便利性为听障青年信息可及与知识获得方式的数字迁移提供了动力。本研究被访者中，96.6%的听障青年拥有智能手机，其次是笔记本电脑或台式电脑，拥有率达到63.4%；平板电脑拥有率最低，为24.8%。（见表3）

表3 听障青年电脑及手机拥有情况（n=145）

设备拥有	N	百分比/%
智能手机	140	96.6
平板电脑	36	24.8
笔记本电脑或台式电脑	92	63.4

在智能手机、平板电脑和一般电脑这三类比较主流的新媒体设备中，听障青年明显偏爱手机和电脑，平板电脑的使用相对较低。原因是智能手机所带来的技术体验、文化认同与媒介参与感更为强烈。"电脑不大用，工作需要才用吧。手机是本命"（M）。"追星、网购、菜谱、打打游戏、视频聊天……手机挺好的，解决一切。就是都得自己学，慢慢摸索"（D）。"以前发发微博朋友圈吧，也不太在意手机，能用就行；现在要发图发视频，手机不给力还真不行"（W）。

对手机的"本命"与"解决一切"的技术魔力的热衷，使得听障青年对以智能手机为代表的移动新媒体表现得更为积极主动和需求迫切，也尝试从自身的需求角度来挖掘新媒体平台或应用对听障群体友好的一面。"微博上其实大家看不出你怎样，但抖音和快手不一样。大家都挺好的，鼓励得多，有时也被人骂卖惨，以前在贴吧，有很恶心的网友会追问脏话的口语，很恶心"（T）。小T是一名短视频平台的手语网红，家境较好，使用两部手机，人称"换机狂魔"，并且经历了从电脑使用到手机的使用转变。小W是发型师，执业五年，2019年开始在短视频平台自拍短视频，美颜滤镜下的对口型说台词表演和"无声人"的视频标签是他自我表达的一种方式。"对口型说台词，挺好玩的。网友都说看不出来……看到很多手语视频，那些小姐姐很美很勇。我不大愿意用手语，有时也录（手语视频）……粉丝留言会问（是听障人吗），我就回复说是的"（W）。健听网友和听障粉丝会给小W的视频发布留言，小W打字回复感谢。在短视频平台中的听障青年，自我标签为听障族群之后，与陌生的路人网友交流，在他们的想象与实践中是跻身于健听青年之中的一种努力。手机对他们而言，不仅是日常交往和生活必需的技术辅助，也是他们在网络中勇敢发声、表达自我的技术中介。智能手机所带来的移动化应用、场景化社交与娱乐沉浸感，使城市听障青年在无声围墙的自我呈现得以被墙外的观看者所见，也使得他们对智能手机所塑造的全新异质的媒介时空更为迷恋。

通过掌握电脑使用技术，在经济条件允许的前提下更新手机与终端，听障青年所呈现出技术文化导向的主体性抗争帮助他们跟进时代，融入人群，在无声围墙中，建构起自身对抗信息沟与知识沟的自我教育模式。

三、知识互助与社交分享

随着移动互联网对日常生活的深入渗透，以上网时长来对青年运用网络获取信息、知识、娱乐的能力做基础评估是一种极为常见的视角。

其一，听障青年的日常性上网时长与中国网民互联网使用的普遍情况接近，但在移动应用的持有和使用上与 10 岁以下儿童及 60 岁以上网民相似，表现出数字鸿沟微观层面上，技术不友好和信息无障碍发展在智能手机端上的缺失对听障青年数字素养影响。

前期调研发现，北京这两所学校的听障青年手机日上网时长 4 小时、周上网时长 28 小时以上者比例高达 27.6%。这一数字与普通中国网民（27.9 小时[①]）几近相同。（见表 4）

表 4　听障青年群体的上网时间与 App 使用状况（n=145）

上网时间及 App 使用基本情况		N	百分比 /%
上网时间 / 每天	1 小时以内	14	9.7
	1~2 小时	38	26.2
	2~3 小时	35	24.1
	3~4 小时	18	12.4
	4 小时以上	40	27.6
自主安装 App 数量	不足 10 个	23	15.9
	10~20 个	68	46.9
	21~30 个	33	22.8
	31~40 个	10	6.9
	41~50 个	4	2.8
	50 个及以上	7	4.8

虽然平均使用时长较长，但听障青年移动应用的安装数量普遍较低。App 数目大于 31 个的所占比例仅为 9.7%，与我国 10 岁以下（4% 的中国网民，平均 App 为 32 个）以及 60 岁以上网民（6.9% 的中国网民，平均 App 为 33 个）所使用的移动应用情况相似。即使智能手机与移动互联网为听障青年提

[①] 中国互联网信息中心（CNNIC）．第 44 次中国互联网发展状况统计报告 [R]．北京：中国互联网信息中心，2019．

供了更为便捷开放、相对友好的使用界面与技术平台，但与健听青年相比（平均手机应用数为 15～19 岁 /66 个，20～29 岁 /54 个），他们事实上已经成为技术弱势群体，与"小学生""老人机"现象遥相呼应，技术不平等的现象很明显。

移动应用的使用数量少，使用形式单一化、简单化，深刻影响了听障青年通过互联网进行信息获取和知识学习的深度和广度。"（新应用）不会去用的。很多不会用，如果有（听障）朋友推荐，会考虑学一下。有挺多看不懂，视频里面很多（不懂的内容）"（F）。"同学会看 B 站，我不大懂动漫，很多视频和弹幕都看不懂"（T）。"很多梗，不知道。看不懂……有时感觉自己打开的是个外星微博"（F）。互联网界面、手机应用的不断更新，弹幕、鬼畜、表情包的表达方式和形式变化莫测，交互界面的不友好使得听障青年倍感困难，"不知道该点击哪个按钮实现自己想要的操作"（39.31%），超过 90% 的受访者出现过"难以理解互联网上的某些内容"的情况，使他们在使用手机进行信息交换分享和社会交往中感觉吃力。

即使手机为他们打开了一扇通往信息社会的通道之门，但听障青年所能掌握的大众型技术应用的能力和信息可及能力依然较弱，且很难迅速定位到实用性强、相关性高的信息平台；他们较难通过手机与应用及时知晓听障群体权益信息，如听障相关新政策、就业信息等。同时，这一现状造成听障青年难有适合的公共发声渠道，进而导致话语弱势和社会参与度的降低。

其二，在充满障碍和"不解"的技术应用场景中，听障青年努力建设自己的知识圈层和信息分享模式。"去刷一下（应用）商店，但也不知道要下载哪个"（F）。"就装一些比较流行的吧，装机必备那几个吧。其他的，也就游戏，有时朋友推荐"（L）。在移动应用的使用方式上，听障青年与普通青年相似，反映了听障青年对融入技术潮流和社会主流的主体选择。"装机必备"型移动应用，有可能帮助他们成为信息社会中的"大多数"。但听障青年在使用之后却每每会因为种种技术壁垒，出现不断卸载的情况。在访谈过程中，多位被访者多次提及智能手机缺乏为听障群体设计的移动应用。"你想找（为听障者设计的 App），也找不到啊。没人会去做这个吧"（T）。"听说国外有为听障者设计的一些办公 App，听障者笔记本，没用过"（L）。"什么好用，怎么好用，我们都会互相学一下，教一下。现在玩游戏、玩抖音、玩视频的同学很多的"（T）。

应用商店的日常性浏览、评鉴与相互推荐，是听障青年玩机经验中的一种常态。下载、安装、使用、推荐或删除构成了其自我学习的行为循环圈。对如微信、微博、知乎等社交型应用中内容的探索与转发，也是他们努力开拓信息可及维度和知识分享的一种圈层模式。咖啡师小 R 会不时搜索一下标以"咖啡"的新应用和公众号。"就是（用）微信，用微信聊天、看新闻……在手机上搜索一些咖啡制作的视频……说不定这些里面有新的东西可以学一下……常看咖啡视频，学别人的咖啡是怎么做的，还有（怎么）制作别的颜色的咖啡……我们有一群人，大家帮大家，看到合适的，都会互相转。手机真的帮着学到很多"（R）。线上资源引导线下行动。"网上主要是通过文字看的，视频看不懂。我在网上搜到，约了朋友去……报了（线下）课，学咖啡调酒，拿了证，还是自付的"（R）。"很多在线课堂，都没有字幕，自学很困难。但朋友推荐的会好一些，有字幕的大家都会转一下"（J）。"我会在快手里搜听障、无声，看看他们在拍啥，留个言，关注支持一下，他们会追过来，挺好的"（X）。

在应对技术平台的限制、应用与内容的不友好的同时，听障青年努力探索着属于自己的族群支持与知识互助模式；数字素养的自我提升在他们所建构的信息圈层中缓慢发展，但却显示出新时代听障青年拥抱时代融入社会的主动性和技术亲近性，当技术环境与信息传播环境提供数字素养的教育空间时，他们通过自己的摸索来服务朋辈。

听障青年能够利用新型的信息与传播技术获取新知识，在互联网上，他们能寻找到属于自己寂静发声的空间与自我呈现的自信。

其一，社交媒体的交往赋能推动听障青年更为积极地开拓自己的社会交往能力，"聊天交友"的青春期式的强烈诉求在社交媒体中的技术中介赋能中得以实践。社交媒体中的文字聊天、表情包斗图和手语视频交流模式成为最为重要的社交方式。微信庞大的用户基数、简单的交互界面、文字表达和手语视频相结合的即时通信模式,使得微信群很好地弥补了听障群体线下手语交流的种种不足,使之逐渐成为听障青年之间便捷沟通的首选。

微信朋友圈是听障青年分享自己心情和动态的首选。除喜欢在朋友圈分享以外,听障青年还热衷于"微信群社交",十分喜欢使用微信群聊的功能。"一群人乱糟糟的,手快得像飞。有人发表情包,有人发视频,有人发一串字,看不懂,再发手语视频过来"(M)。手语视频在听障青年社交行为中的应用极为常见。部分青年受制于较弱的书面文字表达能力,只能选择视频通话,以手语沟通。"有的人学历不高,加上语句不通顺,只能用视频聊天和朋友说的才比较好……但各有各的好,大家喜欢用哪种就用哪种"(Y)。但受访者(69%)认为线上文字聊天要比视频通话更加高效、准确,手语的表达容易造成沟通中的误会。"有的人觉得开视频聊天方便又易懂……(但)使用手语交流其实很容易产生误会……一开始我们用手语沟通,都在装自己看懂了,以为自己做对了。结果不对劲。(只能)简单说,不能说太多了,手语不准,容易让(别人)误会,而且我们每个人的想法不一样的"(R)。在发生了一系列因手语沟通而产生的工作上的误会后,小 R 和工作伙伴建了微信工作群,通过在群里用文字微信沟通,效率更高、也更加准确。

其二,社交媒体所放大的"群"意向与听障青年的族群认同形成了一种心理和文化认同的重叠,并影响了他们对"群"分享以及社交媒体中的信息分享的辨别和分析能力。

通过社交媒体,尤其是微信朋友圈,转发和分享的链接获取资讯是听障青年最常用,也最信任信息渠道,充分彰显了熟人社群传播对于听障青年群体的影响,但对好友熟人所推送的信息真伪与可信度,却很难做出自我的判断。"有时看着挺假,但觉得不会是假的吧"(F)。"总有真的部分吧……多少真多少假,不知道。反正不会害你"(D)。"微信群转得吓死人,短视频应该都不会弄虚作假,都看着呢"(T)。在传阅和分享好友社交转发的资讯与信息时,他们即使对某些内容产生了怀疑,也会因为族群认同和族群信任而刻意忽略了信息真伪评估的需要,更易说服自己"在朋友圈里转的,至少80%～90%是真的吧"(H)。情感倾向、族群认同的复杂心理形成了信息可及中的另

一个无声场景,他们更愿意也更乐意信任社交熟人圈层所传播的信息与知识。(见表5)

表5 无声围墙、信息可及与知识获得听障青年常用的、信任的信息渠道

渠道		N	百分比/%
转发的网络链接:通过好友转发、群聊转发、好友分享(如在朋友圈分享)的链接网页获取资讯	常用渠道	113	77.93
	信任渠道	76	47.41
传统媒体创办的网络新媒体:如央视、新华社、人民日报社等创办的客户端或者微信公众号	常用渠道	90	62.07
	信任渠道	72	49.66
社交自媒体推送:如微博博主、微信自媒体(个人、公司或组织创办的微信公众号)等	常用渠道	92	63.45
	信任渠道	62	42.76
视频自媒体:如抖音红人、直播平台主播等创作的内容	常用渠道	60	41.38
	信任渠道	46	31.72
门户资讯平台:腾讯新闻、新浪新闻、今日头条的手机App应用及网站	常用渠道	80	55.17
	信任渠道	65	44.83
电视媒体:如中央电视台新闻频道、北京电视台的电视节目	常用渠道	77	53.10
	信任渠道	65	44.83
纸质报刊媒体:如《北京晚报》《新京报》等纸质报纸	常用渠道	67	46.21
	信任渠道	54	37.24

其三,在内容创造和分享的数字素养框架下,听障青年的普遍能力仍然较弱。但受益于智能手机的视听多媒体应用的简易操作,技术赋能的内容创作动力在听障青年中呈现出些微的提升。小W和小X开始学习手机自拍视频之后,收获了很多点赞。"他们以前谁理你,现在好像不一样了,在评论区都是挺友好的。不过很多人会问,你是真的聋哑人吗"(X)。"第一步,其实挺难的。我请两个妹妹和我一起拍,那叫一个难"(W)。

自拍微博、自拍朋友圈抖音与快手型的微型Vlog分享成为听障青年展露自我的新形式。在使用"分享"功能的社交与娱乐应用上,66.21%的被访者

表示"总在使用"即时通信的分享功能，QQ、微信、微博、短视频是最受他们欢迎的内容分享渠道。自我呈现、日常经验与残疾叙事交织形成听障青年在社交型公共空间中的新图景，他们相互模仿、借力学习，在中国互联网上以一种自主学习和社会化自我教育的数字模式。（见表6）

表6 不同年龄段的听障青年的社交分享倾向

分享渠道倾向	年龄段									
	14~19岁		19~24岁		24~29岁		29~35岁		总计	
	N	百分比/%	N	百分比/%	N	百分比/%	N	百分比/%	N	百分比/%
QQ空间	15	21.70	27	15.20	2	10.00	0	0.00	44	16.36
微信朋友圈	20	29.00	73	41.00	11	55.00	1	50.00	105	39.03
微博	14	20.30	41	23.00	6	30.00	0	0.00	61	22.68
短视频应用	5	7.20	20	11.20	1	5.00	1	50.00	27	10.04
美图	2	2.90	2	1.10	0	0.00	0	0.00	4	1.49
其他	13	18.80	15	8.40	0	0.00	0	0.00	28	10.41

本研究在基于北京地区两所特殊教育学校/学院中听障青年新型信息与传播技术使用的调研，通过参与观察和深入访谈，尝试了解中国（城市）听障青年数字青春中的信息可及与知识获得的当下状况。因受限于小样本和个案数，本文未能对中国听障青年的整体情况展开追踪与分析，在研究设计中，也欠缺一定的城乡比较和社会性别视角，期望在后续研究中能对上述问题充分展开。

本研究所接触到的北京听障青年，是中国新时代的听障青年中对抗残障数字鸿沟中的先锋者。在地理、经济、文化和技术利好的环境中，他们置身于社会变迁与技术革新的潮流,在积极寻求新技术和新媒体与自我学习与生活空间的互动方式的同时,顽强探求着对数字素养能力的自我提升。研究发现,听障青年数字素养能力得益于智能手机、移动应用和移动互联网的技术赋能有所提升。但由于技术应用的不友好和信息无障碍在移动互联网中的习见性缺场,他们遭遇着隐性的技术歧视和数字不平等,在数字鸿沟的另一端艰难前进。他们身处于现实中的无声围墙,并延伸向互联网,构成了一定程度上的"残疾信息茧房"。但与此同时,他们通过积极使用、主动探索,以一种自我学习和互助教育的形式艰难探索提升数字素养的自助式教育模式,以听障族群的自我呈现来丰富属于自己的日常经验和数字青春,在建构信息圈层的同时,努力打破信息与知识屏障,以更为积极的技术赋能的动力融入今天的中国社会。

互联网环境下,听障青年的数字素养的提升与教育,是关乎青年健康成长、信息与知识公平、消弭数字鸿沟的重要指标,是中国社会人权发展的组成部分,更是我国从互联网大国到互联网强国的参考依据之一;它综合了互联网研究、青年研究、信息无障碍、传播学与教育学的交叉研究视野,但却每每缺席于当今的学术话语场。本研究抛砖引玉,以期未来更为深入宏观的科学研究。

后记：阅读在此刻　写作在远方

一、此刻与未来

28年前的春天，我来到北京。在电视学院的面试教室里，赵老师问我：你现在在读什么书？我慌慌张张地回答：在读黑格尔的《历史哲学》，我记得开场是这样的……

18年前的春天，我回到北京。电视学院门前玉兰盛开，赵老师盛装迎接我：回北京是好的。她遥想我的孩子长大后可以就读她的母校；也以最温暖的关怀递来钥匙：别去住酒店了，面试之后还要赶回纽约，跑东跑西倒时差，不如就暂居系里老师的办公室。

初来电视学院的那天以及那天之后的很多年，我无数次梦回的场景：老师的提问，推荐书单，读书笔记与散乱的阅读记忆。一树繁花灿烂如锦，满目春光遮望眼，而我仿佛还是当年的学生模样，读复杂的书，写简单的笔记，匆匆忙忙过着今天，跌跌撞撞想象未来。

转眼已然到了2024年，中国传媒大学的70周岁。时光静默如初，岁月光阴无知。身旁的老师和同学来了又去，学院门前的老树和新石总在提醒着每一个路过春天的我们：别忘记打卡。

整理这本文集，不免想起在中传宿舍里努力读书写作，给《现代传播》投稿的时刻，于是翻出那时的旧文与旧书；也想起第一次导师课上，赵老师递给我《战争与和平》《第三帝国的兴亡》，想是她一直记得我极其怪异的阅读书目，以及考试时即兴的背诵。

一篇篇挑选文章，仿佛在和莽撞幼稚指导学生的青年和中年的自己对话。读书、上课、写作，实在是最幸福和最单纯的人间快乐吧，可为什么我每次和同学们这么说的时候，他们都是以一种极其怪异的眼神看着我——不明白。

明白与不明白，其实也无所谓了。在中传的校园和课堂里，有我最好的 Twenty something，东奔西走的三十啷当时，努力骑车跑步读文献的四十大几，这是最好的此刻，我想我是幸福的。

这是一篇特别不像后记的后记，或许我过早陷入了怀旧的未来，也可能是文字总带有迟滞不前的时光刻印，也可能每一段笔下出现的老师和学生的名字，都标志我和他/她们的青春。我想用小小的一本书的尾声，来感谢每一个出现在我的中传生命中的名字。

守信，当时我充满怀疑地看着你，然后你成长为一棵海河旁的大树。念念，在你与博论纠结的每一个时刻里，是不是感觉自己又强大了一些？黄珩，你和翕然第一次来我办公室的时候，告诉我说，你从来没写过论文。但今天，你是不是又写作写到飞起？姜俣，在每次自我诘问和独自升级的每个深夜，我相信你都在成长。海超，以一种极其特殊的境遇空降而来，认真且抗命地做文章。以后要更简单一些也就更快乐一些，看你博论的致谢，我是诧异而感慨的。一凡和芊芊，你们总是以一种独自美丽的姿态静悄悄地研究和写作，老师一直想说谢谢你们。琨鹏，把自己的大目标要设计得更清晰勇敢一些，未来会很长，也会很好的。

那些在书中没有出现名字的我的学生们，老师也感谢你们。幸运有你们，我们得以平安看见一路繁花，中传静好！

二、读书与写作

做老师，每每都会遇到小朋友问我：老师，你喜欢读哪些书，我们可以学习一下吗？

喜欢读哪些书，是一个很难回答的问题，就好像问，你喜欢写怎样的论文，做怎样的研究，就更难回答了。

整理这本文集时，我重读《识字的用途》，翻开了《作为文化的实践》，又看了一遍《乡土中国》，认真想着是否可以依靠临时的广博的快读，来增加文集的厚重感。但我还是放弃了这一想法。

每个学年给同学们做读书会和写作工作坊的时候，我都想先问一下自己：读书与写作——在今天，究竟意味着什么？读什么？怎么读？写什么？怎么写？我们的大学时代开始对读书说不了，也开始迷恋指尖的写作和AIGC的文案。在——在电子书、PDF、纸质文章、微信推文、微博八卦、穿越短剧野蛮博爱地控制我们的电子屏时，似乎读书和写作可以被流放去茫茫银河的彼端。后记写到这里，我翻出曾经给读书周的同学们写的一段文字：

读书，首先是读好书，读有趣的书，读你爱读的书。各类专业书单、销售排行、阅读推荐犹如过江之鲫，我们永远都不缺书目，缺的是在混沌的书目中寻找到自己爱的书。阅读的乐趣离我们越来越远，是一种无奈的常态。但我想请同学们问一下自己：大学的枕边，有没有当年如《小王子》和《柳林风声》童话，吾皇和阿狸的手绘，冰心和聂鲁达的随笔与诗句，或是《解忧杂货铺》有如悬疑时光的剧本吗？你的大学时代的本命书是什么？有没有几本书是可以在犹豫、迷惘、沮丧的时候让你重访阅读的愉悦。

我们一生会与多少好书邂逅、再偶遇、然后遗忘。怎么才能找着与自己磁场契合的好书，然后记住，是一种读书智慧的自我成长。我给同学们的建议是，先不要贪心，找到一本好书，读完一本好书之后，先记下一句话，写下一段笔记，经过三十年后，还能记得，就是阅读的胜利。

我记得18岁时读到辛波斯卡："我何其幸运，因为我也不是植物学家……"极为惊艳，当即决定抄写下来，模仿诗人想象去写些啥。几年后偶遇几米的绘本，读到扉页上"我们何其幸运，无法确知自己生活在什么样的世界（We're extremely fortunate not to know precisely the kind of world we live in）"，发觉聪明的阅读者早已将阳春白雪的诗歌转化为创作的动力了。

试论一个读书人的自我修养，要从泛读和速读开始。我每每试着蛊惑学生，学着一天读完一本书。唯有阅读提速，才能窥见博览群书的一线生机。

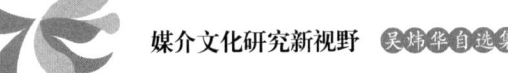

泛读是一种越界阅读的挑战；速读是阅读速度和能力混搭型提升，是陶渊明"读书不求甚解"的穿越版，绝不是知识付费频道里公知们为你们"五分钟读完×××名著"的音频版。重读与精读是阅读的升级版，是阅读步步深入的不二法门。重读是野区巡猎必备的补篮，精读是关键时刻的打龙。没有重读和精读的 Buff 加身，妄论文献与专著的学习。精读是阅读有所得的关键，是这一场旷日持久的读书游戏中的大龙 Buff，决胜时刻的见证。通过精读，观照自身，思考一下"我"读这本书的情境、思想、知识体系的震荡与他人相异之处，思考"我"在此时此刻读书与前人不同之处，然后把思考转化为想象力，转译成文字，书写下此刻！

精读之后的写作，是学海中的蓦然回首，你发现终于了然并抵达读书与写作新境界，你也就知晓，有温度、有态度、有批判的思想如何归纳与吸收，一篇不被老师沉默以对的文章应该如何去写。

我只是一个读书的中传老师，在一本文集的收尾处努力给学生讲着"要读书"的话，究竟是为什么呢？或许是我记得来到中传，老师问我的第一个问题，是你读的什么书，也记得她亲手递过来第一本书的名字与封面——从此开始的我作为中传学生的此生。

感谢学校，我身旁的挚友和好同事，最可爱的同学们和小朋友，且让我们此刻并肩，未来同行。